U0541361

2023年度国际关系学院"中央高校基本科研业务费"项目"中国传统政治话语的体系建构——以《韩诗外传》为例"（项目号：3262023T10）出版基金资助

国家社科基金青年项目"中国传统政治的逻辑演绎理路研究"（项目号：20CZZ003）的阶段性成果

中国传统政治话语的体系建构

以《韩诗外传》为例

宋清员 著

中国社会科学出版社

图书在版编目（CIP）数据

中国传统政治话语的体系建构：以《韩诗外传》为例 / 宋清员著 . —北京：中国社会科学出版社，2024.4
ISBN 978 - 7 - 5227 - 3270 - 1

Ⅰ.①中⋯　Ⅱ.①宋⋯　Ⅲ.①政治—话语语言学—研究—中国　Ⅳ.①D6

中国国家版本馆 CIP 数据核字（2024）第 087998 号

出 版 人	赵剑英
责任编辑	孔继萍
责任校对	赵雪姣
责任印制	郝美娜

出　　版	中国社会科学出版社
社　　址	北京鼓楼西大街甲 158 号
邮　　编	100720
网　　址	http://www.csspw.cn
发 行 部	010 - 84083685
门 市 部	010 - 84029450
经　　销	新华书店及其他书店

印刷装订	北京市十月印刷有限公司
版　　次	2024 年 4 月第 1 版
印　　次	2024 年 4 月第 1 次印刷

开　　本	710×1000　1/16
印　　张	16.75
字　　数	266 千字
定　　价	98.00 元

凡购买中国社会科学出版社图书，如有质量问题请与本社营销中心联系调换
电话：010 - 84083683
版权所有　侵权必究

序

走出思维桎梏的企盼

宋清员博士的大作《中国传统政治话语的体系建构——以〈韩诗外传〉为例》即将出版，欣然为序。

《韩诗外传》是汉儒作品，研究者众多，但是，以政治思想即政治文化视角切入做研究者，确为罕见。一般涉及汉儒思想，不外乎陆贾、贾谊、董仲舒，以及谶纬思潮、《淮南子》《白虎通》，等等，《韩诗外传》则鲜有论及，作者的选择不同寻常。其实，正如作者所见，这部著作在汉代初年的思想文化领域还是很有代表性的。概括而言，《韩诗外传》的政治思想以承袭荀学为主调，政治思想大体延续着儒家的治国理念，作者对于汉代政治思想发展特点的梳理颇有力度，言之成理，可为同道参详。

自汉以降，以儒家为主体的政治思想基本重复着前人的论断，德主刑辅、礼制教化、仁政重民，君要任贤纳谏，臣则忠君爱民，民应遵守礼法、安分守己做良民，如此等等。其间也有批判思想，如汉末王符、仲长统，晚唐五代的皮日休、谭峭，清代唐甄等，而且不乏尖锐之论。如五代谭峭讥讽君主为"盗"，唐甄直言"帝王皆贼"，但他们的认知没能深入政治体制，也没有反思君主政治的政治价值基底。直至明末清初黄宗羲《明夷待访录》，才有了对于君主政治体制自身的深刻反思，虽然在认识深度上也没有迈过近代的门槛，却最大限度地接近了近代文明。那么何以千百年来政治思想的认识上一以贯之？笔者以为与传统政治思想的思维定式有关。

这里说的"思维定式"指的是认识主体的认识逻辑过程和判断标准是固定不变的，不论认识的对象或认识的具体条件具有什么样的特点、发生了什么样的变化，认识主体的思绪仍然沿顺着固有的价值格局和一成不变的致思逻辑完成思维过程，形成认识结论。这种固定不变的刻板思维方式就构成了"思维定式"。

中国传统的政治思维定式有三个特点。

一是其认知的现世性。先秦诸子的时代，思想家们关注的是当下的社会与政治，对于外部世界的认识局限于天地之间。老子道家对宇宙万物的源起有所感悟，体验到自然法则的强大、不受人的制约，"周行而不殆"，但是其认知的边界没能溢出孔子的天。孔孟儒者的认知囿于天地，所谓"有天地，然后有万物；有万物，然后有男女；有男女，然后有夫妇；有夫妇，然后有父子；有父子，然后有君臣；有君臣，然后有上下；有上下，然后礼义有所错"。学界称之为"天地父子生成图式"。打破这种认识的是宋代理学，他们认为天理先于天地万物而存在，有学者谓之"哲学的突破"，不无道理。然而这并不能改进传统政治思想的现世性。统治者及其思想家、政论家的治国理念与智慧只能来自现世，从人的历史中寻觅。

二是对与政治权力及政治体制的亲和性。士人是儒家文化的载体，他们禀受先师的教诲"学而优则仕"，把读书做官、介入体制作为其生涯规划的首选。其中最正面的形象当属史传具载的清官良吏，他们试想践行"内圣外王"，辅佐明君治平天下、造福于民，这是需要介入体制才能成行的。因而千百年来，鲜有真叛逆，多是补台人。士人"忧国忧民"情怀被后世称颂不已，其中内含的则是介入体制的渴望和对于君主政治的拥戴。传统政治思想与君主政治的亲和性直可视为与生俱来，前辈的政治经验与思想成为后人治国理政取之不尽的源泉。无怪乎孔孟先师的仁政、重民之论传续久远。

三是对于人的价值、人的生命意义认知。中国传统思想的理性程度是空前的，仅从人的自我认识来看，先秦诸子就有了明确的认知与讨论。"天地之性人为贵"彰显了人的主体性，其生命价值和人生意义则归结为"三不朽"。立功、立德、立言是"内圣外王"的解读，更是人生价值、人的生命意义的体现。"三不朽"是理论层面的表述，在实际社会政治生活中，则表现为读书做官、光宗耀祖，世俗生活的名与利成为人们生涯规划的最佳展现。

在这样的思维定式的覆盖下，政治认知围绕着世俗社会铺开，人们的理想——精神世界也难以走出天地之间。历史知识和历史经验便是全部知识来源，先秦诸子成为治国思想与政治智慧的根。当然，这不是说中国传统政治思想没有创新。事实上，就历史进程看，每个时代都有各自的主题，汉唐经学、魏晋玄学、宋明理学、清代朴学，每一种学术思潮的兴起，也都内含着相应的学术创新。但是，在基本政治价值体系、政治理念和治国方略方面，却是千百年来一以贯之，形成刻板思维，即便睿智如李贽、黄宗羲者，也难以走出君主政治、德主刑辅和德治重民、仁政教化的围栏。

政治思想的根本属性是其实践性，传统政治思想的现世性特点强化了这一点。本体论思维关注宇宙与社会的根本法则和价值准则，能够引领思考者超越世俗与当下，生成前瞻性和超越性认知。人类社会的创新知识和新思维，正是以此为根基而产生的。传统政治思想中不乏政治哲学理念，但本体思维先天不足，以致传统政治思想陷溺于现世政治生态，辗转而行。换言之，现实性思维特点遵照君主政治的需求整理治国思路和政策，实是政治体制即君主政治利益和价值观覆盖学理，桎梏思想，致使政治思想在不断重复前人的话语中走向僵化和没落。

本书作者梳理了《韩诗外传》的政治思想特点，特别勾画了"天人合一思维模式"，令读者进一步解读传统政治思想的思维特点颇有裨益。这部著述不仅填补了汉代政治思想的薄弱空缺处，而且有助于洞悉传统政治思想的真质，对于深入领悟传统文化的"中国特色"和"中国话语"或有助益焉。

是为序。

葛荃

2023 年 3 月 25 日

目　录

绪　论 ………………………………………………………… (1)
 一　研究意义及研究问题 ………………………………… (1)
 二　研究现状述评 ………………………………………… (4)
 三　研究方法和研究思路 ………………………………… (20)
 四　研究重点难点 ………………………………………… (27)

第一章　秦汉鼎革儒法争鸣视域下的《韩诗外传》 ………… (29)
 第一节　汉承秦制的制度沿革与革秦之弊的文化变革 ……… (30)
  一　汉制对秦制的因袭 ………………………………… (31)
  二　汉初士人群体对秦之政治形象的形塑 …………… (37)
  三　革秦之弊的政治文化变革 ………………………… (42)
 第二节　汉初士人的问题意识及其对策 ………………… (49)
  一　汉代秦的政治合法性析论 ………………………… (49)
  二　汉初政治思想中的求治、求一、求变特点 ……… (55)
  三　韩婴及其《外传》 ………………………………… (64)

第二章　礼法同治 ……………………………………………… (68)
 第一节　《外传》礼治思想 ……………………………… (69)
  一　基于等级分化的一统秩序 ………………………… (72)
  二　欲望的节制：治身心以礼 ………………………… (76)
  三　君子人格的教化功用 ……………………………… (81)
 第二节　礼法合治的治理结构 …………………………… (87)

　　　　一　礼法关联 …………………………………………（90）
　　　　二　国法与家礼的治理结构 …………………………（98）
　　第三节　先秦秦汉时期礼之"义"的演绎理路 …………（106）
　　　　一　道、德、仁、义、礼、法的演变 ………………（106）
　　　　二　从《仪礼》到《礼记》的内在演绎理路 ………（111）
　　　　三　礼通国家、社会、人心 …………………………（115）
　　　　四　孔子之仁到礼之义的演变 ………………………（118）

第三章　忠孝矛盾与道君张力 ……………………………（123）
　　第一节　忠君与孝亲间的结构性张力 ……………………（125）
　　　　一　立处忠孝之间的《外传》………………………（127）
　　　　二　忠孝矛盾的历史演进 ……………………………（136）
　　　　三　移孝作忠的政治逻辑分析 ………………………（148）
　　第二节　尊道学与尊君间的张力 …………………………（154）
　　　　一　士尊道义而不与富强 ……………………………（154）
　　　　二　身处道学与王权之间的士人 ……………………（164）

第四章　君臣一体 …………………………………………（174）
　　第一节　以君为道 ………………………………………（177）
　　　　一　政治价值的核心 …………………………………（178）
　　　　二　政治决策的主体 …………………………………（185）
　　第二节　以臣为体 ………………………………………（192）
　　　　一　任贤与纳谏 ………………………………………（194）
　　　　二　政治体系的参与者和执行者 ……………………（201）
　　第三节　民本思想 ………………………………………（209）
　　　　一　政治系统的从属者 ………………………………（209）
　　　　二　社会资源的供给者 ………………………………（210）

第五章　天人合一政治思维模式 …………………………（216）
　　第一节　《外传》中的天人关系 …………………………（217）
　　　　一　天人二分思想 ……………………………………（218）

二　天人合一思想 …………………………………………（220）
第二节　"天人合一"比类逻辑析论 ………………………（225）
　　一　天人相类与比类逻辑 …………………………………（225）
　　二　天人合一政治思维消解人的主体性建构 ……………（227）
　　三　基于方法论反思的天人合一思想 ……………………（230）
第三节　重建天人关系与"春秋大一统" …………………（231）
　　一　先秦时期的天人观 ……………………………………（232）
　　二　向"春秋大一统"的过渡 ……………………………（234）

结语　在政治调节中强化秩序 ………………………………（242）

参考文献 ………………………………………………………（248）

后　记 …………………………………………………………（258）

绪　　论

一　研究意义及研究问题

（一）研究意义

自秦始皇统一中国至于汉武帝遵从董仲舒策论"罢黜百家，独尊儒术"，秦汉之际这一时段在中国政治史和政治思想史中显得尤为关键。从政治制度大致演变趋势观之，虽则有霸王项羽分封十八诸侯王的"回光返照"和汉初"七国之乱"郡国并行的插曲，然郡县制代替分封制终究成为中国政治史演进的必然理路。郡县制的最终确立，奠定了中国传统政治结构中央与地方关系的总基调，一个单一制的大一统国家成为传统中国的基本影像。不仅如此，汉承秦制使得秦汉之际的政治变革，在褪去王朝鼎革的表层油彩后，实则政治的延续性更为深刻。转向政治思想一面，自孔子设坛讲学开启私学以来的百家争鸣学术气象，经由汉初百家余绪的小规模争论后，终结于"天人合一"的政治大一统局面。绵延春秋战国几百年的学术争鸣，总归于一时一地，大有"千里来龙，于此结穴"的韵味。总之，秦汉之际的政治制度和政治思想演绎趋势，就是放眼于整个君主政治时期，亦十分关键，值得探索。

从近人对秦汉之际的学术研究言之，则往往将之看作政治思想和学术思潮的鼎革之处，是具有划分两个不同时代、不同时期的重要节点。即以萧公权所著《中国政治思想史》言之，其以秦汉为界，将先秦春秋战国时代划为"封建天下之思想"，亦是中国政治思想的"创造时期"；而将秦汉以至明清划为"专制天下之思想"，是为中国政治思想的"因袭时期"和"转变时期"。[①]

[①] 萧公权：《中国政治思想史》，商务印书馆2011年版，第16页。

以秦汉为节点的用意十分明显。以学术思想言之，冯友兰在其所著《中国哲学史》一书中将中国思想史中分为二，划为"子学时代"和"经学时代"："儒家之兴起，为子学时代之开端；儒家之独尊，为子学时代之结局"①，"上篇谓自孔子至淮南王为子学时代，自董仲舒至康有为为经学时代"②。无论哪种划分方法，均是以秦汉之际作为划分节点。鉴于此一时期的重要地位，有学者主张将秦汉之际这一时段单列出来，以"后战国时代"冠之，并作为性质独立的时段划分出来。③凡此种种，无不显示了秦汉之际在学术研究中的重要地位。

然而，与之极不相称的是，对秦汉之际的学术研究呈现出一定的缺位和空白。相较于对先秦诸子学和两汉经学的热衷不同，两座学术高峰之间的"鞍部"则相对落寞。当然，学者们不可能绕过这一时段，但也没有过分留意这一时段。尤其是将之看作为先秦诸子学和两汉经学的过渡阶段和承继状态，没有得到应有的重视。这是我们得以继续进行深入研究的立足点。然而，我们又不可能将秦汉之际近百年的政治思想逐一检览，遂而只得采取窄小切口进入，从一个研究视角深入。这里，我们仅选取汉初文献《韩诗外传》为案例，通过剖析其文本所蕴含的内在政治思想结构，来透视和彰显学术演变的整体趋势，并集中于探究王权主义思想在汉初时期的逻辑演绎。

西汉初年，传授《诗》者，计有四家，齐、鲁、韩、毛。前三家均立于学官、设置博士，是为两汉《诗》学主流。后《毛诗》独秀，代"三家诗"而成诗之主流，后遂无问齐、鲁、韩诗者，以致逐渐亡佚。《隋书·经籍志》载："齐诗，魏代已亡；鲁诗亡于西晋；韩诗虽存，无传之者。"④虽则后人亦有整理三家诗者，但多为《毛诗》附骥，常从校勘诗文角度言之。仅存有的《韩诗外传》⑤一书亦以《毛诗》标准目之为"其书杂引古事古说，证以《诗》词，与《经》义不相比附，故曰

---

① 冯友兰：《中国哲学史》（上），重庆出版社2009年版，第329页。
② 冯友兰：《中国哲学史》（下），第3页。
③ 雷戈：《秦汉之际的政治思想与皇权主义》，上海古籍出版社2006年版，第2页。
④ 《隋书·志第二十七·经籍一》。
⑤ 文中所用《韩诗外传》版本为许维遹版《韩诗外传集释》，中华书局1980年版，随文简称《外传》。

《外传》。所采多与周秦诸子相出入。班固论三家之《诗》，称其'或取《春秋》、采杂说，咸非其本义'，殆即指此类与"①。又言"《汉志》以《韩外传》入《诗类》，盖与《内传》连类及之。王世贞称'《外传》引《诗》以证事，非引事以明《诗》'，其说至确。今《内传》解《诗》之说已亡，则《外传》已无关于《诗》义，徒以时代在毛苌以前，遂列为古来说《诗》之冠，使读《诗》者开卷之初，即不见本旨，于理殊为未协。以其舍《诗类》以外无可附丽，今从《易纬》《尚书大传》之例，亦别缀于末简。"② 可见，《外传》传统上一直被认为与诗之本义无关。因之，从研究经学、诗学的传统角度言之，大都较少与之足够的关注。曹础基在《韩诗外传译注·序》中亦云："搞哲学的感到它理论不够系统，搞历史的认为它不真实可靠，搞诗歌文学的嫌它对《诗经》的解释大失原意。"③ 故而，近人对之亦较少重视。

然而，正是《外传》"引诗以证事，非引事以明诗"这一特征，使得我们得以了解汉初传诗者本人的思想倾向，就学术思潮的研究而言，确乎为一桩幸事。又，汉初三家诗均已荡然无存，《外传》独存的价值十分明显，对其中所反映出的汉初政治思想进行挖掘，无疑具有较大的学术意义。尤其是，其正介于汉初"百家余绪"的争鸣时期和"春秋大一统"的统一局面之间，政治思想的融合、争锋因《外传》的存在而得以窥见，对《外传》的研究正可弥补这一空白。但就目前的研究成果而言，以《外传》为研究主题，并对其中的政治思想进行系统性阐述者较少。因之，对《外传》中的政治思想进行研究十分必要。

（二）研究问题

本书研究的问题是王权主义思想在秦汉之际的演变动向和历史形成，归结点为对王权主义思想发展形成的运行过程作解剖。故而，本书立足《外传》这一文本而不仅限于文本，从中提炼出基本主题和基本问题，将之放入秦汉之际这一历史范围内，透视汉初士人的政治观念变迁及对基本政治问题的回应，总结汉初士人的政治思维特点和政治策略。

---

① 《四库全书总目提要》卷十六《经部十六·诗类二》。
② 《四库全书总目提要》卷十六《经部十六·诗类二》。
③ 魏达纯：《韩诗外传译注》，东北师范大学出版社1993年版。

《外传》依托《诗经》而存在，因其并非完全为章句训诂之书，对诗句的理解和解释比较自由，不必拘泥于诗之原意，故而加入了作者韩婴的许多思想。如此，我们就可以《外传》为窗口进一步透视其所反映的汉初政治思想。这是将韩婴与《外传》置于整个汉初历史背景的基本缘由。韩诗早在文帝时期即已立为官学，韩婴即为"韩诗"博士，因此，《外传》中的思想必然会反映当时的政治思想变化和政治文化形态。如何透过《外传》文本分析，理出其中的逻辑理路，尤其是韩婴对当时政治问题的提炼、解读及其相应的对策方略，这是研究的第一个关注点。以之为基础，将《外传》与同时代的其他论著作比较，抽出时代政治主题、还原"百家余绪"时代的思想镜像亦是该关注点的题中应有之义。

从《外传》体例言之，其由 310 章集结而成，通过分类归纳总结出基本主题，并以之为纲目转化为各个章节主题，是该研究的第二项基本任务。立基于基本主题，将《外传》思想立意，与先秦诸子所倡导的学术主张相比照，则能就其中基本异同，研判出《外传》对先秦学术的继承与革新之处，继而得出《外传》在这一思想演变谱系中的相对位置，是为《外传》的政治思想史地位。这是该研究的重点难点和得出进一步结论的基础，亦是较为棘手之处。故而，所费笔墨较之其他为多。以本书基本成文概貌言之，则政治思想间的比照、辨析，往往离析自成一节一目，由此可以看出对这一问题重视之所在。

鉴于本书的政治学视角和理论进路，必然谋求探索《外传》在政治学理论层面的研究意义。一方面，这需要与《外传》的基本篇章立意相通，并将基本篇章依从一般政治学理论的逻辑结构进行谋篇布局。另一方面，又需要化零散为整篇，集腋成裘，将各个章节方面所显现出的分散意蕴，连缀成一个政治主题。这亦是一个难点所在，更是本书得以最终成立、成型的关键所在。

二 研究现状述评

由于《韩诗外传》的成书性质及其与《诗经》的特殊关联，自其成书以来至 20 世纪 80 年代，多围绕《外传》的卷帙、版本、校注进行研究，其他则主要探讨其与《诗经》的关系。20 世纪 80 年代后，有关《外传》的内容、思想内涵及其在思想史上的地位等研究陡然增加，且对

《外传》的研究主要集中于国内学者，国外学者言之者较少。比较有代表性的国外学者是日本学人西村富美子的论文《韩诗外传的一个考察——以说话为主体的诗传具有的意义》（初载《中国文学报》第十九册，1963年10月），其"通过对现存《外传》版本的考察，认为卷七以下是'拾遗'的形式，为后人补编，隋以后十卷的《外传》与现行的诸本只是卷数相同，而内容不同……从《外传》具有的说话性考虑，把它作为'说话集'，并从正史所撰《外传》作者韩婴的传里得到启发，认为《外传》是以说话为主体，兼备诗经学的王侯教育书"[①]。在文学研究方面，"美国学者海陶玮出版了《韩诗外传：体现古典诗歌说教的韩婴的诗说》（哈佛大学出版社1952年版）研究专著"[②]。以下主要以《外传》与诗的关联、《外传》的思想内涵、《外传》与儒法道思想渊源及其在思想史上的地位四个方面进行综述，就其他如文学、语言等学科的研究而言，与本书关联不大，故不再赘述。

（一）有关《外传》与《诗经》之关联的研究

就《韩诗外传》一书的名称而言，其与《诗经》之关联一般会引起人们的注意。"传"一般是对"经"的诠释和解读，而"外传"的称谓显然与"传"有着区别。因之，对《韩诗外传》的研究首先应弄清《外传》与诗的关联。

1."用诗说"

就《外传》与《诗经》的关系言之，大概可分为"用诗说"与"解诗说"两种。前者自班固首论"或取《春秋》，采杂说，咸非其本义"[③]以后，中经宋代欧阳修强调"《汉志》婴书五十篇，今但存其《外传》，非婴传诗之详者，而其遗说时见于他书，与毛之义绝异，而人亦不信"[④]后，加之以陈振孙、王世贞等人的加强，以至于到清代四库馆臣一直认为"《汉志》以《韩诗传》入《诗类》，盖与《内传》连类及之……今《内传》解《诗》之说已亡，则《外传》已无关于《诗》义"[⑤]。可见，

---

① 转引自马鸿雁《〈韩诗外传〉研究综述》，《古籍整理研究学刊》2004年第4期。
② 马鸿雁：《〈韩诗外传〉研究综述》，《古籍整理研究学刊》2004年第4期。
③ 《汉书·艺文志》。
④ 《欧阳修全集》，中国书店1986年版，第998页。
⑤ 《四库全书总目提要》卷十六《经部十六·诗类二》。

就古人言之，大都认为《外传》与《诗》之关联不大，《外传》与《诗》之关联十分松散。

转向近人研究，则不难看出其中的内在延续性。许瀚在《韩诗外传校议》中说："韩君说《诗》，自有《内传》，其《外传》或引《易》，或引《书》，或引《礼》，或引《论语》，或引《传》，或竟不引《诗》，不必拘《诗》本义，并不必尽为《诗》发也。"① 今人许维遹在1980年出版的《韩诗外传集释》一书中言及"四库馆臣认为《外传》已无关于《诗》义，只把它附在经部《诗经》类的最后，这是对的"②。徐复观在《〈韩诗外传〉的研究》一文中指出《外传》用诗承继《论语》和《荀子》，是事与诗的结合，其采用的史诗互证方式，使《诗》由原有的意味加以引申以方便自我思想的表达，使《诗》向着"诗教"的象征性意味发展。即"西汉附丽于经之所谓传，皆所以发明经的微言大义。由此可以了解，《韩诗外传》，乃韩婴以前言往行的故事，发明《诗》的微言大义之书。此时《诗》与故事的结合，皆是象征层次上的结合"③。龚鹏程在其著作《汉代思潮》中论述《外传》时，言及"我认为《韩故》《韩说》《韩诗传》是联结成一体的，整体构成韩诗这一派之学。《韩故》是对诗的训诂，《韩说》是对诗意的解说，内外传则是'推诗人之意而作'，属于诗旨的引申、推类及起兴。并非韩婴论诗，皆以兴发引申为之"④。由此可见，《韩诗外传》"用诗说"一直占据主流学术地位。

对这种观点作论文以深入阐述的有袁长江和樊东。前者在《说〈韩诗外传〉》中认为《外传》用诗"可以使用原诗义，也可以用引发义，还可以断章取义，或是抛却诗本义而用字面义均可，这是用诗的通例"，他认为"《韩诗外传》是一部用《诗》的书，而不是解《诗》的书"，从内容上看"《韩诗外传》之作，是为明道，不为说诗，更不为解诗"⑤。后者在《从"传"体特征看〈韩诗外传〉的性质》一文中从"内传""外传"的著述体例入手，认为"所谓的'内传'体，其形式上都是通

---

① 屈守元：《韩诗外传笺疏》，巴蜀书社2012年版，第516页。
② 许维遹：《韩诗外传集释》，第1页。
③ 徐复观：《两汉思想史》（三），九州出版社2014年版，第9页。
④ 龚鹏程：《汉代思潮》，商务印书馆2005年版，第169—170页。
⑤ 袁长江：《说〈韩诗外传〉》，《中国韵文学刊》1996年第1期。

过直接解释的方式或征引相关故事的方式来解释经文中对应的句子，以阐发经文大义"，而《外传》显然与之不同，他认为"《外传》是承袭了先秦诸子引诗的传统，目的在于用诗而非解诗"①。樊东一文从内传、外传的著述体例入手，佐证材料比较丰富，是近年来支持"用诗说"的有力文章。

概括言之，自《韩诗外传》成书以来的大部分时间里，持《外传》"用诗说"主张的学者遍布汉唐、明清各代，及至近代学人，莫不如此。对《外传》"用诗说"这一主张的长久支持，使得"用诗说"成为《外传》与《诗》之关联的主流学术观点。

2. "解诗说"

就《外传》体例言之，《外传》今本共计310章，在多数章节中引《诗》，且大都引《诗》以作章节结尾，未引《诗》者仅有24章。因之，很多现代学者认同《外传》为解《诗》之作。"解诗说"一说出现相当晚近，直至20世纪90年代后，支持此一学说的学者方才增多。

1993年，魏达纯出版《韩诗外传译注》一书指出"《外传》毕竟引用过不少诗句，并按自己的理解加以解释"②。魏氏说法并没有直接支持"解诗说"，但其就《外传》与《诗》的关联作出进一步说明，使得后人开始从两者间的关系入手阐释《外传》。1996年，屈守元出版《韩诗外传笺疏》一书，其中就故、传、说等不同传《诗》体例作出分析，并明确提出"《韩诗外传》是孔门传《诗》的正宗"③这一观点。此后，这一观点逐渐得到众多学者的认同和论证。汪祚民在《〈韩诗外传〉编排体例考》一文中通过对编排体例的考察证实，《韩诗外传》引用诗句既是篇章结构之纲目和章次编排主线，亦是篇章内容的重要构成，整个《外传》被《诗》之网络所覆盖，"其说解和阐发《诗经》的性质是十分明显的"④。同年，罗立军在《〈韩诗外传〉无关诗义辨正》一文中指出，从古今文斗争与政治发展的历史视角出发，《外传》对《诗》作断章取义式

---

① 樊东：《从"传"体特征看〈韩诗外传〉的性质》，《中国古籍与文化》2015年第1期。
② 魏达纯：《韩诗外传译注》，第3页。
③ 屈守元：《韩诗外传笺疏》，前言，第2页。
④ 汪祚民：《〈韩诗外传〉编排体例考》，《陕西师范大学学报》（哲学社会科学版）2005年第3期。

的理解，恰与孔门诗教在象征意义上灵活理解诗句的传统相一致，《诗经》的儒学化解释即由此而来，这是儒家诗教功用发挥的具体展现。[①] 不难看出，这一观点与解释路径与屈守元大体一致。持孔门诗教相似观点的还有王硕民[②]、于雪棠[③]等人，二者认为《外传》对《诗经》的解说是启悟式的独特解经方式，实际源自孔门诗教传统。持"解诗说"这一观点的还有房瑞丽[④]、于淑娟[⑤]、艾春明[⑥]等人。

概括言之，从形式上来看，无论就《外传》名称、与《诗》之关联还是以编排体例言之，其确实与《诗》有着密切关联。但就其内容言之，《外传》对同一诗句的理解有多样化倾向，并非拘泥一说，其并非完全为解诗而作，而是更多地反映了韩婴本人的思想倾向。亦如金春峰所言《外传》之中"虽有历史经验的总结，但主要是借对儒家经典的解释，以发挥自己对儒家思想的理解"[⑦]。以此言之，超越简单的"用诗说"和"解诗说"，我们应当就《外传》本身所反映的思想内涵加以阐释，方才能够较为全面地了解这一著述的深刻意涵。

(二) 有关《外传》思想内涵的研究

1. 《外传》主题思想

总而言之，对《外传》主题思想的概括，主要基于两种研究方法的使用：一种基于对《外传》文本的通览全读，得出《外传》的思想内涵，这大体是一种定性研究的学术理路；另一种主要源于数理方法的定量分析，将《外传》分为几个研究主题，并赋予其基本权重，由此得出《外传》文本的基本主题。

徐复观认为《外传》体现了"中国思想表达的另一种方式"，并分析考察了其中的四个突出问题，即士问题的突出、士节的强调、养亲及君

---

① 罗立军：《〈韩诗外传〉无关诗义辨正》，《华南师范大学学报》(社会科学版) 2005 年第 3 期。
② 王硕民、刘海：《〈韩诗外传〉用诗与诗论》，《第五届诗经国际学术研讨会论文集》，中国诗经学会，2001 年。
③ 于雪棠：《〈韩诗外传〉解经方式及其文学教育意义》，《学术交流》2011 年第 1 期。
④ 房瑞丽：《〈韩诗外传〉传〈诗〉论》，《文学遗产》2008 年第 3 期。
⑤ 于淑娟：《韩诗外传研究》，上海古籍出版社 2011 年版。
⑥ 艾春明：《论〈韩诗外传〉的经学价值》，硕士学位论文，东北师范大学，2002 年。
⑦ 金春峰：《汉代思想史》，中国社会科学出版社 1997 年版，第 108 页。

亲间的矛盾以及妇女地位的被重视。①

袁长江认为,《外传》以儒家思想为主,兼容道家、法家思想,其法家思想之中受荀子影响最深,并在荀子"隆礼重法"的基础之上,将"礼"拓展至政治制度和道德规范等方方面面。《外传》借由谈礼,实则是讲论君臣父母之道,延续了先秦诸子的"明道"思想,故而《外传》既非说诗亦非解诗,而是为明道资政所作:其立足服务汉代统治者的现实角度,讲论道德礼义、治国安邦之道,是在为统治者提供理论依据。所不足者为,在天道观上,《外传》从荀子朴素唯物思想倒退至天人感应上来。② 这就从《外传》思想内容角度排斥了"解诗说",并就其对先秦诸子思想的继承与扬弃情况做了说明,反映了西汉初期思想融合的趋势,进而明确了《外传》"说礼""明道"的现实政治旨趣。这说明《外传》思想以儒为主,兼顾道法两家,是一部论证汉朝统治合法性、提供治国理政观念的著作。立基于此,则我们即可以《外传》为轴心,将其中谈及内容,合理地与汉初政治实践两相结合、互为奥援,这为我们全方位地研究《外传》提供了坚实根基。与袁长江的观点基本相类,王硕民亦认为《韩诗外传》宗主儒家孔孟之道并有所发展,其核心思想为"礼"且以礼统摄仁、义、忠、孝、节、勇诸德。在政治思想方面,其以"情礼兼备"概括《外传》,并指出《外传》所秉持的"大一统"思想。③

黄震云则在《〈韩诗外传〉和汉代文化》一文中指出,汉初齐、鲁、韩、毛四家传《诗》有名,毛诗推求《诗》之本意却未能列于学官,反倒是其他三家对《诗》采为政所用之立场,较为灵活地拼合拉杂并加之运用,终获得当政者青睐,这一现象充分说明了"三家诗"的资政特点。他认为,韩婴发挥了儒家思想,以六经作道,以时代为权,将六经之意和治国之道相互阐发、相得益彰。《外传》突出强调礼之功用,并就礼的地位、礼为政体国家与礼和人格、人生身体、自然等关系做了详细解读。就《外传》中的政治思想而言,其从重民思想、为君之道、人才选拔、以史为鉴等六个方面做了解读。总之,《外传》

---

① 徐复观:《两汉思想史》(三),第1—45页。
② 袁长江:《说〈韩诗外传〉》,《中国韵文学刊》1996年第1期。
③ 王硕民:《〈韩诗外传〉新论》,《安徽大学学报》(社会科学版)2003年第2期。

是以资政为鹄的,对前圣往贤言行事迹的引用和对诗句的征引,无不是由此兴怀,折射出韩婴本人对现实社会政治问题的基本态度,并以之为当政者借鉴之用。①《外传》用诗的基本立场,体现了汉代学官传《诗》的大《诗》文化特征。

另外,边家珍从经学史角度切入研究,认为《外传》为说《诗》之作,以启发、教育经生为用;且与《春秋》为伍,带有鲜明的今文经学通经致用特点,意在通过微言大义间接影响时政。② 由此可见,《外传》经世致用的政治倾向十分浓重。屈守元先生也基本持这一观点,其在《韩诗外传笺疏》前言中说:"韩与齐鲁,同属今文学派,所以《传》文说:'其归一也'……决不可以像有些古文学派的学者,把'通经致用'的今文师说,轻易抹杀!……我们读《韩诗外传》,同样要注意韩婴著书,确有这样的倾向。对于汉初的经学,应该与当时的政治气氛合并一起看。今文学家著作的政治色彩是万万不能忽略的。"③

除却从以史为鉴的史学角度和诗学角度研究《外传》的进路以外,亦有从哲学角度研究《外传》的学者。杨柳从哲学路径进入《外传》认为,韩婴试图建立基于天人性理而涵括修身治国的哲学思想体系,故而研究《外传》须从哲学进路入手,探求其所主张的本体论、天道观、人性论和历史观。④

以上学人主要从《外传》的思想内容出发,阐述了《外传》立足儒家融通法家、道家思想所作出的努力,且大都认同"礼"是《外传》思想的核心所在。就与政治的关联而言,基本认同《外传》通经致用的资政倾向,并以之为汉初统治者服务。

此外,还有学人从《外传》体例出发来研究其思想主旨。今本《外传》共计10卷310章,为防止基于研读者主观臆断进行选择性研究带来的视野偏狭,莫过于对各章主题进行归纳,运用统计方法将各个主题出

---

① 黄震云:《〈韩诗外传〉和汉代文化》,《徐州师范大学学报》(社会科学版)1998年第2期。

② 边家珍:《论〈韩诗外传〉的〈诗〉学性质及特点》,《河南大学学报》(社会科学版)2012年第4期。

③ 屈守元:《韩诗外传笺疏》,第5—6页。

④ 杨柳:《〈韩诗外传〉哲学思想刍议》,《贵州大学学报》(社会科学版)2004年第5期。

现的频率进行统计,以判定《外传》的思想主题。王培友于 2008 年发表《〈韩诗外传〉的文本特征及其认识价值》一文,其运用数理统计方法,将《外传》所引诗句去掉,对其内容归类分析,得出《韩诗外传》的内容主要集中于士节与士行、治道、礼德三个方面。值得注意的是,其所用《外传》内容为经近人研究后最接近《汉志》中言及的六卷本《韩诗外传》。[①] 在其硕士学位论文《〈韩诗外传〉研究》中,经过统计分析,其所用十卷本《外传》的主要内容仍然集中于士节与士行、治道和礼治三个方面。可见,《外传》作者韩婴有着明确的问题意识和政治倾向。另外,基于数理统计方法的运用,得出《外传》中以断章取义和隐喻引申方式解释《诗经》的有 154 条,占总条数的 75.5%,支持了"用诗说"这一论证。数量统计上的多寡虽则不能完全反映作者的思想倾向,但就文本所重视的话题来讲,统计数据更有说服力。

综上所述,就前人研究成果而言,无论就其内容、体例言之,还是从史学、哲学、经学史角度出发,《外传》的思想内涵主要有三:植根于儒家,对其他思想兼顾融通,反映思想融合的趋向;聚焦于荀子礼治思想和其他治国思想;对西汉初年政治现实的资政作用。总之,《外传》的思想内涵主要为政治思想,其欲指导政治现实,发挥资治作用。因之,对其中的政治思想进行梳理十分必要。

2.《外传》政治思想

虽然大都认为《外传》的思想内涵主要指向政治,但因为《外传》的成书性质以及与《诗》的密切关联,研究《外传》及其内涵政治思想者集中于文学、哲学领域,从政治学角度系统研究《外传》者较少。就已发表的学术论文来说,对《外传》礼治思想、忠孝矛盾、君道思想、大一统思想和用贤思想等都有所关涉,但数量偏少且深度不够,多为"一孔之见",缺乏整体的建构体系。

(1)礼治思想

就《外传》思想内涵而言,大都认同"礼"是其中突出主线,但立足于"礼"进行专题研究的文章偏少。这方面的研究以罗立军《〈韩诗外传〉的礼治思想》为代表。文章认为,"礼"是《外传》中的核心概念,

---

① 王培友:《〈韩诗外传〉的文本特征及其认识价值》,《孔子研究》2008 年第 4 期。

但韩婴所说的"礼"已不同于荀子之"礼",而是融合孟、荀之后以上达于孔子的"仁礼"结合体。这与徐复观持守"韩婴虽受荀子的影响很大,而在他自己,则是要由融合儒门孟、荀两大派以上合于孔子的"① 的学术判断一致。

罗立军指出,孔子兼顾仁礼,以仁为本而以礼为用。孟子基于"人性善"假设发挥孔子"仁"之概念以为"仁政"思想,偏重仁人君子的自我修为,主要依靠君主"仁政"来实现治国理政,具有较大的乌托邦性质。荀子则基于"人性恶"假设发挥孔子"礼"之概念以为"隆礼"思想,重视礼法外在规范,主张依靠圣人"化性起伪"以制定礼义法度,进而治理国家,可操作性较强。孔子之后,仁、礼各由孟、荀偏重发展,但也各有得失:仁政之得在于相信人之性善,使之成为不依外在而自我证成的圆满状态,其弊在过于迂远,远离现实的政治生活;隆礼之得在于建构统一秩序,长于经世致用,短于王圣结合,使之成为君主利用的工具。基于这一情势,韩婴在继承荀子礼治的思想下,融合孟子性善仁政思想,以仁为经,以礼为权,经权结合以上达于孔子。如其所言,韩婴意欲兼顾孟子仁政的理想层面和荀子礼治的现实层面,如此则"恢复仁礼在孔子那里的天然统一,既避免了孟子'仁政'在建构外部政治秩序的软弱无力,又解决了荀子'礼治'无内部仁体支撑容易异化的弊端"②。与此同时,思德化的内证层面与学礼教的规范知识层面亦得以完备结合,如此韩婴就在礼治层面融合孟、荀,完善了礼治思想。

另外,杨柳在《儒道并举:〈韩诗外传〉的治国修身思想》一文中探讨了作为治国思想的礼,其认为,除了主张以道家无为思想治国外,《外传》还大力提倡儒家礼治。③

(2) 忠孝矛盾

正如徐复观所总结《外传》中几个特出问题那样,忠孝矛盾在《外传》中出现频次较多,因之引起了研究者的关注。在传统社会中,忠即忠

---

① 徐复观:《两汉思想史》(三),第23页。
② 罗立军:《〈韩诗外传〉的礼治思想》,《理论月刊》2007年第5期。
③ 杨柳:《儒道并举:〈韩诗外传〉的治国修身思想》,《广东广播电视大学学报》2007年第5期。

君，但由于家国同构的社会政治结构，孝和忠有着密切关联，其既是伦理表现，亦是政治表现。《外传》之中对忠孝问题的解读有着自我的特点。

张红珍认为韩婴所处时代正值秦汉之际的社会转型期，亦是社会观念处于迁移变化的关键节点，韩婴所持观点既与传统"寓忠于孝"主张有所不同，亦没有完全认同"忠重于孝"的政治主张，而是将"忠孝两难全"的个人价值选择和主流政治价值观间的内在矛盾和盘托出，展现了汉初社会转型的内在矛盾。① 因之，从《外传》中可以清晰展现，"孝"是如何从家庭伦理经由社会的层层推进，进而成为政治诉求的。置之于更为广阔视角观察，可以透视自先秦所重之"孝"如何成为西汉中后期对"忠"的强调。《外传》作为这一过渡时期著作，可以为我们解读"移孝作忠"观念的演变轨迹提供恰切素材。

与之相类，张仁玺也观察到忠孝问题，然研究结论有所异同。二者均对韩婴重视孝道和立处忠孝之间的价值选择困境，没有异议。所不同者为，张仁玺更偏重对"孝"道的阐发，认为韩婴主张通过君王以身作则的教化路径，进而通过学校教育对孝的宣扬，培育社会群体对孝道的价值认同，促成"孝"的社会行为的形成。② 值得注意的是，立足《韩诗外传》全部文本，韩婴本人并没有偏重于孝的明显价值立场，而是在一时一地一事的讨论中对孝道有所偏重。毫无疑问，张仁玺所论再次展现出韩婴将忠孝矛盾存而不论的选择困境。

（3）尚贤思想

明君贤臣是传统政治统治的理想模式，《外传》中有关识贤、用贤、荐贤的内容十分丰富，但就这一主题进行关注研究的学者较少，且大都采用引用《外传》条目以资自我言说的方式，较少从"明君贤相"的治理模式加以深入阐释。师纶认为举贤任能思想在《外传》中十分突出，其就对贤能的重视，贤与能、德、直的紧密联系，以及荐贤者贤于贤者和举荐贤者要采用与己比较、公正无私、负责执着的方法等几个方面进行了论述，指出《外传》对现代社会的人才使用有借鉴意义。③ 可见，对

---

① 张红珍：《〈韩诗外传〉中的孝忠矛盾》，《东岳论丛》2005年第3期。
② 张仁玺：《〈韩诗外传〉中的孝道观述论》，《广西社会科学》2014年第2期。
③ 师纶：《漫谈〈韩诗外传〉中的举贤思想》，《甘肃社会科学》1983年第6期。

《外传》中尚贤思想的研究和挖掘还需进一步深入。

(4) 大一统思想

有关《外传》中大一统思想的研究相对较少,这里仅以尹茂竹的硕士论文《〈韩诗外传〉大一统治道思想研究》为例作出简要说明。该论文从"大一统"视角出发,认为韩婴以儒家思想为底色兼纳他家思想,运用道家的认识论以诠释、圆满儒家思想;在兼顾孝道的前提下,突出忠君思想,以致赞成"愚忠"思想;以性情论统御君道、臣道和民道。上述三者共同指向"大一统"的最终目的。① 他还认为韩婴的这一论述为董仲舒"春秋大一统"的逻辑生成实际上做了铺垫。

(5) 治理之道

鉴于近年来对国家治理问题的重视以及建构国家治理体系现代化的要求,有学人以此为问题意识来探寻《外传》中的治理之道,希冀从中得出治理启示以指引当下。这以韩星的研究为代表。他在梳理《外传》学术思想并加以整合的基础上,对《外传》中的治理之道进行了系统总结,他认为,《外传》"继承孔子'述而不作'的经学诠释传统,以经学为基础,以儒为主,归本于孔,统合孟荀,整合诸子,试图在适应时代需要构造一套新的儒家思想体系"②。他认为,《外传》属通经致用之作,注重以微言大义阐发国家治理之道,《外传》立基于天、地、人三才之道的大框架研讨王与霸、礼与法、仁与礼、德与刑的和合通用,以之为君王的修齐治平之道。这一整合阴、阳二端,居中以为中庸权变的治国策略,奠定了汉初国家治理思想体系的根基,亦为我国当下国家治理体系现代化和提升国家治理能力提供了历史镜鉴。值得注意的是,这一研究路向基本摆脱了以研究《外传》与《诗》之关联的文学研究方法,亦不同于就《外传》文本进行细致分析以探寻其思想主题及其在思想史上的地位,而是有着明确的当代问题意识,重视从《外传》政治思想中挖掘有利于现代国家治理的资源。

(三)《外传》与《孟子》《荀子》及道家法家思想的关联

由于《外传》杂引古书古事以作自我观点的说明,乍一看来,十分

---

① 尹茂竹:《〈韩诗外传〉大一统治道思想研究》,硕士学位论文,西南政法大学,2014年。
② 韩星:《〈韩诗外传〉的治理之道》,《广西大学学报》(哲学社会科学版) 2016年第1期。

纷乱，意欲从整体和思想演进层面把握《外传》的思想倾向莫过于将之与先前文献进行比照，以廓清《外传》的思想来源和思想倾向，这一思路十分重要。具体说来，《外传》思想以儒家思想为底蕴，对道家黄老思想和法家思想都有所批判和吸收。

1. 《外传》与儒家《孟子》《荀子》的关系

《外传》思想主要以儒家思想为基础，其中引用《荀子》达54处之多，引用《孟子》也有6次，但儒学后进孟、荀之间有较多不同，且荀子在《非十二子》中对子思、孟子颇有微词并加以批判。韩婴以儒家经师自居，兼任博士，对自家冲突不能坐视不顾，故而对孟、荀思想有所裁剪以上达孔子。韩婴继承了儒家重学、劝学的思想传统。儒家一派十分重视学习，孔、孟、荀三者均如此，韩婴在此基础上提出尊学重学主张并有所发展。与孟、荀"学做圣人"的思想旨趣不同，韩婴认为要"学圣人"，要学于师。① 在继承中有所变异正是《外传》的思想特色，亦体现出韩婴本人的主体性意识。

《外传》对《孟子》的继承十分明显，这主要表现在三个方面：对《孟子》"人性善"思想的认同、强调"士人节气"与孟子相同，对《孟子》中"井田制"的肯认。李华就《外传》中的"士节"一题作出分析后认为，韩诗在汉初即已列为官学，韩婴本人成为韩诗博士，影响较大；因之《韩诗外传》在汉初成为教化儒生士人的政治教本，加之《外传》继承《孟子》高扬士人人格的倾向十分明晰，这不仅意味着韩婴本人对孟子人格的高扬，亦是汉初儒生士人肯认孟子人格的显证。② 这一论断十分坚强，因为就《韩诗外传》的讨论主题来说，有关士节的章节最多。

《外传》对《荀子》的继承较之对《孟子》的继承更为明显，有关两者之间的关联早就为前代学人所关注。清代学者汪中提出："《韩诗》之存者，《外传》而已。其引《荀卿子》以说《诗》者四十有四，由是言之，《韩诗》，《荀卿子》之别子也。"③ 严可均基本持相似观点，他指出："《韩诗外传》引《荀子》以说《诗》者四十余事，是韩婴亦荀子私

---

① 龚鹏程：《汉代思潮》，第169—170页。
② 李华：《论孟子士人精神在汉代的影响》，《沈阳大学学报》2011年第1期。
③ 汪中：《荀卿子通论》，载王先谦《荀子集解·考证下》，中华书局2012年版，第19页。

淑弟子也。"① 以上两位学者极近《外传》与《荀子》之关联，甚至以韩婴为荀子私淑弟子，以《外传》为《荀子》之别子，可知荀子对韩婴影响之深之巨。就文本言之，《外传》与《荀子》相同之处多达50条。今人徐复观在谈及《外传》时说道，《外传》引用《荀子》凡54次之多，韩婴受荀子影响是无可争议的。② 总之，《外传》对《荀子》的继承无可辩驳。

就对孟、荀的批判一面言之，则韩婴对《孟子》的批判较少，而对《荀子》的批判为多。尤其在"人性论"这一问题上，韩婴将《孟子》中"人性善"与荀子重视圣人教化的思想统合起来，主张"性善情恶"，顺人之性以养其善、逆人之情以去其恶，将性善思想和圣王思想和合一统，突出圣王的外在教化功用。强中华在《〈韩诗外传〉对荀子的批评》一文中指出，宋代学人批判荀子聚焦于"性恶论、杀《诗》《书》、法后王、非毁子思和孟子、思想近法家，以及韩非、李斯师承荀子"③ 六个方面，而在《外传》中对前四者都有所批判，实际上已开宋代学人批判荀子之先河。李峻岫则从《外传》与孟、荀关系角度指出，韩婴在整体上与孟子观点一脉相承，这表现在井田制、权变观等具体观点层面，其中最明显地表现为《外传》引述《荀子·非十二子》之文而将子思、孟子删去，在引述《荀子·儒效》时删去"法后王"一段，这均是尊孟意识的具体体现。但在人性论、法先圣等问题上，韩婴意欲融合孟、荀两家以上达于孔子和合仁礼的儒家主张。④

总之，《外传》一书充分体现出作者韩婴本人立处汉初政治情境的主体性意识，并非为散漫无意的类书汇编。进而，从儒家政治思想史演绎角度言之，虽则韩婴本人不可能达致荀、孟和董仲舒那样的学术高位，然其作为政治思想演进史中的关键一环，其意义不容忽视。仅从韩婴意欲兼综荀、孟以上通孔子的基本学术站位，即可看出汉初百家余绪时代

---

① 严可均：《铁桥漫稿》卷三《荀子当从祀议》，上海古籍出版社，《续修四库全书》影印清道光十八年四禄堂刻本。
② 徐复观：《两汉思想史》（三），第7页。
③ 强中华：《〈韩诗外传〉对荀子的批评》，《现代哲学》2012年第3期。
④ 李峻岫：《韩婴孟学思想探析——再论〈韩诗外传〉与孟荀的关系问题》，《云梦学刊》2010年第1期。

的思想家们立足政治一统寻求思想一统的整体学术趋势。

2.《外传》与道、法两家思想的关联

众所周知，西汉初年占据统治思想地位的是黄老无为思想，韩婴恰恰身处文、景、武帝时期，那么《外传》植根于儒家政治思想的立场是如何兼顾黄老的呢？已有学人就这一问题进行探讨。李知恕认为，韩婴基本立足儒家主流政治立场，在养生治国层面兼采黄老观点，整体上以儒为体而以黄老为用，有和合儒、道两家政治观点的基本倾向。[①] 显然，这是一种相对较为传统的观点。杨柳则认为《外传》思想底色为道家思想，其说亦有道理但持论偏激，不过就儒、道政治思想融合角度观之，这一观点恰恰说明儒家思想对道家思想的吸纳之势。具体言之，在修身治国层面《外传》以道家无为思想为本而以儒家礼治功用为末，这是以道为本以儒为用的基本学术立场，在此处《外传》显现出与魏晋玄学思想融合儒、道二家思路的某种契合。[②] 值得说明的是，本书基本不采纳"道本法用"的偏激学术立场，而持守《外传》以儒家政治立场为基调的学术态度。

转向《外传》与法家思想关系一面。由于《外传》成书时代思潮所及，为了寻求西汉政治统治的合法性，反秦、反法普遍成为这一时期的思想主题，这在贾谊、陆贾的著作中都可见到。除却思想层面言之，实则"汉承秦制"，汉代延续秦之律法思想，加之法家思想对官僚层级制度的分殊切近于政治统治事实，对法家思想不可一概否定。但就《外传》中的法家思想研究而言，确实少有专文言及，只是零星地有一些《外传》排斥法家思想严酷的论述。但就《外传》整全文本言之，实则韩婴本人亦有立足法家立场批判儒家先圣违反礼制之处。故而，重新申述《外传》对法家思想的取用扬弃态度，分殊其对秦制、秦法、秦人的态度异同，是我们准确辨识韩婴本人学术思想的基本前提。

（四）有关《外传》政治思想史地位的研究

因《韩诗外传》为汉初"三家诗"留下的唯一存世著作，为了探究

[①] 李知恕：《论〈韩诗外传〉的黄老思想》，《社会科学研究》2002年第2期。
[②] 杨柳：《儒道并举：〈韩诗外传〉的治国修身思想》，《广东广播电视大学学报》2007年第5期。

汉初时期的思想全貌,很多学者自然地从思想史角度来研究《外传》。又因《外传》处于汉代初年"百家余绪"时期和董仲舒所倡导"春秋大一统"时期的夹缝之中,大多学者着重从思想演变的角度论述了《外传》为"天人合一"思想所作的铺垫和准备工作。

金春峰在其《汉代思想史》一书中谈及《外传》时认为,《外传》性质主要为学术思想而非政论,其借由对儒家经典的诠释,来阐释自己的思想主张和自身对历史经验的总结。就韩婴与同时代的陆贾、贾谊和董仲舒相比较而言,相较于董仲舒的"天人合一"政治哲学系统言之,陆贾、贾谊、韩婴三者的思想较为朴素,基本上依附现实政治问题就事论事,尚未建构新的思想体系,故而杂家特点显著。以《外传》兼综《荀》《孟》二者言之,其中既有荀子"天人二分"思想,亦有天人感应思想;既张扬荀子的性恶论,又论述孟子的性善论;既有荀子式的重民思想,亦有孟子王道仁政思想;既有功利思想亦有超功利思想。① 总而言之,就《外传》的思想史地位言之,"韩婴的思想可以看作儒家由汉初的政论向建立新的系统的哲学理论和意识形态的过渡"②。金著所言,指明了韩婴及其所著《外传》"杂而不纯"的驳杂思想特点,与《外传》处于"子学时代"与"经学时代"的思想背景相一致。

继金春峰《汉代思想史》重视韩婴《外传》思想之后,研究《韩诗外传》的学者主要有徐复观和龚鹏程,且二人观点不尽相同。从思想融合层面言之,徐复观认为韩婴思想宗主儒家,而在处事态度上兼容道家,与汉初其他思想家无二,俱有杂家特点。③ 具体言之,则韩婴本人受荀子思想的影响最大,就韩婴本人而言,其"是要融合儒门孟荀两大派以上合于孔子的"④。龚鹏程对《外传》的研究针对徐复观提出很多不同看法,就思想史的研究方法来说,他认为,徐氏以"时代的研究"为主,且偏重政治方面的解释,对《外传》本身缺乏整体结构性的诠释。其主张首先要对思想内部的论理结构进行梳理,探寻其理论起点、结构,在

---

① 金春峰:《汉代思想史》,第109页。
② 金春峰:《汉代思想史》,第108页。
③ 徐复观:《两汉思想史》(三),第25页。
④ 徐复观:《两汉思想史》(三),第23页。

此基础上与其他思想家作出对比，以显现该思想家的特点。在这一方法指引下，他认为，表面上看韩婴杂引百家文献，其实《外传》自含一套逻辑话语：韩婴以五经为主干消化诸子之学，在这一过程中逐渐显现出由儒家成圣成王之学转变为"学圣人"之学。由此观之，则主教化的圣王权威不全是政治权力宰制儒家道统的必然结果，而是儒家思想内部自我演绎的逻辑延伸。① 这一结论与徐复观将儒家思想看作专制权力压制理性的观点截然不同，即在儒家思想本身的逻辑发展中，专制权威的思想亦会自动生成。

以上综述主要围绕《外传》的思想内涵作出，偏重哲学思想和政治思想的梳理。其他研究《外传》的视角大部集中于语言文字和文学角度，因与本主题相关性不大，兹不赘述。

就梳理既有文献可知，对《外传》政治思想的系统性研究，在整体上比较薄弱。仅以《韩诗外传》为博士论文选题观之，只有东北师范大学艾春明博士的《〈韩诗外传〉研究》②、上海大学樊东博士的《〈韩诗外传〉著述体例及相关问题研究》③ 和已出版的于淑娟著《韩诗外传研究：汉代经学与文学关系透视》④ 一书。三位学人都是文学院出身，俱从文学、史学和经学角度对《外传》思想进行阐发，这与《外传》的传统研究路径基本一致。就其他研究而言，则大都将《外传》视作佐证自我观点的取用材料，总体言之，较为支离破碎，所证观点亦是相互抵触，观点难以立足。故而，立足于《外传》文本本身，以之为主体进一步透视汉初政治思想在这一文本中的具体呈现，做系统性的研究、全方位地展示《外传》的政治思想体系，依然十分必要。

从研究方法论和学科基础层面言之，对《外传》的研究多从经学、史学、诗学、哲学等视角进入，立足政治学和政治思想史角度的研究成果较少。这主要受到古代学术传统和近代以来学术思潮的波及和影响。

自武帝立"五经博士"以来，经学大传统在中国传统学术思想中得

---

① 龚鹏程：《汉代思潮》，第189页。
② 艾春明：《〈韩诗外传〉研究》，博士学位论文，东北师范大学，2008年。
③ 樊东：《〈韩诗外传〉著述体例及相关问题研究》，博士学位论文，上海大学，2016年。
④ 于淑娟：《韩诗外传研究：汉代经学与文学关系透视》，上海古籍出版社2011年版。

以确立。近代哲人冯友兰即以董仲舒为界，将传统学术划分为"子学时代"和"经学时代"。其对中国学术持守这一主张，"经学在以后历史上中国思想之地位，如君主立宪国之君主。君主固'万世一系'，其治国之策略，固常随其内阁改变也"①。故而，传统学术思潮不得不跟随经学传统之波涛而有所沉浮。大略言之，传统思想学术可分为五，即先秦诸子学、汉唐经学、魏晋玄学、宋明理学和清代朴学。魏晋以来，受印度佛学东来影响，经学学术转向重视心性道德的形上哲学建构，宋明理学直至清末依旧影响颇深。加之近代中西汇通以后西方哲学对中国传统文化的冲击，对传统学术的发掘多从哲学角度出发。

具体言之，受近代科学至上观念影响，对汉代阴阳五行和谶纬学说多视之为封建迷信，不予重视。因之，对汉代今文经学及其整个汉代学术未能给予应有重视。对汉代学术独独集中于王充唯物主义思想研究，而对董仲舒则批判为多，这样的认知无疑是偏颇的。清末以来，汉学与宋学对垒，使得对汉代学术理解多集中于训诂器物的考证，古文学派压倒了今文学派。对西汉今文学家们面对时下政治问题所推演出来的历史性对策，一笔抹杀。②清代考据学"因反宋学太过，结果反对了学术中的思想，既失掉考据应有的指归，也失掉考据历程中重要的凭借，使考据成为发挥主观义气的工具"③。汉代学术思想亦遭到波及。这是立足当下重视政治学角度转向的宏观学术背景，亦是我们得以对《外传》进行深入研究的方法论基础。

三 研究方法和研究思路

（一）政治学的方法论转向

可以预想得到，经学、哲学取向到政治学取向的方法论转变，必然会看到前人所未曾见的新景象。基于政治文化、政治思想和政治学的方法论自觉，是研究《外传》的主要研究视角。以下即从政治学视角出发，结合中国政治传统来探求"政治"的方法论。这里主要从以下三个角度

---

① 冯友兰：《中国哲学史》（上），第330页。
② 蒙文通：《经史抉原》，商务印书馆1933年版，第67页。
③ 徐复观：《两汉思想史》（三），第1页。

出发,即什么是政治?中国政治注重什么?重政治秩序稳定的中国政治有几个层面?

按照对政治学的一般理解,"政治学是研究人们如何为一个社会进行权威性价值分配的学问"①。这一来自美国行为主义学派的概念,忽视了政治生活发生的前提条件,即稳定的社会秩序。假若没有稳定社会秩序的建构,一般不会形成长久的社会关系和政治关系。因此,较为完整的表达应当是,"政治是建构社会秩序,基于公权力的权威性价值分配"。故而,政治的核心是"社会秩序和社会利益分配问题"②。以西方政体理论为参照,则中国传统政体模式为君主政体。将政治的一般概念和中国君主政体的论断相结合,则会看到:君权至上是政治秩序的关键,君主是政治权力的代表,是权威价值分配的唯一主体。基于中国传统万世一系的君主政体模式,对政治秩序、政治权威的论证,当是传统政治思想的重中之重。在既有君主政治底下,对政治调节、政治合法性的论证,亦为中国传统政治思想的特色所在。徐大同先生以"治国之道"概括中国传统政治思想特点,将之概括为"治理政治学",颇具启发意义。③ 此处对"治国之道"的重视,显然以君主政体为前提。与之相一致,政治调节不是对政治价值、政治理想的应然改造,而是在既有政治框架之内,理顺政治秩序,完善政治功能。

立足政治学视角观察我国传统思想,"就其大体言之,中国政治思想属于政术(Politik;Art of Politics)之范围者多,属于政理(Staatslehre;Political Philosophy;Political Science)之范围者少"④。这一特点决定了,在中国传统政治文献中,乏于对政治哲学和政治科学等"政治学"理论层面的观照,或曰在这一范畴内论述不多、差异较小。而多在政策制定、政策实施和政策调整的"行政学"范畴内展开论述。⑤ 从现代政治与行政

---

① [美]戴维·伊斯顿:《政治体系》,马清槐译,商务印书馆1993年版,第123页。
② 刘泽华:《中国政治思想通史·综论卷》,中国人民大学出版社2014年版,第3页。
③ 徐大同:《从政治学角度研究中国古代政治思想史——中国古代政治思想史的线索与特色》,《政治思想史》2010年第1期。
④ 萧公权:《中国政治思想史》(下册),第876页。
⑤ 葛荃老师编有《中国古代行政管理思想史》一书,可以窥见中国传统政术之发达。葛荃主编:《中国古代行政管理思想史》,天津人民出版社2016年版。

相对二分角度言之，政治偏于对社会资源进行权威性分配的政体选择和政治价值体系，而行政偏于具体执行既有政体架构下的政治决策，并对之进行适当修正和调整。将之置入中国语境则表现为，在传统政治思想主流学派儒、道、法家政治思想中，在维系王权主义政治价值、论证天人合一政治思维等方面致思逻辑基本一致，表现为"道"相同。道相同则相与为谋，因之诸子百家政治思想俱为君主政治献策，以维系君主政体的结构稳定，延滞王朝兴替、拓宽治理时段的幅度。诸家思想差异主要表现为"治术"不一，即法家霸道、儒家王道、道家天道等治国理政的具体策略差异。从政治学角度观之，即在君、臣、民等级政治主体的框架内，对其所持有社会资源分配的具体多寡层面存有差异，这表现为鲜明的政治调节特色。

自秦汉大一统以来的政治史观之，王权主义政治价值体系、郡县制中央地方关系延续、君臣礼制等级未改。故而，政治价值、政治结构和政治关系整体架构延续至清末，未有大的变动。儒、法、道政治思想在此框架下发挥功用，只能是对君主政治的维系和调整。加之，"中国传统政治文化的价值系统是一个以王权主义为核心，以宗法观念、清官思想、平均主义为补充的'刚柔结构'体系"①。因之，中国传统政治思想大体属于政治调节、政策调整一类，"一般而论，在君主专制政治条件下，政治调节的形式大致可分为两种：一种是统治集团内部进行主动的自我调节，通过'更化'或变法的方式，达到政治局面的相对平衡。这种调节方式的思想表达主要是汉儒董仲舒，具体的典型事例见诸历代的'新政'或变法。另一种是政治集团之外其他社会政治力量进行的外部调节"②。而政治调节的结果为，"政治改革以强化君权为根本保证和以完善王制为重要措施，又以强化中央集权和专制君权为最终结果"③。所以，"政治改革强化了以君主专制为目的的中央集权，而君主专制的专横又成为限制政治改革的重要原因"④。这主要表现为"调节式强化"模式，即政治调

---

① 刘泽华主编：《中国政治思想通史·综论卷》，第55页。
② 葛荃：《走出王权主义藩篱：中国传统政治文化研究》，第95页。
③ 刘泽华主编：《中国政治思想通史·综论卷》，第513页。
④ 刘泽华主编：《中国政治思想通史·综论卷》，第514页。

节是手段，政治强化是目的。越调节，越强化，调节式强化成为中国传统政治改革的一个特点。平心而论，改革本欲软化矛盾、协调政治关系、优化政治结构，但结果往往是矛盾一方消灭矛盾另一方，简化了政治复杂性，强化了政治统治，以致最终导向三个后果：政治协调和调节的空间越来越小，行政权力统治范围越来越大，涵括经济、自然等领域；政治权力指向从政治领域不断下移至社会层面，以致沉潜到"诛心"这一个体思想的内部层面；从思维方式来说，天人合一式的比类逻辑，紧紧框定人们的致思逻辑和致思边界，最终牢笼、禁锢了人的思维自由。如此，则政治权力在权力系统、社会结构、思维逻辑三个方面无限弥散，强行进入社会领域和个人领域并加以政治整合，"行政权力支配社会"的格局形成。

那么，这一政治格局滥觞于何时何地呢？立足秦汉之际的政治、思想实践进行观察，无疑是一个独特的立足点。在中国政治思想史的演进中，以秦之法家"耕战"为攻道、以儒家礼义为"守道"的儒法结合，是秦汉之际的一个重要转折点。这一因"攻守之势异也"而转变政治策略的因应权变之道——霸王道杂之的"汉家制度"，为后世王朝所效仿摹写，奠定了传统中国"阳儒阴法"的治国策略。这一策略，显现出传统社会治国理政方术的圆满和周全，增强了君主政治的可调适性，支撑了政治系统的整体稳固性，不仅在空间结构上稳固了君、臣、民政治主体间的关系，而且在时间延续上以代际伦理为中轴延滞了王朝兴衰的周期长度。本书对《外传》政治思想的检视，正是基于上述视角，进而对之进行研究的。

(二) 研究方法

1. 政治文化分析的方法

《外传》是韩婴基于历史文献的个人解读汇编，体现了韩婴本人立足秦汉之际政治实践的所思所悟。因之，从政治文化层面言之，则《外传》体现了韩婴本人的政治价值、政治信仰、政治态度、政治认知和政治立场，如此，则政治文化分析方法的运用，是进入韩婴内在思想世界的恰切研究工具。此外，以《外传》作为一思想文本言之，则其中所载俱为关乎政治思想和政治文化方面的内容，将之与政治制度比较观之，则其要么与既有政治规则制度互为奥援，为现有政治生活的合法性作出论证和解释，要么与现有政治规则针锋相对形成批判之势。那么，将《外传》置于政治文化的研究视角之下，则可看出韩婴本人及其所著与政治实践的内在关联，观其在政治与学术之间的基本价值偏好。通过对《外传》文本的细致解读，离析出其致思逻辑的基本结构，则可就这一文本的政治价值、政治信仰和政治态度，归纳出基本内容并作出基本的学术判断。值得说明的是，韩婴及其所著《外传》，基本反映了中国学术"经世致用"传统和"干事主"的政治倾向。

2. 历史研究方法

从时间层面观之，韩婴本人为历史人物，其所著《外传》为历史文本。意欲对之有比较清晰的学术认知，莫过于将《外传》置于整个秦汉之际的历史、政治背景之中，从政治思想史角度展现其思维逻辑的动态演变趋势。大体观之，韩婴本人处于秦汉之际的后战国时代，百家争鸣之余绪尚存，经学独尊之地位尚未确立。以《外传》言之，则其处于"子学时代"与"经学时代"的过渡阶段之中。加之，《外传》是具有今文学派的经世致用之作，将之置诸具体政治历史背景之外，则只能单纯性地就事论事，将之视为纯思辨性的哲学著作。这显然与史实不符。另外，只有将韩婴及其《外传》置于历史的动态演变过程之中，方能观察其在整个政治思想史中的相对位置，为其更好地定位提供便利。

3. 基于文献文本的比较分析方法

意欲展现《外传》的政治思想史地位，则必然将之与前前后后的文献文本作出比较，方能从内部视角展现其致思逻辑特点和政治立场。即以忠孝矛盾一事言之，则只有将"忠""孝"在先秦文献中的具体演进逻辑和内涵变迁梳理出来，才能看出《外传》对忠、孝一事的具体态度。这无疑需要研究者本人穿梭于历史文本之中，将"忠""孝"相关内容罗列出来，通过文献比对和文本差异及其《外传》对所引文本的个中差异，研判出韩婴本人的政治思想认知变迁和《外传》的基本学术站位。另外，对像"忠""孝""礼""法""天""道"等关键范畴的政治思想内涵变迁作出清晰界定，以确定其中含义的细微差别，亦需要立足于基本文献的详细查对比照，方能达致。本书所定研究主题为王权主义思想在秦汉之际的具体演进逻辑，则还需对王权主义思想所内涵的权力系统、社会结构和观念体系等方面作出具体历史比较，以此凸显出"在政治调节中强化王权"的结论。

（三）研究思路

在中国传统社会中，十分强调对政治秩序的建构。因之，具体划分政治秩序的层级结构十分关键。现代政治生发于国家与社会相对二分的前提下，因之，这一分析路径在国外理论界使用十分普遍。参照这一理论，基于政治权力对社会领域和私人领域的渗透十分强劲，可将中国传统社会生活的领域划分为三个层面：政治领域、社会领域和私人领域。[①]值得注意的是，在中国传统政治结构中，王权主义思想一以贯之地渗透于各个层级之中，没有现代政治领域、社会领域和私人领域的清晰界分。故而，政治领域、社会领域和私人领域的界分，只是为了分析便利而为之。就中国传统政治社会的结构层级言之：

> 中国传统社会的最大特点是"王权支配社会"。"王权支配社会"是在相信生产力发展状况与生产关系决定着社会的基本形态的基础上提出的一个具体社会运行机制问题。这种运行机制大致说来又可分为三个层次：一是以王权为中心的权力系统；二是以这种权力系统为骨架的社会结构；三是与上述状况相应的观念体系。[②]

与刘泽华先生提出的王权主义三个层级相一致，政治领域可以看作为"以王权为中心的权力系统"层级，社会领域则是基于权力系统为骨架的社会结构层级，私人领域则基本可以和观念体系相对应。另外，刘先生提到：

> 在我近三十年的著作中，"王权主义"的含义有宽窄两种内容，宽的即上述的含义，窄的是在思想观念上使用它。[③]

[①] 葛荃：《社会性与公共性析论——兼论中国社会三层次说及其方法论意义》，《学习与探索》2013年第10期。

[②] 刘泽华：《王权主义概论》，《锦州师范学院学报》2001年第3期。

[③] 刘泽华：《中国政治思想史集》，人民出版社2007年版，总序，第3页。

这里，我们借鉴"王权主义"的广义。因之，将国家与社会二分的政治理论加以改造，参照以王权主义运行机制的三个层级，可以将传统社会政治结构的层级划分为国家层面、社会层面、私人层面和人心层面。参照各个层面的主要内涵，则可以归结为以下四点：政治权力系统的王有天下、社会结构层面的忠孝互济、私人角色层面的君臣一体和思维观念层面的天人合一。四个层面均以礼制尊卑为行为规范，以王权主义为指归。参照以"格物、致知、诚意、正心、修身、齐家、治国、平天下"的《大学》八条目，则"格、致、诚、正"四项属思维观念层面，修身为个人角色层面，齐家为社会层面，而治国平天下则为政治权力层面。值得注意的是，传统中国政治思想重视集体、忽视个体，私人领域几乎被国家领域与社会领域全覆盖，处于一多不分状态。对《外传》一书的结构剖析，正是以这四个层面为基础的。

参照以"政治是建构社会秩序，基于公权力的权威性价值分配"说法，则政治权力系统的王有天下指的是，王是权威性价值——"天下"的所有者。谁拥有政治资源，则谁将主导政治资源的分配。从郡县制代替分封制最终成为实然举措可以看出，先秦时期由天子、诸侯、陪臣等多级占有政治资源的政治格局，演变为王直接占有一切政治资源的局面。那么，王是按照什么标准来进行政治资源分配的呢？礼。因之，礼法同治可以解读为，等级制分配的原则和标准。王以礼制尊卑划分政治资源，礼即是等级分化基础上的资源分配标准。而忠孝互济的政治伦理，显然是政治权力系统运行的社会基础。王有天下、礼法同治和忠孝互济三者，属于政治价值、政治规则和政治伦理层面，一般不会随着王朝更迭而有所变化。至于君臣一体则指向政治角色中的君、臣、民三者，是政治生活中"人"的层面。天人合一政治思维则指向思想层面。从公共治理角度观之，则王有天下是治理价值，礼法同治是治理手段，忠孝互济乃治理结构，君臣民则为治理主体，天人合一则是治理思维。

总之，本书对《外传》政治思想的研究，即从王有天下的政治价值、礼法同治的政治手段、忠孝互济的政治伦理、君臣一体的政治角色和天人合一的政治思维五个层面为依据划分基本章节的。

四　研究重点难点

（一）研究重点

本书的研究重点在于，以《外传》作为典型案例，析论其本身所蕴含的政治思想，并将其所呈现的思想结构展现出来。即以其所涵括的礼治思想、忠孝矛盾、士节问题、君臣关系和天人关联五个方面言之，此五者间的逻辑关系为何，尤其是立足政治学的视角，应当如何将之置诸政治学的一般理论视野之中，十分关键。

按照原初研究设计言之，之所以将《外传》作为研究对象，源于其处于先秦诸子学与两汉经学之间，位处"子学时代"和"经学时代"的百家余绪之际。如此，在展现出《外传》的政治思想结构之后，还需对礼治思想、忠孝矛盾、士节问题、君臣关系和天人关联等方面的思想史演绎逻辑进行勾划。这就需要将《外传》置于政治思想史的角度，将其与前前后后的文献进行比照，查对异同，以此得出自先秦诸子学向两汉经学的演绎轨迹。

本书研究的重中之重在于，对王权主义发展形成的思想运行过程作解剖。立足《外传》所能涉及的思想范围，审察王权主义思想在秦汉之际的演变动向和历史形成进程。故而，本书立足《外传》这一文本而不限于文本，从中提炼出基本主题和基本问题，将之放入秦汉之际这一历史范围内，透视汉初士人的政治观念变迁，总结汉初士人的政治思维特点。

此外，将《外传》作为研究中国政治思想史的典型文本，从中透视出我国传统政治思想的一般性特点，亦是一个研究重点。可以值得向往的是，在君主政治体制下，结合具体政治情境，进行相关权变调节，并以此来维系君主政治的基本统治秩序，是传统政治思想的一个基本特点。由此，"在政治调节中强化王权"是其基本意图，中国政治思想史的"治理政治学"特点十分突出，即政治思想的工具理性特点明显。

（二）研究难点

从本质层面言之，对历史文本的现代解读与诠释，与作者原意定会有一定的隔膜之处。由于脱离既有历史语境和政治情境，经典原意和作者原旨到底指向何处，今人已不可能全然知悉。以韩婴与《外传》而言，其在《史记·儒林传》和《汉书》中的记载十分有限，这无疑提升了理解作者原意的难处。对经典的诠释是否符合作者本意，合理诠释的恰切界限究竟止于何处，这因人而异亦十分难以把握。鉴于如此情境，只得就《外传》的基本主题和反复出现的相关主题，多立足于"内证"视角，进行较为充足的分析和论证。

立基于基本主题，将《外传》思想立意与先秦诸子所倡导的学术主张相比照，则能就其中基本异同研判出《外传》对先秦学术的继承与革新之处。查寻文本词句间的流动与变异，相较于古人而言，对今人亦是难点所在。相似词句间的变化可以较为清晰地通过比照查对择取出来，对某一问题的情感态度则非经过缜密的逻辑推理，难以察见其演变趋势。正如萧公权所言，晚周秦汉学术"学派之名号犹昔，而思想之内容有异"[①]，随着政治情境变迁，所用名词不曾变化而实际意义已改。然而此为本书重点所在，这无疑加重了此一难点的权重系数。只有通过思想流变大致趋势，继而方能得出《外传》在这一思想演变谱系中的相对位置，是为《外传》的政治思想史地位。这是该研究的重点、难点和得出进一步结论的基础，亦是较为棘手之处。

鉴于本书的政治学视角和理论进路，必然谋求探索《外传》在政治学理论层面的研究意义。一方面，这需要与《外传》的基本篇章立意相通，并将其基本篇章依从一般政治学理论的逻辑结构进行谋篇布局。另一方面，又需要化零散为整篇，集腋成裘，将各个章节方面所显现出的分散意蕴，连缀成为一个政治主题。这亦是一个难点所在，更是本书得以最终成立、成型的关键所在。

---

① 萧公权：《中国政治思想史》，第13页。

第一章

秦汉鼎革儒法争鸣视域下的《韩诗外传》

秦灭六国，华夏一统，维系政局稳定的时间仅有12年（前221年至前210年）。始皇帝驾崩次年，即二世元年（前209年）秋，陈胜吴广遂于大泽乡起义，引爆反秦的时代潮流。刘邦作为起义军中的一支，最终兵临咸阳，子婴投降（前207年），秦亡。秦之速亡，给时人以莫大的精神冲击。如何吸取秦亡教训，维系汉家长治久安，是汉初政论家、思想家反思历史的共同问题意识。

陆贾"马上不可治天下"和贾谊"攻守不同术"的认识，得到汉初士人认同。这一认识在承认秦之"攻道"的基础上，提出汉之"守道"的转变策略。以秦法为"攻道"，是汉初士人在塑造"秦"这一政治形象中对秦的正面肯认。这就使得"汉承秦制"和"反秦苛法"二者在对立中得以统一，有了策略选择的参照依据。即在维护统一向度，可以效法秦制，比如以郡县代分封、建都关中这样的建国举措和叔孙通"起朝仪"、贾谊强调礼制尊卑等对秦制的因袭。同时，"改正朔、易服色"的更化改制和以儒家仁义王道治守天下等对秦的更张措施，也有了政治合法性。既要维系、巩固政治的一统，又要改变秦短祚的命运，这一时代之问，亦是对先秦诸子百家学说的实践考察。

在王朝兴灭之际的秦汉交接时段和武力征伐的动乱社会环境中，政治权力无暇顾及对思想认知的严厉管控。摆脱政治权威严密控制的宽松环境，正是多元思想交辉争胜的良好场所。与先秦诸子百家争鸣"多得一察焉以自好"的时代相较，汉初思想承接百家余绪，更多地表现为融合的大趋势。以儒、法两家言之，单靠儒法中的一家即可平治天下的思想策略，让位于儒法攻守互补的实然选择。像孟子"地方百里而可以王"①的迂远遐想，在汉初士人的语辞中已然鲜少提及。因之，以改朝换代的建国时刻为界，称制之前倚赖重典刑罚的法家进取之术，称制以后依赖仁义礼制的儒家守成之道，这一权变战略，有为汉以后的王朝立"法"的典范意义，循为常道。故而，儒、法两家互补以代法家独大，是秦汉之际的一个"变"。从后来者的角度观察，这一变革对整个中华政治文明之影响既深且巨，打通了上至国家、社会，下到个体和心理等各个层面的隔阂，塑造一统的政治心理。

承秦之制、革秦之弊、变秦之法，是汉初政治的一大关节。在革故鼎新的秦汉之际，选择什么、改变什么、放弃什么，是政治智慧也是人生智慧。对常与变、经与权的实然选择，开启了波澜壮阔的汉代经学学术思潮。韩婴本人生活年代即处于这一变动之际，其所编著《外传》乃对这一形势作出自己的思想解说，我们亦即立足这一背景来审视《外传》所呈现的政治思想。

第一节　汉承秦制的制度沿革与革秦之弊的文化变革

对良好政治生活的愿景设计和具体的政策筹划，必须在稳定的政治秩序下达成。就秦灭六国完成统一而言，基于郡县制的中央集权制度建构得以奠基，后世少有改动。"中国之政，得秦皇而后行……自秦以来，垂两千年，虽百王代兴，时有改革，然观其大义，不甚悬殊"②。此为近人立足其时回望历史传统的时代意见，不免有事后之嫌。似乎历经秦之兴亡的汉初士人，对这一问题更有发言权，"乡使秦以并天下，行仁义，法先圣，陛下安得而有之"③，陆贾这一反问即使刘邦听后，也不免怪而有惭色。时代意见和历史意见的高度统一，说明秦在达致政治秩序和政

---

① 《孟子·梁惠王上》。
② 夏曾佑：《中国古代史》，中华书局2015年版，第241页。
③ 《汉书·郦陆朱刘叔孙传》。

治制度建构方面，实有为后代王朝立范的长久意义。以秦汉历史沿革言之，汉"据秦之地，用秦之人，承秦之制"①，与秦有莫大的关联。就汉承秦制言之，甚至可以说，汉是一个没有秦始皇的秦帝国，"当渊源于楚的汉王刘邦东向与诸侯盟主楚王项羽交锋之时，他确实是不期而然地居于当年秦始皇灭六国的地位。客观形势要求居于关中的刘邦之楚消灭居关东的项羽之楚，步秦始皇的后尘，再造帝业"②。如此，则汉代秦兴只是一次以军事杀伐为形式的最高政治权力交接。从政治学角度言之，其通过"杀人头"的方式灭除不同政见者，而非以"点人头"的民主流程获取政治权力，不具有政治革命的意义。从政体角度言之，则"自殷周以来，中国就是君主专制政体。商周是以氏族为基础的以分封为形式的君主专制，春秋时期官僚行政君主专制开始萌芽，战国时期形成区域性官僚行政君主专制，到秦汉成为统一的中央集权的君主专制"③。故而，汉在政治制度层面，较多地因袭了秦制，显现出中国历史的延续性特点。

一 汉制对秦制的因袭

概括言之，汉承秦制是整体性的，不仅仅涉及政治层面。这里仅以郡县制代替分封制、建都关中和叔孙通起秦之朝仪三事为例，说明汉对秦制的因袭。值得注意的是，这三方面的因袭并非直接拿来，而是中间经由反复和波动，最终确立了汉代对秦制的因袭。在一定意义上可以说，秦制的部分厘定是自然而然无意识的，而汉代对秦制的因袭，则是基于政治利益考量的理性选择，并进而证明了秦制的合理性。

（一）郡县制的最终确立

泛览中国古代政治制度史，即知有关行分封还是行郡县的讨论，不绝于缕。秦汉时期有之，唐代柳宗元之《封建论》与明末顾亭林之《日知录》中，都有关于分封制和郡县制在理论分析和历史史实上的比较。与唐、明时期偏重对史实沿革的条分疏释和基于政治理想的预设不同，

---

① 陈苏镇：《〈春秋〉与"汉道"：两汉政治与政治文化研究》，中华书局2011年版，第38页。
② 田余庆：《秦汉魏晋史探微》（重订本），中华书局1993年版，第27页。
③ 刘泽华：《中国传统政治思想反思》，生活·读书·新知三联书店1987年版，第51页。

秦汉之际对这一议题的裁决，最终从政治实践方面坐实了以郡县制为主流的制度建构。置于秦汉之际这一历史时段，至少出现过两次有关分封制和郡县制的辩论。

第一次即秦之待诏博士齐人淳于越的进谏："臣闻之，殷周之王千馀岁，封子弟功臣自为枝辅。今陛下有海内，而子弟为匹夫，卒有田常、六卿之患，臣无辅拂，何以相救哉？事不师古而能长久者，非所闻也。"①简言之，分封制的优势在于，因辅弼之臣的襄助而得以享祚长久。与之相反，就郡县制而言，一旦有乱臣贼子，没有辅弼之臣作为羽翼，无法保证政局稳定；此外，郡县制与殷周制度不合，恐不利于长久。这是视行分封乃政局稳定和长久的原因，有一定道理。从秦朝历史来看，政局不稳和六国诸侯同时抗秦，确实是其速亡的两大原因。辩论的对方丞相李斯则认为，思想议论不利于法令一统，同时造成君主的势位遭受冲击，必然造成"主势降乎上，党与成乎下"的局面。其策论重点在于势尊而一统，代表了法家重势位的观点。

第二次是郦食其在楚、汉争胜时期劝说刘邦立六国后代，多树政敌以与项羽抗衡。张良则认为这与追随刘邦的功臣集团利益相违背，"天下游士，离亲戚，弃坟墓，去故旧，从陛下者，但日夜望咫尺之地。今乃立六国后，唯无复立者，游士各归事其主，从亲戚，反故旧，陛下谁与取天下乎"②。此处，颜师古注曰："既立六国后，土地皆尽，无以封功劳之人，故云无复立者"③，其说至确。行分封，则六国贵族无尺寸之功，而尽得土地人民进而获取政治资源。于刘邦而言，没有政治资源的恩赏，则必然会失去功臣集团的襄助，因之与项羽争天下这一目标无法达致。就此而言，分封制的缺点在于，以血缘贵族身份为政治资源分配的标准，阻塞一般平民凭借战功获取尊位的上升渠道。而刘邦正是倚赖封侯布衣、将相草莽，以分配政治资源来获取政治忠诚的。汉朝以此而立，否则将没有政治前途，失去统一的凭借。

在这一历史间隔短暂的时段中，出现分封制对郡县制的两次反拨，

---

① 《史记·李斯列传》。
② 《汉书·张陈王周传》。
③ 《汉书·张陈王周传》。

很有代表性：都是在建国前后的关键节点处，且涵摄理论认识和实践操作两个层面，又都以郡县制的胜利而告终，确立了郡县制代替分封制的历史潮流。

平心而论，同姓或姻亲分封指的是，以血缘宗亲为纽带，依关系亲疏为等级资源分配的标准，并在此基础上维系政治关系的稳定。其弊端有二：其一，血亲关系指涉范围有限，难以持续从中选拔出维系基本行政水准的贤才之人。正所谓"倘有孩童嗣职，万一骄逸，则兆庶被其殃，而国家受其败"①，贵胄玩忽职守者在历史上并非鲜见。其二，地方分封势力的存在，本身就是对中央集权的一种威胁：既可以拱卫王室，也有篡夺王位的可能。这里的行为选择充满不确定性，无法保证对中央的忠诚。行分封可保一时安宁，但"数世之后，王室浸微，始自藩屏，化为仇敌。家殊俗，国异政，强凌弱，众暴寡，疆场彼此，干戈侵伐"②。至于分封功臣，则不必担心其自身的治理能力，但篡权的可能性与同姓姻亲分封的概率相同。总之，分封制的本质是，以人伦关系的亲疏来维系政治关系的稳定，但政治利益的争夺往往压过既存亲疏人伦，在情义人伦与政治利益之争中，后者往往占据上风，加重了政治的不确定性。因之，分封制有因侯王襄助而长久的说法，并没有确定性根据。众所周知，明成祖朱棣的"靖难之役"就是叔叔夺了侄子的权位，这里显现的是基于利益争夺的政治关系，而非人伦亲情关系，二者没有必然关联。

郡县制则比较简单，其本身是基于中央、地方利益分配的政治结构。其弊端主要在于，中央对地方的行政吸纳可能十分苛刻，无法保证地方活力，造成社会资源的无限上移，君主专制的弊端显现出来。这里的问题在于缺少政治调节，没有中间缓冲层。此时地方势力有可能因之而以利益争斗为基础，自下而上地反对中央统治，重构新的政治秩序。但这是小概率事件，同时以下犯上的成功概率一般比较小，没有外部势力的奥援，一般不会成功。

---

① 《贞观政要·论封建》。
② 《贞观政要·论封建》。

以汉初历史的演进走向观之，分封制一般不再作为中央、地方关系而存在，而是将其限制在皇室内部，且支配资源的能力越来越受限，进而作为郡县制的一个补充因素而继续存在。这一趋势与文帝分化大宗主国、景帝扫平"七国之乱"和武帝实施贾谊"众建诸侯而少其力"推恩政策的历史史实相一致。这一变化，本身在维系中央、地方关系的基础上，同时限制了宗族叛乱的基础，而又保证其相对优容的尊位。

相较之下，分封制向郡县制的演进，是将基于血缘的人伦关系转向基于利益争夺的政治关系，将伦理关系置于政治关系之下。这与汉初移孝作忠，将人伦关系让位于政治关系的思路一致，都是政治关系对人伦亲情关系的渗透和压制。其次，郡县制的实施有利于将忠于地方侯王的贤臣君子转移至君王身边，争取优势人才资源以为己用，减少地方与中央相匹敌的抵抗能力。这一整合吸纳地方人才资源的方式，强化了政治统治能力。加之，后世中央王朝以利禄之途取士的科举制度形成，既屏蔽了其他方式的上升途径，又以此为唯一仕进之路笼络儒生士人，通过天子门生一途，强化忠君思想。总之，加强控制是君主政治时代的整体趋势，而郡县制显然更为切合这一目的。

(二) 建都关中

郡县制对分封制的最终胜利，确立了传统帝制国家的中央、地方关系，完成了中央集权的策略选择。而建立国都，则是为了进一步确定中央王朝的政治优势地位，进而维系政治稳定。自古以来，建都乃关乎国家兴亡的大事，关乎宗庙社稷，影响国运昌祚。在秦汉之际的关键节点，这一问题也被提上日程，引起争议。

因刘邦军功集团及左右大臣多为东方六国后人，故而皆劝高祖建都洛阳。如此，一则邻近乡土，熟察人情习俗；二则富贵而不归故乡，如衣锦夜行，大概是楚人的一种心理共识。从地缘文化差异角度来看，楚人的浪漫情怀，恐怕与秦地重实用功利的法家风气不相融通，难以适应。刘邦基于楚人的习俗心理，也倾向建都洛阳，故而"刘敬说上都关中，上疑之"。但是，张良以为洛阳"其中小，不过数百里，田地薄，四面受敌，此非用武之国"，两相比照，关中则"左崤函，右陇蜀，沃野千里，南有巴蜀之饶，北有胡苑之利，阻三面而固守，独以一面东制诸侯。诸侯安定，河、渭漕挽天下，西给京师；诸侯有变，顺流而下，足以委输。

此所谓金城千里，天府之国"①。在这一番争论后，刘邦最终舍弃洛阳，西向定都关中。

秦人建都关中，乃极自然之事。如同东方六国建都本地一样，关中乃秦之故土，秦人生于斯长于斯，受地域风土、习俗礼仪、观念心理和行为选择的综合影响，形塑秦人对秦地、秦风、秦法的高度认同。换言之，秦文化在秦之地自我生成、演化，秦人与之高度融合。就是在重实用功利的秦文化引领下，加之以秦地在天时、地利、人和等诸层面的襄助，始皇帝方能完成一统六国的大业。汉刘邦楚人军功集团则不同，他们对秦地、秦人、秦法家文化并非十分认同，而且因为文化习俗上的差异，才导致东方六国对秦的反抗。那么，汉居关中，最终以长安为都城的行为选择，就是经由政治思虑的理性策略。总之，秦统一六国占尽各种自然优越条件，但秦人不一定有这种自觉的政治意识；而汉则充分认识到秦统一的地缘优势，故而舍弃故地风土世俗，转而向秦。秦的先天自然选择转变为汉的理性政治选择，这是一次政治认识上的飞跃，肯定了秦灭六国的必然性。这是汉制对秦制的第二个因袭之处。

（三）叔孙通"起朝仪"

在一政治系统中，政治制度建构和政治文化塑造都会对政治稳定产生深刻影响。无论是郡县制对分封制的争胜，以确立中央集权的国家结构，还是建都关中以形成钳制东方诸侯的军事态势，二者均指向政治系统的制度建构。从政治制度沿革角度言之，自秦汉定立这一制度以后，后世王朝基本延续下来，虽有反复和波动，但终将回溯至这一向度。转向政治文化视角，对一政治系统的内部要素进行深入考察，方能体悟其中运作的关键。政治秩序的达成，通过政治生活中人与人之间的政治地位、政治关系与政治行为及其背后隐含的政治心理展现出来。在习焉不察的政治行为塑造中，往往体现着深层的政治权力、政治关系和政治心理，此中透露出的政治文化，对维系政治系统的持续稳定十分关键。在中国传统政治生活中，以"礼制"为核心的等级制度、行为选择及心理塑造，对维系、巩固大一统的政治秩序，发挥深刻影响。汉初建国伊始，对秦"仪法"的态度，也曾出现反复和波动，分析其中缘由，从中亦不

---

① 《汉书·张陈王周传》。

难窥见汉承秦制的深刻缘由：

> 汉王已并天下，诸侯共尊为皇帝于定陶，通就其仪号。高帝悉去秦苛仪法，为简易。群臣饮酒争功，醉或妄呼，拔剑击柱，上患之。通知上益厌之，说上曰："夫儒者难与进取，可与守成。臣愿征鲁诸生，与臣弟子共起朝仪。"……通曰："臣愿颇采古礼与秦仪杂就之。"……于是，高帝曰："吾乃今日知为皇帝之贵也。"拜通为奉常，赐金五百斤。①

分析这一语段，值得玩味的是，高帝于楚地定陶即皇帝位，依从楚文化习俗，自然地"悉去秦苛仪法"，满足了楚人的浪漫情怀。但是，这一"以楚代秦"的做法，是否顺应政治的一统局面呢？接下来，我们看到，高帝军功集团诸臣，按照楚文化习俗，"饮酒争功，醉或妄呼，拔剑击柱"，这不能不使已经完成政治角色转换的刘邦感到十分忧虑。因为，逐鹿天下时的战略为以抗秦灭霸王项羽为中心任务而齐心协力地组织战斗，楚文化在此时充当组织文化，发挥了抟聚军心、增强组织力量的思想整合作用。然而，政局安定以后，接下来的中心任务转为理顺政治秩序，完成政治文化融合，巩固一统局面。此时，具有高度浪漫情怀的地方性亚文化——楚文化，就难以维系和巩固一统的政治稳定。怎么办？鲁地薛人的秦待诏博士叔孙通站出来了，这不仅与叔孙通位居鲁地的齐鲁顺从型文化有关，且与其曾作为秦博士的政治经历有关，实行何种政策选择以有利于一统，叔孙通在秦廷即见识过。因此，其征鲁地儒生，加以操练，"与秦仪杂就之"后，攒为汉之礼仪，以至于汉人有"萧何次律令，韩信申军法，张苍为章程，叔孙通定礼仪"②的惯常说法。

回顾整个事件过程，刘邦因楚俗"悉去秦苛仪法"而忧患，叔孙通"与秦仪杂就之"后，再起朝仪，在长乐宫牛刀小试，即赢得高祖"吾乃今日知为皇帝之贵也"的赞赏态度。有学者指出，"'制朝仪'就是要透过制度化、强制化的制约，建立严厉的规范，由习惯性的制约培养臣下

---

① 《汉书·郦陆朱刘叔孙传》。
② 《史记·太史公自序》。

的效忠心理，重建上下之间的秩序。"① 从这一角度言之，当然可以说汉帝国的政治合法性从基于刘邦个人的克里斯玛型，转向了礼制等级的制度合法性。但就对秦制的态度而言则可以说，这是汉承秦制的又一次生动体现。这再一次证明了，秦制和秦文化对国家一统的积极意义所在，亦是汉帝国向秦帝国靠拢的一个明证。

二 汉初士人群体对秦之政治形象的形塑

通过以上分析可知，在建立中央集权国家结构和定都关中如此宏大的政治制度建构方面，尽管中间曾出现过小的波动和反复，但汉帝国与秦帝国的策略选择高度一致。尤其是在承袭秦仪法方面，伴随抗秦者楚人刘季向开国者汉高祖刘邦的政治角色转换，其不得不在楚文化和秦文化之间作出选择，依从秦文化对楚文化进行强制化改造，通过礼仪法度加以规训功臣集团的散漫行为，保障国家秩序的稳固。如此，依从一般认识逻辑，汉承秦制而来，即意味着汉对秦有着高度的政治认同。那么，汉对秦至少应充满敬意，至少不会过分苛责。但就历史史实观之，汉对秦的政治形象塑造，多不出"天下苦秦久矣"之范围。

本小节即意欲从秦的政治形象入手，因循汉人对"秦"这一整全政治符号的切割分离，通过描述"强秦"和"暴秦"两个方面的差异，追踪这一政治摹写过程中的政治认知和心理动态，并以此窥见汉初之人政治心态背后的决策依据和策略选择。

（一）灭六国、行一统的"强秦"

位处秦末汉初这一历史时段的普遍群体，就统一六国的秦之"富"且"强"的事实认知，存有共识。不仅参与抗秦的军功武将和谋士群体对此有深刻认识，即使没有亲历战场的汉初文人，也大都能承认这一史实。

在抗秦的六国起义军中，以楚之声势为盛，楚之中又以项羽战功为最。然而，霸王项羽在攻秦过程中尤且言及"以秦之强，攻新造之赵，其势必举赵。赵举而秦强，何弊之承"②。就当时对垒战局而言，六国诸

---

① 林聪舜：《儒学与汉帝国意识形态》，上海人民出版社2017年版，第54页。
② 《史记·项羽本纪》。

侯反秦的态势已然形成,并力西向灭秦的谋略已定,即便如此,项梁依然因轻敌骄纵而在与秦军周旋中战死。至于项羽所言,以秦之强尚可攻取赵国,并非借与宋义的争辩而有意高估秦军实力。从后来项羽军以破釜沉舟之威猛气势自恃,楚兵凭借以一当十之气概方能战胜秦军的巨鹿大战观之:九战而大破之的事实从侧面印证了,秦军强大乃一不争事实。这是就项羽抗秦的主战场形势而言,转向刘邦西进行军的迂回路线观之,秦之强亦不为虚言。刘邦西出武关,遭遇秦军抵抗较少,故而行军较为顺畅。但在兵临咸阳之前,张良尚有"秦兵尚强,未可轻"[①] 的心理警惕。在贿赂秦将的谋略支撑下,依旧以武力击破秦军,方才顺利进驻咸阳。故而,无论是从反秦主战场的项羽军言之,还是从侧面迂回进攻咸阳的刘邦军来看,秦军之强大,都有事实可证。总之,从以项羽为代表的军功武将和以张良为代表的谋略之臣两个方面联合观之,时人对秦之强大的事实,基本有目共睹亦供认不讳。由此可证,秦之强,应为当时反秦势力群体的一个基本共识。

在未经战火磨砺的汉初文臣的政治认识中,秦之富强一面依然留有深刻印迹。就关注焦点而言,与抗秦军功武将和谋臣士人在与秦争胜过程中体察到的秦军甚强相类,文臣们对统一六国前的秦之富强一面基本达成共识。此处仅以贾谊和晁错的有关论述,进一步证之。众所周知,贾谊以论述秦何以极盛而亡的名篇《过秦论》而载诸史册,司马迁所著《史记·秦始皇本纪》一篇几乎全部誊录贾生"过秦上、下"篇并以之为论赞,在《陈涉世家》和班固撰《汉书》之《陈胜项羽列传》两篇中,又全文誊录"过秦上"以之为论赞。司马迁与班固跨越前后汉朝,相距几近二百年,以贾谊"过秦论"的篇章意见竟能连缀两部经典史书之中,可证这一意见基本代表了汉人的普遍政治认知。"秦人开关延敌,九国之师逡巡而不敢进⋯⋯秦有余力而制其弊"[②] 的说法,确凿地说明汉代文臣在对秦军强大的认知层面,没有异议。稍后于贾谊的晁错,在承对汉文帝诏策中言及"其所与并者六国,六国者,臣主皆不肖,谋不辑,民不

---

① 《汉书·张陈王周传》。

② 《新书·过秦上》。

用，故当次之时，秦最富强"①，在与六国的比较中，论证了秦整体上处于"富强"的优势地位。

就秦的政治形象而言，多将其与强人霸主相类比，"昔者吴王夫差、智伯极武而亡；秦任刑法不变，族灭赵氏"②。就深层潜意识而言，可以体察得到汉人对秦人实则有着难以言表的畏惧之心。从另一角度言之，高祖刘邦在军旅中负有重伤，对良医加以谩骂道"吾以布衣提三尺取天下，此非天命乎？命乃在天，虽扁鹊何益"③，将取天下的辛劳和功绩移位于无可证成的"天命"助益，从侧面反映了汉代秦的艰难曲折，同时确证了秦的强大。

综上所述，汉初文臣武将及士人群体对秦之富强一面的认知，形成普遍性意见。值得注意的是，这里的"秦"多指向秦国、秦朝和秦军。

(二) 任刑罚、速亡国的"暴秦"

对秦之富强的普遍性认知，并不意味着汉人对秦的整体性赞同。由于秦命短祚，极盛而亡，围绕秦亡形成的焦点性投射与秦何以如此的原因分析，几乎遮蔽了"强秦"的事实认知。并以"暴秦"一面替代"强秦"一面，将之预设为秦亡的一个前提条件，且由于对秦"极强而亡"这一过失的矫枉过正，甚至部分造成汉初政治的虚弱无力。④ 已有学者指出，"后代儒家对于秦国鼎革有许多的批评，但重点不在于秦王朝的胜利，而是在无能的秦二世统治下秦王朝的迅速瓦解"⑤。大略言之，对"暴秦"政治形象的塑造主要表现在两个方面：秦任刑法太苛且过于繁多，秦始皇、二世本人残酷无情。

对秦任刑罚过于残暴苛刻这一形象的塑造，主要来自汉初士人群体对秦亡的反思、批判。这里仍以陆贾、贾谊和晁错等人的意见为代表申述之。陆贾认为：

---

① 《汉书·爰盎晁错传》。
② 《汉书·郦陆朱刘叔孙传》。
③ 《汉书·高帝纪》。
④ "汉有天下，矫秦之枉，徇周之制，剖海内而立宗子、封功臣，数年之间，奔命扶伤之不暇。"(清) 沈德潜选评，[日] 赖山阳增评：《增评唐宋八家文读本》，崇文书局 2010 年版，第 167 页。
⑤ [美] 本杰明·史华慈：《古代中国的思想世界》，程刚译，江苏人民出版社 2008 年版，第 467 页。

> 秦始皇设刑罚，为车裂之诛，以敛奸邪，筑长城于戎境，以备胡、越，征大吞小，威震天下，将帅横行，以服外国，蒙恬讨乱于外，李斯治法于内，事逾烦天下逾乱，法逾滋而天下逾炽，兵马益设而敌人逾多。秦非不欲治也，然失之者，乃举措太众、刑罚太极故也。①

这里就两个层面分析了秦亡原因，一是秦政举措过于繁杂，内部法令滋彰导致天下越乱，外部用兵无度导致树敌越多。以秦朝施政本意观之，可能是为了更好地治理政事，但事与愿违，欲速则不达，反而造成混乱局面。二是刑罚过于残忍无情。秦用法家理论，主张以刑去刑、小过重罚，这与商鞅在孝公时期变法重罚的历史传统有关，且一直延续至秦亡为止，少有变动。因此，有"秦二世尚刑而亡"②的说法。晁错的意见和陆贾基本保持一致，"法令繁，刑罚暴酷，轻绝人命，身自射杀"③，也是从法令滋繁和刑罚严酷两个方面进行总结。与之相类，司马迁亦持此见，"禁文书而酷刑法，先诈力而后仁义，以暴虐为天下始"④。由此可见，在秦任刑罚繁苛一点，多有共同意见。

从地方亚文化角度言之，东方六国在地缘上靠近周都洛阳，基本拱卫王室而分处四方，与中原文化交流互动，浸染周礼日深，故而文明程度较为先进。反观与西戎比邻而居之秦国，自来风气较为蛮野，加之地处西垂，受到三晋阻挡，远离中原文化，故而开化程度较低。因此，位处东方六国的礼义文化与秦之法律文化形成鲜明对照，这就愈加增重六国故人对秦苛法的厌恶程度。基于相类的文化心理，抗秦就不仅是政治利益层面的诉求，而是一文化共同体对另一文化共同体的抗拒，因之出现"天下同苦秦久矣，故诸侯相率而攻秦"⑤的一致性行为选择，亦在情理之中。

---

① 《新语·无为》。
② 《新语·无为》。
③ 《汉书·爰盎晁错传》。
④ 《史记·秦始皇本纪》。
⑤ 《史记·郦生陆贾列传》。

除了对秦刑罚过于严苛繁重的抱怨外，汉人对秦人亦不怀好感，此处"秦人"尤其特指秦始皇、二世及赵高、李斯等人。就汉人描摹的秦始皇形象而言，"秦王为人，蜂准，长目，挚鸟膺，豺声，少恩而虎狼心，居约易出人下，得志亦轻食"①，即秦王不仅相貌多有缺陷，性情更与儒家政治理想中宽宏大量的君子圣人相距甚远。不仅如此，汉人站位儒家立场，认为"秦王怀贪鄙之心，行自奋之智，不信功臣，不亲士民，废王道而立私爱"②，乃一刚愎自用之人，在行为习惯上专任跋扈，听不得异见。后至唐代为止，其形象依然为"秦始皇奢侈无度，志在隐恶，焚书坑儒，用缄谈者之口"③，视同隋炀帝一类。不过，就现有史书查之，始皇举行廷议尚有数次之多，同时设置七十名博士以待诏咨询，并非完全听不得异见。至于二世、赵高等人在史书上亦遭尽非议，兹不赘述。

概括言之，汉代及其后人对秦这一政治形象的塑造，多向诸秦始皇、二世的个人形象，并以之向外弥散，将其扩展为"秦"这一整全政治符号。实则这是以"秦人"代"秦政"，掩盖了秦朝在统一事业上的多方面功绩。以秦政而言（这里的"政"即政事，指秦在一统后的政治举措），又极言其用法太苛、切近于功利，从而掩盖了秦已建成的功绩。这是因对举措方式的不满，而将之转移到实施成果上来。平心而论，秦政确实表现出"刚毅戾深，事皆决于法，刻削毋仁恩和义……急法，久者不赦"④的特点。然而，秦在修治驰道、书同文字、车马同轨与一衡石丈尺等方面，确系顺应了一统的大势和潮流，奠定了中国之为中国的规模典制。站在当下以反观传统，即使近人亦难抹杀其功，"中国之政，得秦皇而后行……自秦以来，垂两千年，虽百王代兴，时有改革，然观其大义，不甚悬殊"⑤。至于其在废分封后设三十六郡、置守尉的做法，远离秦汉时政的唐代柳宗元反而有一评价相较持中，"秦有天下，裂都会而为之郡邑，废侯卫而为之守宰，据天下之雄图，都六合之上游，摄制四海，运

---

① 《史记·秦始皇本纪》。
② 《新书·过秦上》。
③ 《贞观政要·论文史》。
④ 《史记·秦始皇本纪》。
⑤ 夏曾佑：《中国古代史》，第241页。

于掌握之内，此其所以为得也"①。一个"得"字，充分说明了秦代这一系列政治举措的历史功绩。

以汉而言，隐而不谈秦之统一文字度量衡等方面的政治举措，实则是暗中同意而不明言，正所谓"阴用其言而显弃其身"是也。而对于秦朝短祚、秦政苛暴、秦帝奢侈等，则极言其过，又采取了"攻其一点，不及其余"的政治策略。以上二者，都是传统政治权术的惯用伎俩，无可厚非。但就秦的政治形象和政治地位做一持中评价，犹未为晚。这里再次征引唐代柳宗元之点评，以之为定评，秦"不数载而天下大坏，其有由矣：亟役万人，暴其威刑，竭其货贿……时则有叛人而无叛吏，人怨于下而吏畏于上，天下相合，杀守劫令而并起。咎在人怨，非郡邑之制失也……失在于政，不在于制，秦事然也"②。总之，秦之失在人怨，而不在吏治；秦之非在政事，而不在制度。这也是汉承秦制的内在深层原因，即秦制适应了君主政治的大一统趋势，建立了基于中央集权的制度规模。

三　革秦之弊的政治文化变革

既然汉承秦制有着深层制度原因，汉人亦深知其中机理，那么，汉人对秦政的反感，是否全系故作姿态的政治情绪宣泄？抑或是出于另一政治策略的行为表现，有着别样的政治目的？总之，在宏观政治制度建构层面承袭秦制而来，转而在心理接纳层面充满反感和抵触情绪，这本身即是一个问题。立处政治学理论的现代视角，应当如何解释这一矛盾政治现象呢？这一小节欲从政治结构和政治文化对政治体系的支撑功用出发，分析汉人何以如此反感秦政，进而要求政治文化变革的。

（一）秦代政治文化建构的相对薄弱

就现代政治学的一般理论而言，意欲维系任一政治系统的长久稳固，必然要求在寻求政治结构的优化和政治文化的支撑两个方面提供助益。就中国传统政治结构而言，自秦统一后，基本延续单一制的行政区划，保持中央领导地方、地方服从中央的结构关系。经历史证明，这一政治

---

① （清）沈德潜选评，[日] 赖山阳增评：《增评唐宋八家文读本》，第167页。
② （清）沈德潜选评，[日] 赖山阳增评：《增评唐宋八家文读本》，第167页。

结构相对稳定，与中国经济结构、社会结构和人文心理比较契合，促成了大一统国家的历史形成。上文已经提及，自秦汉时期奠定郡县制的政治制度以后，在一定的特殊时空下，虽则中间穿插有分封制的小范围存在，但就其性质而言，无碍单一制的整体格局。在传统政治社会中，民心向背于政治稳定十分关键，所谓"得民心者得天下"是也。与郡县制的制度建构不同，民心向背即属于政治文化建构一类。

放诸中国政治生活的一般语境，"政治文化是政治中的主观因素，指的是一个政治系统赖以生成和运作的文化背景与条件，包括政治价值、政治观念、政治信仰、政治态度、政治情感……政治文化和政治系统互为因果，是政治权力结构与制度的内在机制，是宏观政治现象背后的微观因素"①。故而，政治文化是支撑政治结构、政治制度和政治系统的内在心理文化因素。这就意味着，政治情感和政治认同也会对政治系统的稳定与否产生深刻影响。以汉人对秦之政治形象的塑造观之，其对秦政、秦法充满怨恨和反感，这就充分说明秦在政治文化整合方面恰恰做得不够。

秦国完成一统秩序和制度建构后，没有转向政治结构稳固和强化政治文化方面。秦人本身可能没有意识到，意欲强化统治基础，必须寻求政治认同和心理层面上的支撑。秦任刑罚暴酷，激起东方六国臣民心理上的反感并起而抗秦，秦的速亡终使得文化心理上的统一在秦朝无法建立。文化秩序的建构缺失，正是秦亡的一个重要原因，但这并非一时之失察，实与秦地习俗有着莫大关联。秦国不重视文化建设，遂多沿用秦地习俗，故其所受文化之点染，亦多源自三晋法家之士，"三晋之士，则其目光意气，往往仅限于一国，仅以谋其国家之富强为基准。其用意所在，仅就现状粗加以革新，并不能注意于整个之社会、全部之人生。其思想大体，仅为因利就便，趋于目前之功利而止。故其议论，往往尚权力而薄文化，重现实而轻历史"②。这一现状自孝公商鞅时代得以强化、延续下来，未有大的变动。后来虽有荀子入秦，赞叹其法治，而讥其无儒。吕不韦著《吕氏春秋》杂采儒、墨、道、阴阳等诸家，而独独不言

---

① 葛荃：《走出王权主义藩篱：中国传统政治文化研究》，第6页。
② 钱穆：《秦汉史》，九州出版社2015年版，第3页。

法家，盖有谏议之态，而终被迁于蜀地。至于秦有尽逐东方客士之策，实属惯常功利之旨。

以上三者，足可证明秦尚功利富强的价值取向未有大的改观，直至秦灭六国。在行为选择方面，就"法"字内涵而言，其"是自上而下强加的强制性式样或模型"①。因之，史华慈将法家定义为"行为科学"一派，意在指出其多偏向强制型政治行为塑造一面，且较少留意于心理认同。所以，就价值理念和行为选择两个方面言之，秦国无政治文化建设的自觉性，在国家一统后，自然地将秦法、秦俗推向全国，又必然与六国既有文明礼仪产生激荡。以此观之，秦亡实在有其必然性。

（二）秦代法家文化在整合主流政治文化层面的羸弱乏力

从历史演变层面言之，在秦统一六国前，战国七雄政治格局的形塑，基本依托各国风土习俗的自然演化而成。在经由一相当长时段的交流混杂后，于语言文字和思想心理层面，形成较为一致的情感认同，各国文化习俗渐次形成。加之，地理空间的自然阻隔和先秦时期交通不便，更是强化了各国臣民对本土区域文化的强烈认同。所谓"十里不同风，百里不同俗"，说的就是地域差异对文化心理的自然影响。广为流传的"荆轲刺秦王"故事，即可证明燕人对燕国的文化认同，要远远强烈于对秦文化的一般性认知。至于他国对秦法家文化的感知，于此可见一斑。

从政治文化视角观之，战国七雄本诸各自区域地理和风土人情，形成了不同性质的地方型亚文化。当然，在各国区域内由于不同族群间的细微差异，还可划分不同的亚文化类型，但无碍于整体区域文化的形成。七国之间，亦并非文化林立、多不相容。相较之下，东方六国位处周都洛阳四际，不同程度地受到中原文化辐射，浸礼日深。基于地域区隔，齐鲁文化、楚文化、三晋文化和秦文化，可视为当时的强势文化。② 上文述及秦文化受三晋文化影响较深，故可粗划为一类。以下即就齐鲁文化、楚文化和秦文化这三种地方型政治亚文化间的价值取向和行为选择差异，做一简要说明。

---

① ［美］本杰明·史华慈：《古代中国的思想世界》，第438页。
② 孟祥才：《论秦文化对东方六国文化的两次整合》，《烟台大学学报》（哲学社会科学版）2005年第4期。

齐、鲁二国原为周初姜太公、周公之封地，故而受周礼影响较大。周秦之际，鲁国宗主孔、孟，楚汉争胜之际，尤且诵读诗书不绝，为儒家礼义文化代表。以史事证之，则"项王已死，楚地皆降汉，独鲁不下。汉乃引天下兵欲屠之，为其守礼义，为主死节，乃持项王头视鲁，鲁父兄乃降"①。因为楚怀王曾以鲁地封项羽，故而鲁父兄以羽为鲁公，主死而为之守节，虽强兵当之而不惧。鲁之宗族礼义文化，于此可见一斑。与鲁国稍有不同，"齐地多变诈，不习于礼义"②。整体言之，齐鲁文化道德伦理色彩浓郁，在价值理念和行为选择上，重仁义礼仪、尊卑差等观念较深，多以教化方式理服人心，基本可视为"王道文化"一类。

楚国筚路蓝缕以启山林，位处南蛮而后来者居上，受到东方齐鲁文化影响，但差异明显。在思想旨趣上，宗主老庄，崇自然而尚情感，故为道家浪漫文化的代表。秦汉之际，"荆楚僄勇轻悍，好作乱，乃自古记之矣"③，与鲁地矜守的文化特色形成鲜明比照。整体而言，楚文化尚强好勇且少服管束，在价值理念和行为选择上，重自然个性，尚情感浪漫，轻伦理管束，"楚文化以人的生命、本性和个体为立足点，可以说是一种人道文化"④。

与齐鲁文化和楚文化明显不同，秦晋结好且受三晋法家影响较大。受商鞅变法的深刻塑造，秦地以耕战为本，功利指向明显，重实用价值，尚整齐划一，气质刻板肃整，为典型的法家文化代表。在价值理念和行为选择上，偏整体一致，乏于个性特色，崇尚权威，讲求实用而轻道德价值，文化观念淡薄，基本属"霸道文化"一类。

总之，从当时东西文化差异来看，东方六国齐鲁文化和楚文化浸礼日深，且交流便利，基本同质，差异明显但尚无文化间的激烈冲突。位处西方之秦则因远离周的政治文化中心，尤重本地习俗，地域文化浓烈且难以更易。《外传》卷五第十六章中有言：

---

① 《史记·项羽本纪》。
② 《史记·三王世家》。
③ 《史记·淮南衡山列传》。
④ 刘文瑞：《征服与反抗——略论秦王朝的区域文化冲突》，《文博》1999年第5期。

> 秦之时，非礼义，弃诗书，略古昔，大灭圣道，专为苟妄，以贪利为俗，以告猎为化，而天下大乱。于是兵作而火起，暴露居外，而民以侵渔遏夺相攘为服习，离圣王光烈之日久远，未尝见仁义之道，被礼乐之风。①

可见，即使在汉初统一后，韩婴立处儒家立场审视秦之法家文化，尚有微词而难以接受。不难想象，秦汉之际的文化冲突处于何等水平。从中亦不难感知，东方六国对暴秦的反抗，并非仅是苛法的难以忍受，实有文化层面的心理抵触。

这里凸显出一个带有根本性的矛盾：政治实力强大的秦国没有文化上的先进性，即政治实力地位和政治文化地位二者不相匹配。解决这一矛盾有两种方式。其一，秦在统一后，完成政治文化上的变革。此一以政治文化地位匹配政治实力优势的方式，意味着从内部文化上改造秦的基因，"使秦不成为秦"。本于基本价值理念的深层差异，于秦而言，这一策略根本不可能达致。其二，位处政治文化优势的东方六国以武力联合方式，在取得政治实力优势后，西向灭秦，再建一统，进而推行政治文化上的整合一统。这是以政治实力匹配政治文化优势的行为选择，意味着从外部武力层面强化六国能力，"以六国代秦"。这一策略在苏秦"合纵"提议下，六国曾经尝试过，但没有成功。两种策略都面临危机与挑战，难以轻易促成政治实力和政治文化间的相互匹配。历史证明，第二种方式切合于实践理性，但文化一统仍需在一个相当长时段内进行碰撞融合后，方有可能形成。这是后话。总之，由于行为方式过于急切，价值目标过于单一整齐，秦法家文化不具备整合政治文化的功能，只能作为一地方性政治亚文化而存在。从这一角度言之，秦以政治实力优势自西向东统一六国，而六国政治文化优势必将反向入秦，实现文化上的一统，达成文化秩序。文化秩序的达成，是东方六国文化，尤其是齐鲁地域儒家思想重视社会、人生有机结构这一旨趣的强项所在。

进而论之，法家文化重视国家富强层面的现实功利取向，于建构一统的政治秩序必不可少，此一项已为秦之事业所证。继起之汉，则要证

---

① 许维遹：《韩诗外传集释》，第 183—184 页。

明齐鲁儒家一派在仁义礼乐教化思想的引导下，建构一统文化秩序非他家所能独胜。将视野稍微放大观之，与先秦诸子百家争鸣相较，法家淡化了其在治理国家层面的功用，而儒家亦不再倡言以仁义可以取天下，儒法各自退却一步，以一统的国家秩序建构为界：建国主要依赖法家霸道之功，治国偏向儒家王道之术。最终，在儒家政治文化的强力整合作用下，尤其是在与法家霸道政治文化合流后，形塑外儒内法结构，共同构筑了"阳儒阴法"的传统政治文化内核。

（三）儒家政治文化的现实功能

由以上分析可知，秦国以强力征服六国完成统一，但秦地域文化向来重视短期功利，法家思想浓厚，无法及时解决主流政治文化建构这一深层问题。进而，秦俗秦法与六国礼仪文化产生激烈震荡，政治文化整合作用十分欠缺，这于国家一统十分不利。在三晋法家文化和秦文化无法通行的前提下，只得转向楚文化和齐鲁文化。楚文化高度重视个体浪漫情感，乏于约束规整，于抗秦一事十分有利。但在统一后，刘邦功臣拔剑击柱的行为指向，显然不符合统一王朝的要求。此后事实可证，作为道家文化代表的楚浪漫文化在政治实践中也行不通。在这一时空下，政治文化秩序的一统任务，只能转向求助于齐鲁礼仪文化的襄赞。自孔孟以来，久被搁置而略显迂阔的儒家文化，终于得以登上现实政治舞台。

那么，儒家文化面临的政治问题是什么呢？可以说，面临东方六国政治亚文化和秦法家文化间的价值理念和行为选择差异，及其相互震荡造成的激烈冲突，即各地方型政治亚文化间的震荡，整合各家思想资源，再造一统政治文化秩序，是儒家文化面临的问题所在。在剖析儒家政治文化的内在价值结构和思想特质之前，从外部考察时人（尤其是刘邦）对儒家思想的态度和认知，对于明确其自身政治功能，从整体上把握其思想内核十分关键。这里要解决的是，从政治功能视角审视儒家思想的功用。

以刘邦而言，"沛公不好儒，诸客冠儒冠来者，沛公辄解其冠，溲溺其中。与人言，常大骂"[①]。此事发生于刘邦抗秦早期阶段，儒生郦食其意欲投靠其帐下效力，军中士卒基于平日观察说出以上言辞。郦食其为

[①] 《史记·郦生陆贾列传》。

刘邦出谋划策,定计攻取陈留并以之为根据地,事成后,郦生已经赐食封爵。这可视作刘邦对儒生态度的第一次转变,由反感到接纳,原因为儒生有划策之功。

后有张良、陈平、陆贾、叔孙通等儒生得以顺利集聚刘邦军中,大都发挥"运筹帷幄之中,决胜千里之外"的谋士功用,减轻了武力征伐的当面压力。凡此种种策略谋划,都可视为儒生在军事斗争中的参谋功能。宇内混一之后,儒生于治国之术亦不断发声,陆贾认为"汤、武逆取而以顺守之,文武并用,长久之术也"①,叔孙通亦主张"儒者难与进取,可与守成"②,以至贾谊有攻守不同术的策论,均证明了儒生及所持儒家学说在以仁义礼治为方式治守天下方面,存有共识。这就为儒家思想在政治文化秩序整合方面,留有进一步发挥的空间。将儒家思想的政治功用,延伸至国家治理层面,这里的实例可以叔孙通在"起朝仪"方面的功绩及刘邦由"患之"到"大喜"的态度转变窥得一斑。前文有所述及,兹不赘述。这可视为刘邦对儒生的第二次态度转变:由接纳儒生到亲任儒生,原因为儒生解决了礼治等级秩序问题。

第三次态度转变,可以"商山四皓"助推惠帝一事明之。高祖年老,宠信戚夫人,欲以其子赵王如意易太子位,虽重臣劝阻,难以为功。在一次宴会中,见商山四皓立从太子身后,辅佐维系甚恭,遂与戚夫人感叹道"我欲易之,彼四人辅之,羽翼已成,难动矣"③。可见,此时刘邦已充分认识到儒生(广义)功用,并改变初衷,不再言废立之事。在这一次对儒生的态度转变中,刘邦因商山四皓之由而逆诸己意,并托以"烦公幸卒调护太子"之辞,相对于辱骂讥讽儒生之际,真不可以道里计。此处儒生解决的是,帝位废立这样于汉家安危十分紧要之事。从政治关系的支配性质而言,可以说刘邦改变初衷即意味着儒生对帝王的支配关系形成,以理性精神规训了权力意志的任意施展,起到权力制约的实然功用。

无须深论,儒生确系在刘邦反秦、立国、治国等方面,展现出高度

---

① 《史记·郦生陆贾列传》。
② 《汉书·郦陆朱刘叔孙传》。
③ 《史记·留侯世家》。

的政治理性和应变策略，刘邦因之对其态度发生深刻转变，由厌恶、接纳逐渐再到赞赏。总之，从儒生所持儒家思想的政治功能言之，其发挥了助推抗秦、维系政局、巩固权位的功用。

转回至儒家建构一统政治文化秩序这一主题，汉初儒生地位的提高，自然同时将其所持儒家思想提至一个高位。虽曰汉初黄老政治思想为一大宗，但前文提及楚文化重视个体浪漫感情的倾向，对国家一统后的政治环境而言，并非十分恰切，七国之乱的历史史实亦证实了这一点。汉帝国意欲完成政治文化层面的整合，改变秦二世而亡的政治困局，强化其在思想整合方面的不足，必然导向其对学术思想的重视，对百家思想的捡敛，以及对儒家政治文化的重视。值得说明的是，在儒家政治文化取得独尊之前，确系经历了几次思想文化方面的论战。下节即进入汉初百家余绪思想争鸣这一主题上来。

第二节 汉初士人的问题意识及其对策

如何吸取秦亡教训以维系汉家长治久安，进而增强政治合法性和巩固统治基础，是汉初政论家、思想家反思历史时的共同问题意识。从这一角度言之，无论是汉承秦制还是对"秦"之政治形象的塑造，以及对主流政治文化建构的重视，都是为了经由彰秦之恶这一手段，以之为戒，最终是为了确立汉帝国的政治合法性。高祖起于微末，提三尺剑以定天下，追随者亦多平民布衣，遂开"汉初布衣将相之局"[①]。布衣出身的军功武将，以战功获取政权，想必文化水准不高。当其面临在思想文化层面合理解释政治变迁以增强政治合法性这一理论问题时，便不得不转身依赖谋臣儒生的襄助。这一历史背景，正是汉初儒生文臣得以顺利进入政治生活的一个原因。我们亦在这一宏观政治背景下，来审视韩婴及其所著《外传》。

一 汉代秦的政治合法性析论

所谓政治合法性指的是，"如果某一社会中的公民都愿意遵守当权者

---

① 王树民：《廿二史劄记校证·汉初布衣将相之局》，中华书局2013年版，第37页。

制定和实施的法规，而且还不仅仅是因为若不遵守就会受到惩处，而是因为他们确信遵守是应该的，那么，这个政治权威就是合法的"①。这一论述偏重政治合法性中政治权威合法性一面。不难理解，在现代政治生活中，假若多数公民能够信任权威，心悦诚服地认同政治权威发布的政策法规，那么在维系政治稳定成本和行政成本方面，将会大大降低所需的人、财、物等社会资源的消耗。进而，以相对较少的社会成本维系政治秩序的稳定，以之为优良政治生活的达成提供坚实基础。阿尔蒙德基于现代行为科学的政治分析结论，对传统政治生活而言，亦有相当解释力。值得注意的是，这一政治分析方法的主要借鉴意义，在于方法论层面而非指向实际政治生活。因为，在传统政治生活中，没有"公民""法律"等现代意义上的政治主体和政治规范，但与之相对应的"臣民""法规"等具有某种程度上的对应性，可视作这一分析工具的对象。此后，阿尔蒙德又区分了"政权的正当性"和"权威人物的正当性"二者，受此方法论启发，张星久认为，"中国传统政治正当性大体存在着君主制政治体系正当性、王朝正当性、君权正当性"② 三个层次，这三个层次同时可视作传统政治合法性的三个层面。

（一）汉初政治合法性来源

以政治合法性三层次说为方法论，可以更为深入地剖析汉承秦制与汉对秦政治形象塑造的内在机理。以郡县制代分封制的制度建构，属于中央与地方权力划分的国家结构层面，于君主政体十分关键，在传统政治社会中不可能动摇这一君主制政治体系正当性。故而，在秦汉之际，虽有关于恢复分封制的讨论，但最终郡县制得以确立，奠定了君主政治的政治体系规模。在这一基础上，对秦朝政治与秦始皇、二世进行非议，并不影响君主政治的正当性；进而经由"过秦"，奠定了汉家刘姓天下代秦的正当性和合法性。因之，汉初政策调整和对汉帝王身世的神圣化，是在王朝正当性和君权正当性两个层面，同时塑造汉帝国的政治正当性。至于对主流政治文化的塑造，亦是为了减少统治过程中对人力、物力的

---

① ［美］加布里埃尔·A. 阿尔蒙德等：《比较政治学：体系、过程和政策》，曹沛霖等译，上海译文出版社 1978 年版，第 35—36 页。

② 张星久：《论帝制时期中国政治正当性的基本层次》，《政治学研究》2006 年第 4 期。

消耗，消解臣民的反抗情绪。通过儒家仁义礼仪方式教化臣、民，使其在政治态度和政治心理层面认同政策调整和政治统治，有利于增强政治统治的有效性和权威性。从传统政治正当性三层次观之，汉代政治是对秦朝政治的巩固和强化，而非仅仅是直观意义上的王朝更迭。

那么，汉初政治正当性这一问题是否得以妥善解决了呢？没有。至少在景帝时期尚未完全解决。这可证之以黄生与辕固生对汉代政治正当性的争论一事：

> 辕固，齐人也。以治《诗》孝景时为博士，与黄生争论于上前。黄生曰："汤武非受命，乃杀也。"固曰："不然。夫桀纣荒乱，天下之心皆归汤武，汤武因天下之心而诛桀纣，桀纣之民弗为使而归汤武，汤武不得已而立。非受命为何？"黄生曰："'冠虽敝必加于首，履虽新必贯于足。'何者？上下之分也。今桀纣虽失道，然君上也；汤武虽圣，臣下也。夫主有失行，臣不正言匡过以尊天子，反因过而诛之，代立南面，非杀而何？"固曰："必若云，是高皇帝代秦即天子之位，非邪？"于是上曰："食肉毋食马肝，未为不知味也；言学者毋言汤武受命，不为愚。"遂罢。①

景帝默言不答，着意不再提及此事，说明此一问题尚未解决即遭搁置。那么，黄生与辕固所争，当属政治正当性的哪一层面呢？从中国传统政治合法性三个基本层次角度言之，则此事争论主要涉及王朝正当性和君权正当性的主次关系问题。

细而察之，辕固以"天下之心""民命"等为合法性基础，站位王朝鼎革之际，以言"汤武受命""高皇帝受命"之事，立场偏于革命者。实则受到孟子"天与之，人与之"②和"闻诛一夫纣矣，未闻弑君也"③的间接影响，主张圣贤为王、德位相配，行王道政治。显然，这是传统儒家政治思想的论调，廷议后难怪好黄老的窦太后会与之再辩。就政治正

---

① 《汉书·儒林外传》。
② 《孟子·万章上》。
③ 《孟子·梁惠王下》。

当性三层次言之，辕固主张以君权正当性代替王朝正当性：汤、武为圣臣而桀纣为暴君，按照儒家德位一致原则，有德者居位，所以汤武代桀纣，进而商周代夏商二朝，均有政治正当性。此处认为某一君主个体品性，高于一般君权和王朝正当性。在典型的"尊君—罪君"模式中①，轻视前一"君"指代的抽象君主人格，即君权君位，而偏重于后一"君"所具体指涉的哪一位人君。这一认知模式的优点在于，理论上便于选择贤圣之君临民称制，增强了政治的回应性和权变属性。其弊端在于，君主若不贤圣，则频遭更替，不利于长久的政治稳定。总之，这是偏重政治变革的激进观点。

黄生则以君臣尊卑等级为合法性基础，站在王朝定鼎之际，以言"汤武放杀"之事，立场偏于当政者。实则与法家韩非"所谓忠臣不危其君，孝子不非其亲，今舜以贤取君之国，而汤、武以义放弑其君，此皆以贤而危主者也"②的观点一致，以"君命"为政治合法性基础，无君命则是以下犯上、谋逆造反。就政治正当性三层次言之，黄生认为王朝正当性高于君权正当性，不应因人君臣属的个体贤圣与否而舍弃对君权以至于对王朝制度的正当性基础。与辕固所言之"桀纣"偏君主本人而言，黄生所言之"桀纣"偏重其代表的君权君位，故而以维系君权王朝制度为重。放入"尊君罪君"这一思维模式之中，则黄生重视的是前一个"君"，即一般性的君权君位，为政治人格属性的"君"。这一认知模式的优点在于，有利于减少政治动荡，维系政治的长久稳定。其弊端在于要较多地忍耐某一朝昏君的无能统治，而难以实现政治的革故鼎新。因之，这是偏重政治稳定的保守观点。

两相比较，二生立足之时空不同，立场亦随之变化："诛一夫"的说法，假借民意天命以之为革命的幌子，当然不会得到任一统治集团的肯认，因为这意味着鼓励逆臣弑君，无利于政治稳定。舍弃"诛一夫"的说法，则没有"受命"的高帝代秦之事，即可看作臣弑君上，视为谋逆，缺少了政治的权变性，同时冲击了景帝的合法性地位。左右皆非，只得

---

① 张分田：《中国帝王观念——社会普遍意识中的"尊君—罪君"文化范式》，中国人民大学出版社2004年版，第1页。

② 《韩非子·忠孝》。

作罢。此事说明，仅以"过秦"这一否定性方式，还不足以满足儒生对汉家天下的合法性论证，必须从正面回答这一理论问题。

值得注意的是，无论辕固、黄生如何争论，都没有逃出"尊君—罪君"这一传统政治认知模式，其不同仅在于对"君"之理解的偏重点不同。这一争论亦不会危及君主制这一政治体系的合法性，从这一视角观之，可以将王朝合法性和君权合法性视作在君主制这一政治体系下的权变调节手段，最终强化了君主制政治体系的稳固性。

（二）汉王朝的"长治久安"策略

鉴于强秦二世而亡的历史教训，维系汉家天下"长治久安"，亦是汉初政治的一大问题。这似乎于黄生偏重政治稳定的保守观点更为有利。或许这亦是孟子放言"汤武革命"观点，因而不受汉初士人重视的一个原因。然而，汉初儒生对历史教训的追溯，还是转向儒家常言的夏、商、周三代，以及桀纣汤武之事。《韩诗外传》卷五第五十九章有曰：

> 昔者禹以夏王，桀以夏亡。汤以殷王，纣以殷亡……夫明镜者所以照形也，往古者所以知今也。夫知恶往古之所以危亡，而不袭蹈其所以安存者，则无以异乎却行而求逮于前人也……或曰："前车覆而后车不诫，是以后车覆也。"故夏之所以亡者而殷为之，殷之所以亡者而周为之。故殷可以鉴于夏，而周可以鉴于殷。①

此处对以史为鉴的着重强调，十分明晰，无须赘言。尤可注意之处为，韩婴认为王朝的"王"与"亡"是自然的，没有常安恒治的国与民，对王朝更迭一事视作寻常，无所诧异。王与亡所不同者，仅在于君王是否"贤"，并以之为王朝更迭的原因。此处突出了君主个人品质能力对王朝的重要性。这里的潜台词为，汉欲长治久安，必须吸取秦亡教训，重视对儒家思想的关注。另一个值得留意之处为，儒家思想历来"述而不作"，重视对文献典籍的整理、疏通与诠释，转向历史纵深向度以求得镜鉴乃儒生之长。法家则不同，其偏向对时事政治的近身观察，主张因时异事，乏于对厚重历史的温情与敬意。这一对历史理性的态度差异，亦

---

① 许维遹：《韩诗外传集释》，第187—188页。

使得由法转儒，成为大势所趋。

进而，在对周朝齐、鲁两国的察见比对中，韩婴找到了汉欲吸取秦亡教训的绝好案例：

> 昔者太公望、周公旦受封而见。太公问周公何以治鲁。周公曰："尊尊亲亲。"太公曰："鲁从此弱矣。"周公问太公曰："何以治齐？"太公曰："举贤尚功。"周公曰："后世必有劫杀之君矣。"后齐日以大，至于霸，二十四世而田氏代之。鲁日以削，三十四世而亡。①

概而言之，周公以尊尊亲亲的儒家礼义治鲁，造成封土日渐削缩，慢慢弱小，以致灭亡的结局，但其延祚有三十四代。姜太公以举贤尚功的法家刑赏治齐，疆土日渐增大，以致称为五霸之首，但在二十四世以后，田氏代齐，移祚他氏。这一观点基本延续孔子"齐一变，至于鲁；鲁一变，至于道"②的政治主张，而有所发展。将齐、鲁两国治理国家的策略选择、最终结局，放入汉代秦这一历史语境之中，可以想见，鲁以儒家礼治治国的长久功效与汉欲求"长治久安"的问题意识十分契合。齐重功利，以法家刑赏治国的策略，反与强秦二世而亡的历史教训如出一辙，这正是汉王朝所要加以避免的。鲁重伦理，以儒家仁义治国的策略得以延续国祚，时间较齐为长，这正是汉所希望的。不难推理，齐、鲁二国的政治实践，将汉初儒生进一步推进至以儒家仁义礼治治国的这一政治策略向度。

从黄生和辕固对政治合法性的廷辩与韩婴就齐、鲁两国的对勘察见之中不难看出，儒、法两家政治思想的争鸣，始终作为汉初儒生士人思维逻辑的主线或辅线而存在。黄生重君臣尊卑的观点与法家韩非一致，而辕固所持德位一致的观点显然受儒家孟子影响；周朝齐国以举贤尚功的法家功利思想治国而早亡，鲁国因尊尊亲亲的儒家礼治思想治国而国弱。儒法两家对举的态势，始终作为隐匿的伏线或对立论战立场而存在，

---

① 许维遹：《韩诗外传集释》，第364—365页。
② 《论语·雍也》。

不在此一时一地之中，而是贯通于秦汉之际的整个政治时空之中。就前文所引，秦之待诏博士齐人淳于越和丞相李斯，在行分封和行郡县一事上的分歧；周行礼义仁爱而享祚八百年，秦任刑罚重功利而二世亡；法家攻道以逆取，儒家守道以顺守，攻守不同术；等等，都不难察见儒法两家思想争鸣的痕迹。中间穿插有楚人道家浪漫文化在建都关中一事的提议，刘邦以楚俗废秦礼仪而又复之的行为选择。总之，秦汉之际这一历史时段的种种因循变革，都可以放置于政治思想层面加以重新检视。自分裂到一统，由分封至郡县的政治局势变化，亦使得儒、法、道各派政治思想，在这一时空内都不同程度地回落至政治实践之中，参与到国家政策制定和行为规范上来。当然，受秦、汉对立争胜的朝代更迭影响，政治思想派别因之也可简单粗划为向秦与向汉之别。然而，不可忽视的是，政治思想的相对独立性质及其对政治实践的引导和深层影响。假若纵贯整个中国政治史察之，则儒、法、道各派政治思想历经朝代更迭而基本立场未改，联通整个君主政治时期，进而延续至今。鉴于此，我们就不得不进入思想内部，对其进行具体的结构分析。因之，将《韩诗外传》置于秦汉之际儒法争鸣的历史背景下，归纳总结其所持守的主体政治立场，离析出其所主张的国家治理手段、社会治理结构、核心治理主体和内在治理思维，乃本书的主要任务。

二 汉初政治思想中的求治、求一、求变特点

从先秦时期偏重思想层面的争鸣、争胜，回落至政治实践向度的积极主治，是汉初政治思想潮流的一大特色。在《论六家要旨》中，司马谈言及"夫阴阳、儒、墨、名、法、道德，此务为治者也"[①]，至少就汉初诸家思想的整体趋向来说，这并非一句空言。不可否认的是，"务为治"及其后世班固所谓"诸子出于王官之学""九流十家"等观点，都是汉代学人立足汉朝政治实践，对先秦学术思想的一种自我诠释。因而，这是一种"历史的观念"，是汉人的"时代意见"而非确凿的历史史实判断。这一情状，并非必然地把我们逼向还原先秦百家争鸣的历史时代，去申述事实原委。而是说，汉初思想潮流的这一转变，为我们透视汉初

[①] 《史记·太史公自序》。

儒生士人的思想动态，提供了一种有益视角，为我们理解秦汉之际的思想变动，提供了参照坐标。即汉人言及的先秦诸子思想，更多地反映了汉人的思想动态，而非先秦诸子的思想动态，作出这一区分是十分必要的。①

由对立争鸣走向互为融合，由驳杂繁芜走向一统简洁，亦是秦汉之际政治思想变动的另一特色，"战国之际，诸子皆致力于'霸天下'之策，故有水火不容之势。后战国之时，诸子皆致力于'安天下'之术，故有水乳交融之态"②。此外，立处秦汉之际的变革时代，诸家学人俱主动因时因势对所持政治学说进行权变调节，做好准备以接受政治实践的检验，为一统政治文化的形成提供助益。前文述及，汉代秦再次完成政局统一，亟待解决的是政治思想文化领域的一统问题。那么，汉初诸家思想的争胜，就反映为哪家能更好地为整合政治思想、完成意识形态塑造和有效治理国家提供助益，哪家就将成为主流政治思想。因之，适应汉代秦这一历史变动，求治、求一、求变，成为这一时段思想潮流的一个特点。故而，"百家余绪"时期的政治思想镜像为：百家纷乱而莫不求治、求一、求权。

（一）"务为治"的求治趋势

整体而言，中国传统政治思想以儒、墨、道、法四家为主，汉初活跃于主流上层的流派主要为儒、法、道三家。三家之中，道家思想在先秦时期表现颇为反动，对政治社会生活尤为不屑。老子"小国寡民"的理想境界和庄子"终身不仕，以快吾志"③ 的行为选择，彰显楚文化对个体价值的重视，道家旨趣可见一斑。及至汉初，道家思想发生分野，与庄学异趣之道家"老学"积极转向，"汉代道家承老子之余绪，应用'无为'以为经世之术，而成'黄老'之学"④。黄老道家思想，在汉初很是兴盛，加之曹参、窦太后等权势人物的推动，更是在"独尊儒术"之前，居于汉初政治思想的主流地位。先秦道家无为思想尤且有此一大变动，

---

① 李振宏：《论"先秦学术体系"的汉代生成》，《河南大学学报》（社会科学版）2008 年第 2 期。
② 雷戈：《秦汉之际的政治思想与皇权主义》，上海古籍出版社 2006 年版，第 8 页。
③ 《史记·老子韩非列传》。
④ 萧公权：《中国政治思想史》（下册），第 885 页。

可以想见自身意欲积极主治的儒、法两家思想,更是主动参与到政治生活中来。因之,转向积极主治的政治社会治理层面,追从实践导向应时而变,是汉初的一大思潮。

至此,不难理解司马谈有"阴阳、儒、墨、名、法、道德,此务为治者也"的观点,亦可察见汉代儒生士人对先秦思想学术的一种自我观察立场。无疑的是,这一立场经由司马迁的申述,加之以班固"诸子出于王官之学"和"九流十家"的学术分类,影响深远,形塑了中华文化重实践理性和历史理性的思维模式。"诸子出于王官之学"的观点,更是将学术与政治二者积极联系起来:从政治实用主义立场对学术思想加以剪裁,诸家思想亦莫不以治道自持,积极向王权靠拢。这在一定程度上,扭转了战国时期思想学术的部分独立性倾向,是政治权力或政治思维踏入学术领域的一次实践。①

积极求治的另一面,反映的是诸家学人基于自我掌控的知识资源,转而求利的利益导向。从本质上言之,知识是一种稀缺性资源,尤其是在汉初布衣将相的历史背景下,更是如此。战国时期,诸家学人可以"朝秦暮楚",游走于六国之间,鸡鸣狗盗之徒、三寸不烂之舌都可在历史中留下浓墨一笔。纷乱的政治环境给相对自由的士人群体,提供了发挥自我才能的广阔舞台。秦汉一统后,将政治价值作为实现人生价值的诸家学人面对唯一的帝国体制,只能经由进入体制一途,方可展现自我价值。故而无论是汉初军功集团手持道家学说以自重,抑或儒、法学派之间的斗争,俱可视为基于政治思想派别差异的利益集团斗争。这一现象反映的仍然是,"介入体制,获得君王恩宠,以谋得恩泽与利益"② 的"恩宠性政治文化"。

(二)"大一统"的求一趋势

自战国末期以至汉初,思想争鸣的局势愈加激烈,一统的趋势也越来越明晰。在《庄子·天下》《荀子·非十二子》《韩非子·显说》《淮南子·要略》以至《论六家要旨》等篇章中,都有立足于本家思想评判

---

① 邓骏捷:《"诸子出于王官"说与汉家学术话语》,《中国社会科学》2017 年第 9 期。
② 葛荃:《传统中国的政治合法性思维析论——兼及恩宠政治文化性格》,《文史哲》2006 年第 6 期。

诸家思想利弊，以实现思想一统的主张。《荀子·解蔽》载："凡人之患，蔽于一曲而暗于大理。治则复经，两疑则惑矣。天下无二道，圣人无两心。今诸侯异政，百家异说，则必或是或非，或治或乱。"① 可见，伴随政治一统的临近，确乎在思想层面亦有求得"大一统"的趋势。立处此一时空的韩婴在《外传》卷四第二十二章处即写道：

> 夫当世之愚，饰邪说，文奸言，以乱天下，欺惑众愚，使混然不知是非治乱之所存者，则是范雎、魏牟、田文、庄周、慎到、田骈、墨翟、宋钘、邓析、惠施之徒也。此十子者，皆顺非泽，闻见杂博，然而不师上古，不法先王，按往旧造说，务自为工，道无所遇，二人相从，故曰十子者之工说，说皆不足合大道，美风俗，治纲纪。然其持之各有故，言之皆有理，足以欺惑众愚，交乱朴鄙，则是十子之罪也……仁人将何务哉？上法舜禹之制，下则仲尼之义，以务息十子之说。如是者，仁人之事毕矣，天下之害除矣，圣人之迹着矣。②

不难看出，韩婴以孔孟之道自持，以舜禹之属为圣人，站位儒家政治思想的基本立场，将其他如庄周、慎到、墨翟等"十子"视为邪说奸言。反映了儒家意欲统摄诸家思想，完成思想一统的基本倾向。所谓"大一统"者，张大一统是也。与秦相李斯焚书坑儒、以吏为师的策略不同，汉朝最终采取"不在六艺之科孔子之术者，皆绝其道，勿使并进"③ 的学术策略，鼓励儒家学者研习经术进入仕途，至于他家并不禁绝，任其在社会、个人层面流通。这一近乎多元主义的文化策略，惩秦之弊，大为减少了文化层面的直接对抗。虽则直至董仲舒承策问对，这一政策经由汉武帝首肯后方才正式成为汉代政略，但汉初百家余绪并进的状况与之基本相符。如是，则汉初诸家政治思想间的相互碰撞、融合，并非汇流至一内在逻辑自洽之学术体系结构，而是为思想的一统作前期准备。正

---

① 《荀子·解蔽》。
② 许维遹：《韩诗外传集释》，第150—151页。
③ 《汉书·董仲舒传》。

在诸家表述不一、逻辑无法自洽之处，方可显现汉初各家理论驳杂之特点，亦为董仲舒"天人合一"理论提供学术资料和前期准备。

在政治层面结束六国混战或楚汉争霸局面，进而在思想文化层面完成一统，乃秦汉两代的共同追求。政治一统在秦汉两朝都曾完成，而思想一统的任务则要交由汉来完成。另外，政治一统反映在思想文化方面，则必然要求顺次完成一统。因之，在百家思想既相互借鉴融合又互为排斥的局面下，求得整体一致的思想内核，成为政治的需求，亦成为政治思想争胜的内在动力。因此，汉初思想承接百家余绪，更多地表现为融合的大趋势。这里依然以儒、法两家的思想融合最为经典。儒、法两家思想以建国时刻为界，将之分化为攻道与守道，二者相互补充、相互依赖，实现结构性功能分化，最终达致一统，完成从先秦斗争到汉初互为犄角的转变。

顺承这一融合趋势，"大一统"的思想趋势最终演化为先秦诸子学到两汉经学的思想大势，文化驳杂的情状最终发展为理论一统的局面。值得注意的是，这里的"一统"主要指的是"价值一统"，而非绝对地划一。参校清代学者章学诚"六经皆史"的学术判断，先秦史学的经学转向，是重史实考索向重价值体系建构的一个重要转型，是今文学转向经世致用的一个标志，也是西汉初年思想演绎的一个重大背景。从这一角度言之，经学不仅仅是学术研究，更是政治价值体系建构，其本身亦无须完全遵循历史事实之苑围。故而，汉初春秋公羊学重经典诠释和发挥个人见解的今文特色，适应了这一时段的政治需求。正如屈守元所言，"对于汉初的经学，应该与当时的政治气氛合并一起看。今文学家著作的政治色彩是万万不能忽略的"[1]。

这里有必要对科学研究方法的两种进路作一简单介绍，即解释方法（explanation）与理解方法（understanding）。大略言之，科学研究方法可划分为两大向度，"一是探明和发现事实；二是构架假说和理论。这两个向度的科学活动有时被称为描述性科学和理论性科学"[2]。就探明和发现事实言之，其强调对事实的描述认定及因果关联的对勘，多采用数据量

---

[1] 屈守元：《韩诗外传笺疏》，第5—6页。
[2] ［芬］冯·赖特：《解释与理解》，张留华译，浙江大学出版社2016年版，第1页。

化方式加以说明，且多用于自然科学的实证分析，此为"解释"的方法。"理解"的方法则不同，其一般多用于社会科学和人文学科之中，重视对理论假说架构的意义探寻，主张对社会行为背后的动机加以阐明、对人的目的论倾向进行探究。相较自然科学重实证分析的事实认定而言，其多主张作为认识主体的"人"神入至具体情境语境之中，以达到"理解"的境地。将这两种方法路径导入政治思想史论域，则解释方法偏重对史实的发掘钩沉和辨析考证，这是复原史实的"考史"方法；而理解方法则偏重对史论的引申发挥和意义诠释，这是诠释历史的"释史"方法。

因之，汉初公羊学偏重春秋大一统、华夷之辨、通三统和孔子制汉道的理论诠释和理论建构路径，与古文经典《左传》重文字训诂、典章制度和恪守经籍的考索历史史实间的张力十分明显，今、古文经斗争也愈加激烈。究其质，此中反映的深刻差异是，对待经典文本的研究方法差异。古文经重史实的解释向度容易理解，在此不作深论。有必要说明的是，对今文经何以如此解释经典的内在缘由，作出说明。简言之，汉初整合政治文化的问题导向，无法通过照搬引用原典文献即可解决这一问题：这一问题既没有在历史上发生过，更不会有相应的答案。那么，汉初儒生士人不得不就当下政治实践，强行对经典作出"古为今用"的诠释性解释，哪怕如同孟子一样地"以意逆志"式歪曲历史史实也在所不惜。为什么会这样呢？因为迟至西汉初年，中国历史传统中没有史学外的其他资料可资借用，又没有政治学的理论架构。不得不对经典作出如此解释，这是我们应当理解的，而非全然可以解释的。因之，以古文史实辨析今文谬误，是以考据学对政治学；以今文学对抗古文学，是用价值判断左右历史史实，二者不可同日而语。

此外，今古文之争同时夹杂着不同学派利益集团基于学术旨向差异的政治资源分配争夺，进而使得这一学术纷争更为繁杂难解。值得注意的是，"不在六艺之科孔子之术者，皆绝其道，勿使并进"[1] 的学术政策旨向最终演化为"遗子黄金满籝，不如一经"[2] 的利禄进身之途，这部分消解了学术的独立性，增强了政治权力对学术思想的压力。

---

[1] 《汉书·董仲舒传》。
[2] 《汉书·韦贤传》。

(三)"重经权"的求变趋势

"务为治"的实践导向和先秦诸子学转向汉初经学"一统"政治价值的塑造,反映了思想文化领域顺应秦汉之变,主动作出权变调节的因应策略。这一因时、因事而变的权变策略,与法家著作《韩非子·五蠹》篇中"不期修古,不法常可,论世之事,因为之备"①的主张十分贴近。此外,"务为治"重视实然效果的行为预期也与法家精神契合,至于求一的导向更是与法家"一断于法"的重法倾向相同。因之,法家思想重实利、重时变、重一统的认知导向,在汉初依然奏效。亦可证明,诸家思想依旧在法家学人所谋划的政治策略延长线上行驶。然而,虽曰法家指出问题方向之所在,并不意味其本身即可解决这一问题;虽曰整体转向一致,但各家具体因应措施各异。借用"道术将为天下裂"②这一说法,则"道"为求治、求一的大一统政治转向,至于"术"则具体指陈诸家学派的政治策略。从这一角度视之,借由各家思想的轮替使用进而维系政治系统的结构稳定和时间延滞,本身就是一种政治价值引导下的具体策略转换。此可视为"重经权"的第一层含义:以政治价值为"经",以治国策略为"权",此为国家治理层面的"经"与"权"。

"重经权"的第二层含义为,在社会宗族领域内的政治行为和政治选择中,以儒家仁义、礼治、忠孝等价值原则为"经",可以作出适当的调整和变通。中国传统政治思想以儒家为主流,儒家思想在支撑王权政治时以"忠孝"伦理为转换中轴,因之维系忠、孝一致十分关键。但忠、孝并非完全一致,在特殊情境下,可以对之进行变通。《孟子·尽心》有曰:

> 桃应问曰:"舜为天子,皋陶为士,瞽瞍杀人,则如之何?"
> 孟子曰:"执之而已矣。"
> "然则舜不禁与?"
> 曰:"夫舜恶得而禁之?夫有所受之也。"
> "然则舜如之何?"

---

① 《韩非子·五蠹》。
② 《庄子·天下》。

曰："舜视弃天下，犹弃敝蹝也。窃负而逃，遵海滨而处，终身欣然，乐而忘天下。"①

在这一处乎忠、孝矛盾下的行为选择中，孟子毅然决然地持守舜"窃负而逃"背忠向孝的行为指向。然而这种事例，乃个案而非常道。虽则"天之道，有伦，有经，有权"②，但"权虽反经，亦必在可以然之域。不在可以然之域，故虽死亡，终弗为也"③。亦并非人人皆可在"经""权"之间随意转换。"伊尹放太甲于桐宫"之事，只能如同伊尹般的"圣臣"方可为之，否则即为叛逆篡位，无可称道。相较之伊尹，周公在儒家政治史上的地位更高，《外传》卷七第四章有曰：

孔子曰："昔者周公事文王，行无专制，事无由己，身若不胜衣，言若不出口，有奉持于前，洞洞焉若将失之，可谓能子矣。武王崩，成王幼，周公承文武之业，履天子之位，听天下之政，征夷狄之乱，诛管蔡之罪，抱成王而朝诸侯，诛赏制断，无所顾问，威动天地，振恐海内，可谓能武矣。成王壮，周公致政，北面而事之，请然后行，无伐矜之色，可谓能臣矣。故一人之身，能三变者，所以应时也。"④

周公以一身兼文王之能子、武王之能武、成王之能臣三类政治角色，可谓应时而变的典型。即使在辅佐年幼的成王之时，履天子之位、代天子行事，仍然不改其身后"圣臣"之尊位。然之所以如此，乃缘于周公在君主政治的大"经"下谨慎权变，没有离经叛道。

这一道术相裂、经权相分趋势，一直延续至董仲舒"罢黜百家，独尊儒术"时代。大而言之，这一重时变、权变进而变秦的策略主张，亦是汉初儒生士人思想动态的一大转向。汉初士人儒生多能文吏兼通，务

---

① 《孟子·尽心上》。
② 《春秋繁露·阴阳终始》。
③ 《春秋繁露·玉英》。
④ 许维遹：《韩诗外传集释》，第241页。

实性很强，钱穆对汉人精神风气十分欣赏。汉初无醇儒，少迂远舒阔之言，而多能与时事、事实相切近。陆贾、贾谊、晁错等虽以文人行世，但就秦汉之际的政治问题与汉初政治的察见俱十分深刻，亦认同取、守不同道的秦汉之异，并相应作出权变调节。

在《外传》之中，当务而为、因时而动的权变思维也十分明显。这里主要表现为"时变"。《外传》开篇首章通过叙述曾子因孝亲、养亲而重视其俸禄，与亲死之后重视自身志向的不同选择，得出以下结论：

> 故君子桥褐趋时，当务为急。①

在重视"时变"层面，《外传》卷一第二十章有曰：

> 天地有合，则生气有精矣。阴阳消息，则变化有时矣。时得则治，时失则乱。②

通过阴阳变化来论证时间、时机对治乱的重要影响，得出"时得则治，时失则乱"的结论。可能受到《孟子》影响，《外传》卷二第三章载卫女自嫁和伊尹放太甲于桐宫之事，并称赞了这一作为：

> 夫道二，常之谓经，变之谓权。怀其常道而挟其变权，乃得为贤。夫卫女行中孝，虑中圣，权如之何？③

这与《孟子·尽心上》所载"执中无权，犹执一也"④的精神是一致的。

总之，韩婴及其所编《外传》与汉初士人"重经权"的求变趋势相一致，亦在"务为治"和"大一统"的政治背景下，寻求汉的政治合法性来源。

---

① 许维遹：《韩诗外传集释》，第1页。
② 许维遹：《韩诗外传集释》，第19页。
③ 许维遹：《韩诗外传集释》，第34页。
④ 《孟子·尽心上》。

三　韩婴及其《外传》

本章以上所论，是为秦汉之际儒生士人群体的共同背景，及其政治思想演变的基本趋势所在。这些因素亦肯定影响了韩婴本人，进而反映在其所编著《外传》之中。读诗书不可不知其人，因之，意欲对《外传》思想进行深入探究，不得不从韩婴本人入手。史书对韩婴记载较少，以《汉书·儒林传》为详：

> 韩婴，燕人也。孝文时为博士，景帝时至常山太傅。婴推诗人之意，而作内、外《传》数万言，其语颇与齐、鲁间殊，然归一也。淮南贲生受之。燕、赵间言《诗》者由韩生。韩生亦以《易》授人，推《易》意而为之传。燕、赵间好《诗》，故其《易》微，唯韩氏自传之。武帝时，婴尝与董仲舒论于上前，其人精悍，处事分明，仲舒不能难也。①

可见韩婴的政治角色为博士官和太傅两职位，且其曾与董仲舒有过廷争之事。据徐复观考证，在汉初诸位传诗博士中，韩婴应当与荀卿弟子浮丘伯之年辈相前后，较之鲁诗博士申公和齐诗博士辕固为早。② 加之，其在武帝时期与董仲舒有过争论，则韩婴本人的主要生活年代基本涵括整个汉初时期，即司马迁所谓"至今上即位数岁，汉兴七十馀年之间"③。故而，本书所论的时间跨度，亦主要集中于汉高祖、文帝、景帝和武帝时期。因之，秦汉之际的时间断限，主要聚焦于韩婴本人的生活年代，而随文稍微有所盈缩。

以《外传》一书言之，则徐复观将自先秦至两汉时期思想表达的方式，划分为"《论语》《老子》的系统"和"《春秋》的系统"两类，后者通过运用古人的言行以作为自己思想表达的载体④，并认为，像《外

---

① 《汉书·儒林传》。
② 徐复观：《两汉思想史》（三），第7页。
③ 《史记·平准书》。
④ 徐复观：《两汉思想史》（三），第1页。

传》这种"以故事为主的著作体裁,与起于南北朝时期的汇书的性质不同",其本身有着自己的思想性,意欲"加强思想在现实上的功用性与通俗性,尤其是想加强对统治集团的说服力"①。这就将韩婴及其《外传》置于整个历史政治背景下进行研究,提供了基本缘由。而结合汉初博士官、常山太傅和廷争董仲舒这三条线索,亦可看出韩婴本人的入世情怀。

汉初博士官一般有传经教化、傅教侯王和参与廷议三项职能,作为博士官和常山太傅的韩婴亦不例外。博士官作为太傅分配给各诸侯王为师,至少在西汉初年是一个惯例。作为诸侯王、太子的老师,地位较为尊崇,一般设有官职。这里以晁错为例,加以说明:

> 晁错者,颍川人也……以文学为太常掌故……太常遣错受《尚书》伏生所。还,因上便宜事,以《书》称说。诏以为太子舍人、门大夫、家令……数上书孝文时,言削诸侯事,及法令可更定者……迁为中大夫……景帝即位,以错为内史。错常数请间言事,辄听,宠幸倾九卿,法令多所更定……迁为御史大夫,请诸侯之罪过,削其地,收其枝郡。②

晁错因受《尚书》而在文帝周边言事,进而成为太子家臣,并随着太子继位成为景帝,而一直受到重用,直至升迁为御史大夫。较之晁错,韩婴为诗经博士,任常山王太傅,两者基本相类。

就文帝、景帝、武帝与其为太子时的师傅言之,师傅的学术宗向、言传身教都会对学生的政治喜好起到潜移默化作用。文帝所学不知其师为谁,但其对贾谊十分欣赏;景帝好刑名的倾向,恐怕和为人"峭直刻深"的晁错不无关联;武帝为太子时即以儒生卫绾为师,其登位后的更化改制、独尊儒术等做法,也与幼时所学密切相关。这里值得注意的是,儒家经典的学官立黜,也和皇帝所学关系很深。宣帝少时所学即为《春秋谷梁传》,至其为帝,则将其立为经学博士。当然,二者之间的关联不是决定性的,但却无法忽视,帝王所学是经学确立的一个外缘理由。因

---

① 徐复观:《两汉思想史》(三),第5—6页。
② 《史记·袁盎晁错列传》。

此，汉初儒生博士，以与王侯的师生关联为纽带，进而影响国家方针制定；通过所学经典的确立，扩大自身的学术影响和政治影响；立朝为官后，参与到国家政事的治理进程中去。

廷辩论争是儒生博士参与政治的另一种方式。黄生与辕固之间就曾发生过有关政治合法性的著名廷辩，上文引及，兹不赘述。不难想见，当场廷辩的传播效应十分明显，不仅波及在朝官员，迫使景帝作出答复，甚至惊动了东宫窦太后。这一关涉政治合法性的论辩，是汉初学术宗派分离、政治主张驳杂、新旧政治势力交锋的一个重要体现：黄生代表着当朝黄老道家无为而治的政策主张，辕固则代表民间社会宗主儒学的儒生们急欲加强王权、更化改制的强烈政治愿望。此中背后又牵涉到儒生自身政治利益、国家政策转向、帝王个人喜好、经术自身主张等因素的纷繁交杂。

学术宗主、政治主张、政治利益、个人性格的差异带来的不同政治命运，也伴随国家大政方针转向而时有沉浮，为我们深入研究这一时段的政治状况提供了丰富素材。同时说明，武帝一朝更化改制、加强学术引领、确立经学旨向的紧迫性和必要性。韩婴处乎这一急剧变动时代，不可能熟视无睹，个人所思亦将反映至《外传》中。其与董仲舒的廷辩，也从侧面反映出韩婴立处时代的个人主张，外证了《外传》的经世倾向。加之，"西汉附丽于经之所谓传，皆所以发明经的微言大义。由此可以了解，《外传》乃韩婴以前言往行的故事，发明《诗》的微言大义之书。此时《诗》与故事的结合，皆是象征层次上的结合"①，说明了韩婴"以诗为教"的开放式解读与"经世致用"的政治立场。

自处百家余绪的汉初时代，没有学术立场即意味着人云亦云，丧失学术特色。《外传》站位儒家政治思想的基本立场，是无可争辩的，其卷五第十四章载：

> 儒者，儒也。儒之为言无也，不易之术也。千举万变，其道不穷，六经是也。若夫君臣之义，父子之亲，夫妇之别，朋友之序，此儒者之所谨守，日切磋而不舍也。虽居穷巷陋室之下……明察足

---

① 徐复观：《两汉思想史》（三），第9页。

持天下……仁义之化存尔。如使王者听其言,信其行,则唐虞之法可得而观,颂声可得而听。①

以儒之言为不可变易之术,认为六经乃万变不离其宗之旨趣,以君臣、父子、夫妇、朋友等为持守之大义,并主张以仁义教化君王,这是典型的儒家政治立场。从语辞表达层面,亦可看出这一端倪。"居穷巷陋室之下"显然是孔子对颜回称赞之语的变体,与《论语·雍也》载"贤哉,回也!一箪食,一瓢饮,在陋巷,人不堪其忧,回也不改其乐,贤哉,回也"② 如出一辙。

详而论之,则"韩婴对于儒学宗师,是荀孟并尊的,但很明显,他在荀、孟两派之中,是属于荀派"③。《外传》承袭荀子之旨既明,则当从礼治层面入手,解析其对治理手段的偏好所在。

---

① 许维遹:《韩诗外传集释》,第182页。
② 《论语·雍也》。
③ 屈守元:《韩诗外传笺疏》(前言),第3页。

第二章

礼法同治

　　清代学者汪中认为："《韩诗》之存者，《外传》而已，其引《荀卿子》以说《诗》者四十有四。由是言之，《韩诗》，《荀卿子》之别子也。"① 严可均基本持相似观点，他指出："《韩诗外传》引《荀子》以说《诗》者四十余事，是韩婴亦荀子私淑弟子也。"② 以上两位学者极近《外传》与《荀子》之关联，甚至以韩婴为荀子之私淑弟子、以《外传》为《荀子》之别子，可知荀子对韩婴影响之深且巨。这亦从一侧面反映，荀学在西汉初年传播与流布之广。在先秦儒学史上，荀子因持"隆礼重法"的鲜明政治观点而为儒者所訾誉，甚而因之为后世宋明"醇儒"所不容，颇有知我罪我之感。实则，在唐代韩愈以《荀子》为"大醇小疵"之前，荀学颇具实力。只因此后宋明道学家高扬理学，以"天理""人欲"等心性为本，进而抬高《孟子》《大学》《中庸》之地位，方使荀学受此牵连，隐而不彰。即以汉初士人意见言之，司马迁著《史记》专辟一篇以作《孟子荀卿列传》，可视为汉人荀、孟并称的一个确证。韩婴《外传》承袭《荀子》荀学之旨既明，则对《外传》的探讨理当从对礼治秩序的建构开始。

　　就一政治系统言之，稳定的内外部秩序是保证系统良好运行的基本条件。政治主体间的各种关系及其各种政治价值的达成，都必然在一稳定秩序下生发、演变。无论是儒家王道抑或是法家霸道，其功用发挥的

---

① 汪中：《荀卿子通论》，载王先谦《荀子集解·考证下》，中华书局2012年版，第19页。

② 严可均：《铁桥漫稿》卷三《荀子当从祀议》，上海古籍出版社《续修四库全书》影印清道光十八年四禄堂刻本。

前提条件乃是一稳定的政治秩序。假若将传统政治社会看作一整全体系，那么其本身是一个礼治社会。这一社会模式的奠定，是在汉代扬弃秦法制过程中坚持礼法兼用，并逐渐演化达致的。这亦是秦汉之际的一个"变"。秦法制乃一具备高度动员能力的军国政治体系，讲求认同上级的笃实精神气质和纪律严明的整齐划一行为，虽则行动效率高效，但疏漏于自下而上式的权变调节，缺少变通性。尤其在处理取得政权后的内部政治冲突时，这一计划强制型思维模式和行为导向，极易将内部矛盾转化为战前的敌我矛盾并将之扩大化，不利于维系政局的一统和稳定。简而言之，在高度动员的秦法制秩序下，中央地方关系过分划一，没有缓解冲突的空间存在，亦没有疏解压力的相应政治角色，乏于调节变通的能力。

相较于秦法制，礼治"与其说是一种政治秩序，不如说它是一种整体性、弥散性的社会文化秩序"[1]，这一描述本身即意味着政治秩序与社会秩序的相对二分，扭转了秦法制的单向度发展，在社会层面充实了文化因素。前文述及，以法家重典刑罚为进取之术，同时以儒家仁义礼制为守成之术，是秦汉之际的一个"变"。顺乎此，以礼实法、礼法结合是儒法两家在治国之术方面的一个重要结合点。这一兼综礼法的融合趋势，在《荀子》一书中即有所表征，以荀子为代表。近人徐复观注意到"荀子言礼，已包含法度的法在里面；西汉儒生言礼，也是包含法度以为言"[2]。这就是说，汉初对礼治的偏好，实际已经将法融贯其中。故而，礼、法同治的治理手段，实可以"礼治"一词代之。鉴于《外传》与荀学的密切联系，其在礼治方面亦因袭了荀子"隆礼重法"的逻辑理路。

第一节 《外传》礼治思想

就"礼"的内涵言之，其本质规定性导向等级制行为规范。《左传》昭公二十五年载："夫礼，天之经也，地之义也，民之行也。天地之经，

---

[1] 阎步克：《士大夫政治演生史稿》（第三版），北京大学出版社2015年版，第175页。
[2] 徐复观：《两汉思想史》（第三卷），第24页。

而民实则之。"①说明至迟自春秋时期以来，礼已经作为普遍性社会规范的"则"而存在，具有很强的弥散性，涵摄天、地、民三者。战国时期的著作《庄子·天下》云"礼以道行"②，延至西汉初年《史记·太史公自序》言"《礼》经纪人伦，故长于行"③，二者均认为礼之优长在于"行"，行即行为规范之意。近人冯友兰认为，"盖凡关于人之行为之规范，皆所谓礼也"④。总之，礼"是一定社会，由统治阶级制定而为全体人民共同遵守的一种行为准则或规范"⑤，是传统社会的总规则。

迟至秦汉之际，礼的功用发挥主要分化为政治、社会两个领域，且为一般士人学者接受。司马谈论列六家要旨，即认为儒家之长在"序君臣父子之礼，列夫妇长幼之别"⑥，其子司马迁亦认为礼之意在明"君臣朝廷尊卑贵贱之序，下及黎庶车舆衣服宫室饮食嫁娶丧祭之分"⑦。可见，礼实则涵摄贯通尊卑等级的纵向"礼序"关系和同级夫妇人伦的横向"别分"关系，形成纵横交织的网络之状。于此亦不难察见，君臣尊卑之分主要发生在政治权力领域，而父子夫妇长幼之别以及衣服宫室丧祭之分则主要发生于社会生活领域。值得注意的是，"礼"在明"君臣朝廷尊卑贵贱之序"方面与严而少恩之法家"正君臣上下之分"⑧的旨趣相同，而这正是礼、法两种规范得以在政治领域相通的缘由所在，亦是荀子兼综礼法之处。

此外，随着《礼记》一书在汉初的流行，礼在节制人文精神方面的功用有所张扬。总之，就礼所涵盖的范围而言，其至少有国家、社会、人心三个层面的含义：国家政治权力层面的君臣尊卑等级，社会宗族结构层面的父子"礼法"规则和"礼俗"规范，以及人文精神思维层面的"以礼节情"。

概言之，礼之核心精神为"分"与"节"。所谓"分"即是根据传

---

① 《左传》昭公二十五年。
② （晋）郭象注、（唐）成玄英疏：《庄子·天下》，中华书局2011年版，第556页。
③ 《史记·太史公自序七十》。
④ 冯友兰：《中国哲学史》（上），第63页。
⑤ 金景芳：《谈"礼"》，《历史研究》1996年第6期。
⑥ 《史记·太史公自序》。
⑦ 《史记·礼书》。
⑧ 《史记·太史公自序》。

统亲疏贵贱划分等级并以之为各种社会资源分配的标准，所谓"节"即是在划定好的等级内遵守名分、安分守己，行与思皆不出其位。礼的这一精神，意欲消弭混乱，达成秩序，直接指向社会政治秩序的一统和安定。《荀子·礼论》言及：

> 礼起于何也？曰：人生而有欲，欲而不得则不能无求；求而无度量分界，则不能不争；争则乱，乱则穷。先王恶其乱也，故制礼义以分之，以养人之欲，给人之求，使欲必不穷乎物，物必不屈于欲，两者相持而长，是礼之所起也。①

以现代语言疏释之，则为：每个人都有获取基本生活物质以维系生命存续的生存权利欲望，及其基础上的权力欲望，人们在此两种欲望的驱使下，进入社会争夺资源以满足各自欲求；这必然会因社会资源的相对有限而引发争乱，破坏整体秩序的稳定进而无法维系基本的生存环境，故而人的欲求无法达致；在此种矛盾情境下，先王为了在人的各自欲求和有限社会资源之中取得长久平衡，不得不制作礼义、划定度量分界，以达到在满足各自欲求这一目标的同时，维系社会秩序的稳定。由此看来，礼的作用为划定社会资源分配界限，满足人们欲望和维系秩序稳定。《外传》卷九第八章有曰：

> 自齐国五尺已上，力皆能胜婴与君，所以不敢乱者，畏礼也。故自天子无礼则无以守社稷，诸侯无礼则无以守其国。为人上无礼则无以使其下，为人下无礼则无以事其上。②

齐国国相晏婴对齐威王的承对明确指出，"礼"与"力"为属性不同的社会规则，以此为基础，天子、诸侯、大夫方可治守其领地，否则就会出现上下凌夷的混乱无序状态。《外传》多次引用"人而无礼，胡不遄死"这一诗句作结尾，道出了韩婴对礼的重视、对建构社会秩序的强烈愿望。

---

① 《荀子·礼论》。
② 许维遹：《韩诗外传集释》，第313页。

本节欲就《外传》中有关礼的思想进行梳理，阐明其在维系一统秩序及在国家、社会、人心等各个具体方面的功用发挥，并就这一功用发挥所倚赖的人格主体——君子，进行相关论述。

一 基于等级分化的一统秩序

礼的基本精神为"分"与"节"，但儒生士人认为，这一精神可以贯通国家、社会和人的情感等各个不同层面。虽则礼的内涵和精神主"分"，但其在不同适用范围内则具有一致性。因此，所谓"礼治"秩序即表征为基于尊卑等级分化的一统秩序。

（一）统一的秩序：治家、国以礼

在传统社会结构中，尤其是在周秦秦汉时期，社会整体分化程度较低，士、农、工、商四民划分基本可以涵盖各个分工领域，职业分途尚不明晰，家族、宗族依然是社会结构的主要方面和主要组成方式。因此，基于家族血缘关系的纽带十分牢固，进而成为维系社会关系的纽带。家族关系基本就是社会关系，当社会领域逐渐蜕化出国家政治层面时，家族伦理依旧可以维系政治关系。周代政治宗法关系，实则就是家族关系的扩大化和政治化，就其性质而言，政治关系和人伦关系没有较大分别。

鉴于这种家国同构、家国一体的社会结构，作为一般性规则的"礼"，则基本可以在不同领域得以应用。《外传》卷一第六章有曰：

> 人无礼则不生，事无礼则不成，国无礼则不宁，王无礼则死亡无日矣。[1]

由此可见，礼贯穿人、事、国、王等各个层级领域，是一般性行为规则。这与基本同一时期著作的《大学》旨趣相同，其中言及"物格而后知至，知至而后意诚，意诚而后心正，心正而后身修，身修而后家齐，家齐而后国治，国治而后天下平"[2]。所以，治国理政就成了修身养德的拓展，

---

[1] 许维遹：《韩诗外传集释》，第8页。
[2] 《礼记·大学》。

居官称王亦是做人做事。故而有"自天子以至于庶人，壹是皆以修身为本"①的说法，修身之"修"，即以"礼"为标准。《外传》卷五第二十一章载修明礼义之事时有曰：

> 礼义修明，则君子怀之。故礼及身而行修，礼及国而政明。能以礼扶身，则贵名自扬，天下顺焉，令行禁止，而王者之事毕矣。②

如此，就证成了礼在《外传》中成为贯通治心、治身、治君、治家、治国的统一规范。而且，其与《大学》一道，共同代表了秦汉之际儒家士人学者对礼的高扬态度。这亦从侧面反映出这一事实，荀学之昌明与《礼记》之流行，在汉初绝非孤立事件，而是追随当时儒家思潮的一个面向。

因乎礼的弥散性特征，则治家即是治国，故而丧祭之家礼与国之安危密切相关。即以《礼记》中之《丧服小纪》《丧大祭》《奔丧》等诸篇章言之，其就为记述"丧礼"的具体条文。《外传》承袭这一理路，在这一层面亦有展现，在卷三第十一章处有曰：

> 丧祭之礼废，则臣子之恩薄。臣子之恩薄，则背死亡生者众。③

丧祭之礼关乎臣子之恩，是家礼关乎国运的明证，进而臣子之恩关乎天下生民之逃亡与否，家、国、天下三者同道的旨趣，于此不难察见。

值得注意的是，丧祭之礼乃实实在在的外在规范，能够耳闻目睹，体现着民风习俗，因之成为他国观察、刺探邻国国力强弱的一个重要指标。《外传》卷八第十八章即载有相关事实，引事以证"为政即为礼"：

> 晋平公使范昭观齐国之政。景公赐之宴……晏子曰："范昭之为人也，非陋而不知礼也，是欲试吾君臣，婴故不从。"……于是范昭

---

① 《礼记·大学》。
② 许维遹：《韩诗外传集释》，第189页。
③ 许维遹：《韩诗外传集释》，第93页。

> 归报平公曰："齐未可并也。吾试其君,晏子知之。吾犯其乐,太师知之。"①

饮酒、宴乐本为一般性的外交礼仪活动,然晋国使臣范昭与齐国晏婴、乐师均将之视为关乎国政的大事。亦是在觥筹交错之际,范昭明察齐人礼制修明,君臣上下相济,故而不能贸然兴兵。不仅在理念层次如此,在实际政治活动中,亦应如此。《外传》卷四第八章就载有齐桓公因治国以礼而使诸侯朝于齐的故事:

> 齐桓公伐山戎,其道过燕,燕君送之出境。桓公问管仲曰:"诸侯相送,固出境乎?"管仲曰:"非天子不出境。"桓公曰:"然则燕君畏而失礼也。寡人不可使燕君失礼。"乃割燕君所至之地以与之。诸侯闻之皆朝于齐。②

齐桓公以礼为尊,在争霸的进程中,以礼义自守,宁愿割地与燕国,而不愿违反礼制,遂成就其霸业。此处,我们无意于考证这一叙述是否为历史史实,但就韩婴本人言之,其应当对之确信无疑。此外,这一史实亦印证了《外传》卷四第十章认为礼较之坚甲利兵更为有力的论述:

> 礼者,治辩之极也,强国之本也,威行之道也,功名之统也。王公由之,所以一天下也。不由之,所以陨社稷也。是故坚甲利兵不足以为武,高城深池不足以为固,严令繁刑不足以为威,由其道则行,不由其道则废。③

因此,礼作为家国一体、心君同构的统一规范,确系贯通各个方面。联系《论语·乡党》,于孔子颜色、问对、进退及其行止处,都不难察见礼在其心中的核心地位。总之,儒家一脉对礼的尊崇,始终具有延续性和

---

① 许维遹:《韩诗外传集释》,第289—290页。
② 许维遹:《韩诗外传集释》,第136页。
③ 许维遹:《韩诗外传集释》,第137页。

一致性。

(二) 等级分化基础上的资源分配

然而,礼作为社会规范的一般性特点,并不意味着礼代表着平等精神,可以在整个社会中一以贯之地施行。礼主"分"的特点,决定了其本质上维系的是传统等级伦理,主张社会分配的不平等性。荀子主张"贵贱有等、长幼有序、贫富轻重皆有称"① 的伦理差序分配方案,因此,"礼"重"分""别""等"的特点,决定了这一分配的不平等性和等级性。从政治学角度言之,"礼"的政治内涵为"社会资源的差额等级化分配",即在一稳定政治秩序下,基于政治权力保障的不平等分配。这是政治分配意义上的"礼"。

那么,依从礼治分配的主体是谁呢?主持礼治分配的主体为圣王:

> 人道莫不有辨。辨莫大于分,分莫大于礼,礼莫大于圣王。②

将之与后世司马光著《资治通鉴》中"天子之职莫大于礼,礼莫大于分,分莫大于名"③ 这一语句两相比照,不难看出政治权威主持礼治分配一事,在传统政治生活中的历史延续性。圣王以礼为标准,主持社会分配,且等级双方具有一定的对等性,《外传》卷四第十一章有曰:

> 君人者以礼分施,均徧而不偏。臣以礼事君,忠顺而不解。父宽惠而有礼,子敬爱而致恭。兄慈爱而见友,弟敬诎而不慢。夫照临而有别,妻柔顺而听从。④

此处昭示了礼的对等性,即在君臣、父子、兄弟、夫妇等行为主体之间,各有对应的礼范行止,不可偏向一方。然而,这一对等性以礼本身的不平等性为依托,即如《论语·八佾》所载"君使臣以礼,臣事君以忠"⑤

---

① 《荀子·礼论》。
② 《荀子·非相》。
③ 《资治通鉴·周纪一》,中华书局2007年版,第1页。
④ 许维遹:《韩诗外传集释》,第140页。
⑤ 《论语·八佾》。

和《孟子·离娄下》"君之视臣如手足，则臣视君如腹心；君之视臣如犬马，则臣视君如国人；君之视臣如土芥，则臣视君如寇仇"①等所揭示的，礼与忠、手足与腹心、犬马与国人等二者都是双重标准，不具有同一性。

因此，礼的普遍性特点，无法掩盖礼的等级性性质。将礼的这一特点，置于政治关乎社会资源的权威性分配这一层面，则礼即意味着社会资源分配的等级化，这是有碍于社会公平正义的。

二 欲望的节制：治身心以礼

礼治秩序维系合理的不平等性，是资源分配的权威性不平等，这与宗法等级社会制度有关。这种不均等性须在一定的意识形态和公共规范中产生，故而礼必自带文化调节的性质。以礼节欲即是礼在调节欲望层面的内涵，连欲望都是有等级的，故礼可以兼人心国家的双摄功能，可以贯通乡俗、国政和法治三者。因乎《外传》与《荀子》的密切关联，《荀子》隆礼而重法，因此对礼的高扬，亦成为《外传》政治思想的一大特点。前节已然述及礼的弥散性特征，及其在家国同构层面的一致性，这一小节则主要就礼在治身、治心方面的功用在《外传》中的展现作出分析。以与上节相参证，礼成为涵摄身心、家国、天下的统一规范。这与《外传》卷一第五章所言，"在天者莫明乎日月，在地者莫明于水火，在人者莫明乎礼仪……人之命在天，国之命在礼"②的论述是相一致的。

（一）因人之情而为之节文

《外传》卷二第三十三章载：

> 嫁女之家，三夜不息烛，思相离也。取妇之家，三日不举乐，思嗣亲也。是故昏礼不贺，人之序也……故礼者，因人情为文。③

---

① 《孟子·离娄下》。
② 许维遹：《韩诗外传集释》，第 6 页。
③ 许维遹：《韩诗外传集释》，第 76—77 页。

对"昏礼"的这一诠释,俱载于《礼记》的《曾子问》和《郊特牲》篇,可证此为战国末期至汉初儒家士人的共同主张。《礼记·昏义》言及,"昏礼者,将合二姓之好,上以事宗庙,而下以继后世也,故君子重之"①。在传统宗法社会中,奉祖宗之祀,嗣位传宗接代以继后世,乃是光耀门楣之事,故"昏礼"为"人之序"也。对男女结合、组建家庭组织的诠释方式,充满中国特色,颇有韵味。此外,"礼者,因人情为文"的说法,揭示了礼与情的关联。又如《外传》卷五第十章所言:

> 礼者则天地之体,因人之情而为之节文者也。无礼,何以正身?无师,安知礼之是也?礼然而然,是情安于礼也。师云而云,是知若师也。情安礼,知若师,则是君子之道。②

"礼者,因人情为文"与礼"因人之情而为之节文者"的说法,径直将礼的功用从家、国层面,直涉入对身、心的"节"上来。此处节者,指节制之义。

《论语·学而》载:"知和而和,不以礼节之,亦不可行也。"③"礼""节"二字连用,极为明晰地指出"以礼为节"这一功用。至于孔子发出"恭而无礼则劳,慎而无礼则葸,勇而无礼则乱,直而无礼则绞"④的言辞,亦不难理解。没有节制规范的恭、慎、勇、直俱有碍于礼制,既不值得宣扬,亦与社会秩序无益。此处值得注意的是,在"以礼节情"的说法中,"情"当然可训为"事情"与"人情"两意,这是无须解释的。然而,"人情"之中内涵人的内在思想感情这一向度,即以孔子言及的恭、慎、勇、直四者言之,其本身是一种由思维活动导向的行为特征,以礼节制四者,即意味着以"礼"节制人的思维活动,此中内涉"诛心"这一偏激向度。因此,"非礼勿视,非礼勿听,非礼勿言,非礼勿动"⑤等外在规范,实则以形塑行为的方式进而形塑心性,在日常洒扫应对之

---

① 《礼记·昏义》。
② 许维遹:《韩诗外传集释》,第178—179页。
③ 《论语·学而》。
④ 《论语·泰伯》。
⑤ 《论语·颜渊》。

中，规训人的思想。有鉴于此，《中庸》有"喜怒哀乐之未发谓之中，发而皆中节谓之和"①以及发乎情而止乎礼的惯常说法，也就不难理解。

遵循这一逻辑向度，《外传》在卷五第十六章之处，就人之"六情"中的目、耳、鼻、口等作了分殊：

> 人有六情，目欲视好色，耳欲听宫商，鼻欲嗅芬香，口欲嗜甘旨，其身体四肢欲安而不作，衣欲被文绣而轻暖。此六者，民之六情也。失之则乱，从之则穆。故圣王之教其民也，必因其情而节之以礼，必从其欲而制之以义。义简而备，礼易而法，去情不远，故民之从命也速。②

不难看出，"因其情而节之以礼，必从其欲而制之以义"的说法，直接将礼的功用指向对欲望的节制。

总之，礼在治身、治心层面的含义主要体现为"节""制"思维和情感，以达到有度的规范状态，即发乎情而止乎礼。礼在治身、心层面的"节""制"特点与其在治家、国层面的"分""别""等"特点一道，共同构成礼的基本内涵。从现代政治学角度言之，礼贯彻国家、社会、身心等诸层面，加之礼仪活动——礼乐、礼仪在周身的重复性展现，使得礼这一行为符号完成政治社会化进程，并进而塑造人的政治心理。

（二）知止、知足和少私寡欲

礼在治身、治心层面的内涵，外在显现为节制有度为礼，进退行止有度为礼。至于其内在心理，则主要表征为知止、知足和少私寡欲的心理倾向。即如《外传》卷一第四章有曰：

> 居处不理，饮食不节，佚劳过度者，病共杀之。居下而好干上，嗜欲无厌，求索不止者，刑共杀之。③

---

① 《礼记·中庸》。
② 许维遹：《韩诗外传集释》，第184页。
③ 许维遹：《韩诗外传集释》，第5—6页。

此处从日常起居饮食角度入手，假若不理顺居处，饮食无节度，劳形过度，则疾病必然来临。同理，嗜欲无度而贪得无厌，终有触碰刑罚那一日，进而被刑杀之。这是从反面的过度逾礼角度讲违礼的危害。进而，《外传》认为违礼之人，即为庸人，在卷四第三十二章有曰：

> 所谓庸人者，口不能道乎善言，心不能知先王之法，动作而不知所务，止立而不知所定，日选于物而不知所贵，不知选贤人善士而托其身焉，从物而流，不知所归，五凿为政，心从而坏，遂不反。是以动而形危，静则名辱。诗曰："之子无良，二三其德。"①

这里从心、口、动作、止立等一系列连贯行为中，指出心无所定、无所归的危害，实即违反非礼勿视、听、言、动这一规则的危害。进而，从礼、法相对而言的角度视之，则"礼者禁于将然之前，而法者禁于已然之后"②，因此，礼之功用必然在"禁于将然之前"有所展现，表征为对心理倾向的调整。这主要表现为寡欲、知足、养性等。

值得注意的是，这一倾向与道家《老子》旨趣十分切近。二者所不同者，道家以"道"自持，将"致虚极，守静笃"③等视为自我调节的手段，以"我无为"而达到"民自化"，"我好静"而达到"民自正"，"我无事"而达到"民自富"，"我无欲"而达到"民自朴"的治理境界，强调"无为无不为"④。而儒家以礼节欲的做法，则由外烁而来。《外传》之中，即有儒、道两家在节制欲望这一层面的融合趋势。《外传》卷五第二十七章有曰：

> 福生于无为，而患生于多欲。知足，然后富从之。德宜君人，然后贵从之。故贵爵而贱德者，虽为天子，不尊矣。贪物而不知止者，虽有天下，不富矣。⑤

---

① 许维遹：《韩诗外传集释》，第162—163页。
② 《汉书·贾谊传》。
③ （魏）王弼：《老子道德经注·十六章》，第39页。
④ （魏）王弼：《老子道德经注·三十七章》，第95页。
⑤ 许维遹：《韩诗外传集释》，第194页。

道家主张"域中有四大,而王居其一焉"①,主动降低"侯王"的地位,这里以"贵爵""天子"为尊,显然不全是道家主张,其中掺杂进儒家对圣王的尊崇态度。而"无为""多欲""知足"等又确乎为道家所主。《外传》兼综儒、道的旨趣,于此可见一斑。至于卷九第十六章,则径直使用"老子曰"这一形式:

> 老子曰:"名与身孰亲?身与货孰多?得与亡孰病?是故甚爱必大费,多藏必厚亡。知足不辱,知止不殆,可以长久。大成若缺,其用不敝。大盈若冲,其用不穷。大直若诎,大辩若讷,大巧若拙,其用不屈。罪莫大于多欲,祸莫大于不知足,咎莫憯于欲得。故知足之足常足矣。"②

按察今之《老子道德经注》第四十四、四十五、四十六章,《外传》所引,确系原文。汉初儒、道思想相互融合的趋势,可以《外传》为代表。

如此,则道家以"道"节制自我欲望的做法,转而滋益儒家基于礼的心智调节,进而使之具有"防邪禁佚,调和心志"③的功用。"心志""养气""治心""精""神"等亦为道家学派所重者,到了《外传》这里,则以"礼"为渠道而治理心气,其卷二第三十一章载:

> 凡治气养心之术,莫径由礼,莫优得师,莫慎一好。好一则抟,抟则精,精则神,神则化。是以君子务结心乎一也。④

如此,使得儒家之"礼"代替道家之"道",成为修身养性的门径,儒家思想对道家思想的转化改造,得以部分完成。儒、道两家实现有机结合,这在《外传》卷二第三十四章之中体现得更为明晰:

---

① (魏)王弼:《老子道德经注·二十五章》,第66页。
② 许维遹:《韩诗外传集释》,第321—322页。
③ 许维遹:《韩诗外传集释》,第39—40页。
④ 许维遹:《韩诗外传集释》,第74—76页。

原天命，治心术，理好恶，适情性，而治道毕矣。原天命则不惑祸福，不惑祸福则动静循理矣。治心术则不妄喜怒，不妄喜怒则赏罚不阿矣。理好恶则不贪无用，不贪无用则不以物害性矣。适情性则欲不过节，欲不过节则养性知足矣。四者不求于外、不假于人，反诸己而存矣。①

其中，原天命、治心术、理好恶三者偏重道家论述，而适性情则偏重儒家"以礼节欲"，至于"不假于人，反诸己"则明显为"反求诸己"的形变，以道家始而以儒家仁义为法则，儒道两家思想实现有机结合。

总之，以礼为外在规范节制欲望，使人少私寡欲进而在礼制规范下知止、知足，是礼由外而内深入对情感、思维进行规制的表现，对维系礼制秩序大有益处。

三　君子人格的教化功用

礼在政治社会实践中，扮演着行为规范的实然功用，故而礼本身即充当着政治社会化的角色。而完成这一社会角色的具体载体，则化为道德人格性的君子。君子和而不同，居中以调适家、国之间的张力，维系合理的非公平等级秩序——礼制秩序，故而君子必为和而不同者。这与"儒者在本朝则美政，在下位则美俗"②的自身定位，两相契合。君子这一集道德、人格、礼仪等多重功能合一的特点，自然使人联想到"君子不器"的说法。正如韦伯所说，"'君子不器'这个根本的理念，意指人的自身就是目的，而不只是作为某一特殊有用之目的的手段"③。这意味着，君子角色的实现，在传统国家、社会二分相对有限的情况下，有其自生的社会背景存在。具体言之，在礼的范围内讨论君子人格则表现为，君子之行为以礼为标准，君子以推度方式为教化手段。

---

① 许维遹：《韩诗外传集释》，第77—78页。
② 《荀子·儒效》。
③ ［德］马克斯·韦伯：《中国的宗教：儒教与道教》，康乐、简惠美译，广西师范大学出版社2010年版，第224页。

(一) 君子之行以"礼"为中

东汉许慎所著《说文解字》中言:"礼者,履也。所以事神致福也。"① 故而,礼是一套行为规范,其本质意义在于"履"行礼,而非仅停留在道德说教及意识层面。就日常生活而言,礼主要体现为遵守"礼仪",表现在穿着、形态、神情等方面要合乎礼。即以孔子为例,则有:

> 入公门,鞠躬如也,如不容。
> 立不中门,行不履阈。
> 过位,色勃如也,足躩如也,其言似不足者。
> 摄齐升堂,鞠躬如也,屏气似不息者。
> 出,降一等,逞颜色,怡怡如也。
> 没阶,趋进,翼如也。
> 复其位,踧踖如也。②

当然,此处乃孔子"入公门"时的举止、步态、神情、气息、颜色等具体展现,礼在孔子形色中展露无遗。儒家学派宗师孔子,自然以孔子式的君子自况,虔诚于礼。又有甚者,自人之容色、行止即可判定是否为君子一类。《外传》卷二第二十八章载:

> 上之人所遇,容色为先,声音次之,事行为后。故望而宜为人君者容也,近而可信者色也,发而安中者言也,久而可观者行也。故君子容色,天下仪象而望之,不假言而知宜为人君者。③

这里以容色、声音、事行等为人的参照项,君子、小人各有其表征,而君子之容色,一望即知高雅薄淡。

就判断君子、小人的实质性标准而言,是否合乎"礼",乃一大关

---

① (清) 段玉裁:《说文解字注》,中华书局 2013 年版,第 2 页。
② 《论语·乡党》。
③ 许维遹:《韩诗外传集释》,第 71—72 页。

键。这里以孔子弟子樊迟欲学稼穑之事时，孔子的言行态度为例：

> 樊迟请学稼。子曰："吾不如老农。"请学为圃。曰："吾不如老圃。"
> 樊迟出。子曰："小人哉，樊须也！上好礼，则民莫敢不敬；上好义，则民莫敢不服；上好信，则民莫敢不用情。夫如是，则四方之民襁负其子而至矣，焉用稼？"①

这里，孔子即以欲以老农为师学稼穑圃园的樊迟为小人，实则孔子以礼义等规范性知识为治国之本，而不以具体自然知识为重。此处，显现出儒家传统以判别应然与否的规范性知识——"礼"为标准，而不以具体自然知识为重的价值判断。进而，儒家以是否节制守礼划分为君子、小人。鉴于儒家、儒学在历史上的深远影响，不难想见，中国传统缺乏对自然的深究和探研，与儒家轻忽自然领域的价值取向有着密切关联。

此外，礼的规范使人趋于保守，将行为框定在人为划定区域之内，思与行均不得出其位。如此，则必然限制自由思维和自由行动的形成，亦使得勇、察等限制在"不苟"范围之内，难以破除既有限定。《外传》卷三第三十三章有曰：

> 君子行不贵苟难，说不贵苟察，名不贵苟传，惟其当之为贵。夫负石而赴河，此行之难为者也，而申徒狄能之。君子不贵者，非礼义之中也。②

这逼使自由思维之载体，只能以小人视之。与之相牵连的，还有求富、求利等心理行为取向等。置诸现代社会对市场经济的接纳，可以想见，儒家伦理在社会转型过程中所扮演的角色。

此外，君子与小人之别的另一向度为，维系或破坏既有礼制秩序。《外传》卷四第二十三章载：

---

① 《论语·子路》。
② 许维遹：《韩诗外传集释》，第120—122页。

> 君子大心则敬天而道，小心则畏义而节，知则明达而类，愚则端悫而法，喜则和而治，忧则静而违，达则文而容，穷则约而详。小人大心则慢而暴，小心则淫而倾，知则攫盗而渐，愚则毒贼而乱，喜则轻易而快，忧则挫而慑，达则骄而偏，穷则弃而累。其肢体之序与禽兽同节，言语之暴与蛮夷不殊，出则为宗族患，入则为乡里忧。诗曰："如蛮如髦，我是用忧。"①

不难看出，君子行止无论在穷困潦倒之时，抑或在发达走运之际，均以敬畏道义为重，以礼节之、以道约之。小人则与之相反，无论在穷达之际哪一方，均会成为危害乡里宗族的危险分子。与既有礼制秩序的关联，成为划分君子、小人的重要指标。

总之，君子之行，以礼为中，维系既有礼制秩序。其不仅自我如此要求，亦以之为教化的基础。反之，则为小人行径，降至与蛮夷禽兽无异之境地。

（二）教化以推度为方式

君子之思与行，均应以"礼"为中，因之君子行教化之事亦以礼为标杆，参以推己及人的推度方式为用。首先，需查验"推度"在儒家思想传统中的地位及作用，自《外传》卷三第三十八章观之，推度之意，即为"己欲立而立人，己欲达而达人"② 和"己所不欲，勿施于人"③ 的忠恕之道。《外传》卷三第三十八章有曰：

> 昔者不出户而知天下，不窥牖而见天道者，非目能视乎千里之前，非耳能闻乎千里之外，以己之度度之也，以己之情量之也。己恶饥寒焉，则知天下之欲衣食也……故君子之道，忠恕而已矣。④

---

① 许维遹：《韩诗外传集释》，第151—153页。
② 《论语·雍也》。
③ 《论语·颜渊》。
④ 许维遹：《韩诗外传集释》，第127—128页。

此处,《外传》还将道家老子"不出户,知天下;不窥牖,见天道。其出弥远,其知弥少。是以圣人不行而知,不见而明,不为而成"[1] 的理想境界认同为儒家推度礼制的功用,亦可视为儒、道融合的又一事例。值得注意的是,以儒家礼制仁义为手段,达至"道"的境界,与《老子》"礼者,忠信之薄而乱之首"[2] 的主张,是相悖逆的。从这里可以看出,儒家日常伦理寻求玄理化、体系化以致形上化的趋向所在,这与董仲舒重建"天人关系"理论体系的努力,有异曲同工之妙。

值得注意的是,推度之道暗含一定的对等意识,即在"己"与"人"之间、自我与他者之间,是近乎平等的,可以"以己之度度之,以己之情量之"。在《外传》卷四第二十一章中,其从反面论及推己及人之意,强调了君臣对等的重要性:

> 有君不能事,有臣欲其忠。有父不能事,有子欲其孝。有兄不能敬,有弟欲其从令……言能知于人,而不能自知也。[3]

这里说明,至少在君臣、父子各自的规范内,不可单方面提出对对方的要求,而不以礼自持。知人之智而不自知,约人以礼而不自持,是不值得提倡的。

另外,还需说明的是,儒家士人君子实现推度教化这一行为的合理性依据所在。这里牵涉儒家对人性问题的基本看法:人之性善则容貌、气韵、神色、行为举止等,必将体现为善,反之亦然。即如《外传》卷四第三十章所载:

> 苟有温良在其中,则眉睫着之矣。疵瑕在其中,则眉睫亦不匿之……言有诸中必形诸外也。[4]

---

[1] (魏)王弼:《老子道德经注·四十七章》,第130页。
[2] (魏)王弼:《老子道德经注·三十八章》,第98页。
[3] 许维遹:《韩诗外传集释》,第149—150页。
[4] 许维遹:《韩诗外传集释》,第160—162页。

这一表征内外如一的认知判断,且不管是否果真如此,至少在儒生士人那里具有高度的认同感。因之,形貌、举止得体,即证明其修养、德望过人,有值得可学之处。《外传》卷一第二十四章有曰:

> 故中心存善,而日新之,则独居而乐,德充而形。①

故而,君子教化民瘼之合理性,实在以身作则,推而广之。百姓远而望之,即渐次见其衣冠、言语和行止,自会判断是否尊而学之,正如《外传》卷三第三十七章载:

> 受命之士,正衣冠而立,俨然人望而信之。其次,闻其言而信之。其次,见其行而信之。既见其行,而众皆不信,斯下矣。②

一个"信"字,道出了儒生士人对持礼自守之君子的亲近之态。

鉴于对礼的深信不疑及信仰态度,古人对违礼之事,十分反感和痛恨。《外传》即以不符礼制来解诗经《国风·召南·行露》篇,其卷一第二章载:

> 传曰:夫行露之人许嫁矣,然而未往也。见一物不具,一礼不备,守节贞理,守死不往。君子以为得妇道之宜,故举而传之,扬而歌之,以绝无道之求,防汙道之行乎?③

当然,对《行露》篇的解释历来不一,即如《毛诗序》所言:"《行露》,召伯听讼也。衰乱之俗微,贞信之教兴,强暴之男,不能侵陵贞女也。"④所谓"贞信"等亦不违礼制,故而可以将之看作时人对违礼作为的观感。因其为《诗经·国风》之一篇,想来必为召南之地所吟咏传唱,反映了

---

① 许维遹:《韩诗外传集释》,第 24—25 页。
② 许维遹:《韩诗外传集释》,第 127 页。
③ 许维遹:《韩诗外传集释》,第 2 页。
④ 周振甫:《诗经译注》,中华书局 2013 年版,第 25 页。

当地的民风民俗。对礼之信仰,即使圣人孔子违之,亦遭嫌弃。《外传》卷一第三章记曰:阿谷之楚女通礼,因"男女授受不亲"之礼在,坚持"礼固不亲受"之旨,在孔子三次鼓动子贡的试探下,不为所动:

> 孔子南游适楚,至于阿谷之隧,有处子佩璜而浣者。孔子曰:"彼妇人其可与言矣乎?"抽觞以授子贡,曰:"善为之辞,以观其语。"子贡曰:"吾北鄙之人也,将南之楚。逢天之暑,思心潭潭,愿乞一饮,以表我心。"妇人对曰:"阿谷之隧,隐曲之汜,其水载清载浊,流而趋海,欲饮则饮,何问于婢子!"受子贡觞,迎流而挹之,奂然而弃之,从流而挹之,奂然而溢之,坐置之沙上。曰:"礼固不亲受。"①

山谷为幽暗之地,以此暗示礼仪传播之广泛深入;楚国素为蛮夷,尚知礼仪,虽为处子亦知礼仪,足见教化至深。颇可玩味的是,这一记录屡被后世儒生士人认为不实,《孔丛子·儒服》之子高认为,"阿谷之言,起于近世,殆是假其类以行其心者之为也"②;南宋洪迈著《容斋随笔·容斋续笔第八·韩婴诗》亦认为,"谓孔子见处女而教子贡以微词三挑之,以是说诗,可乎?其谬戾甚矣,它亦无足言"③,清代四库馆臣亦赞同洪迈之议。

古人如此为孔子百般回护,实不察见,当时孔子尚且不被尊崇,楚地流行的民俗文化不尊孔子,亦在情理之中。这部分地反映了"大一统"之前文化异彩纷呈、思维自由的事实:既非宗师孔子,不经之言,亦当有之。

第二节 礼法合治的治理结构

由上节可知,礼在治心、治身、治家、治国等各个层面,有了纵贯

---

① 许维遹:《韩诗外传集释》,第2—5页。
② 傅亚庶:《孔丛子校释》,中华书局2011年版,第297—298页。
③ 洪迈:《容斋随笔》,中华书局2015年版,第243—244页。

的深度：既能在横向层面保持守礼有度，不溢出同一层级；亦能在各层级间实现尊卑有序，保障整个社会结构和政治秩序的稳定。古人对礼的尊崇态度，甚至在圣人孔子违礼之时，亦不能容，显现了礼的刚性，子贡三次微言挑弄阿谷处子之事可以证之。与之相类，《外传》历数黄帝、舜、周武王诸位圣贤"无礼"之行，《外传》卷四第九章有曰：

> 韶用干戚，非至乐也。舜兼二女，非达礼也。封黄帝之子十九人，非法义也。往田号泣，未尽命也。以人观之，则是也。以法量之，则未也。①

从礼制规范角度言之，舜兼二女，确乎违反礼治，其他圣贤与之类似。

然圣贤之人，不可非议，即以唐末皮日休在读罢这一章时，亦不无深意地为儒教孔圣回护，致使这一论述竟然成为《外传》裁抑百家、尊崇儒道的明证：

> 《韩诗外传》曰："韶用干戚，非至乐也。舜兼二女，非达礼也。封黄帝之子十九，非法义也。往田号泣，未尽命也。"日休曰："甚哉！韩诗之文，悖夫大教。夫尧、舜之世，但务以道化天下，天下嘻嘻，如一家室。其化虽至，其制未备，岂可罪以越礼哉？……如以舜兼二女，非达礼也。则尧之世，其礼未定，不当责也又宜矣……韩氏之书，抑百家崇吾道至矣。"②

皮日休对《外传》所举儒家前贤往圣违礼四事逐条批驳，推理虽历经曲折而百般回护，站位儒家经学立场的态度十分明晰。以韩婴悖夫大教为前提，竟然得出《外传》乃是崇儒抑百家之作，实难令人信服。观皮子行文操切急功之状，可以想见，虽对此事经由"了解之同情"而维系儒圣颜面，依然难却心中愤愤。这可能与皮日休身处唐末乱世的动荡局势有关，反映出其对建构稳固礼制秩序的向往态度。从韩婴本人和皮日休

---

① 许维遹：《韩诗外传集释》，第136—137页。
② 皮日休：《皮子文薮·读韩诗外传》，上海古籍出版社1981年版，第75页。

对违礼之事的基本态度，不难察见：身处"子学时代"末期的儒生士人尚有持平之论，能够从诸子争鸣层面就百家优长和短处，集腋而成裘，取长而补短，显现出"杂家"特点；延至唐末时期，经由汉唐经学大传统的稳固确立，儒学已然独尊，儒教已然确立，儒经裁抑百家，全然没有批评儒学、儒家、儒圣的理论空间。

当然，皮日休所能代表者，是唐代时人意见，认为韩婴之文悖逆儒家礼教。然而，站在当下立场观察传统，这是《外传》兼综儒、道、法三家思想之优长的明证，甚无以儒抑法、道之必要。在论及礼以知足、知止时，即有儒、道相通之处，此处以"法"加诸"礼"之上，亦非怪诞。实则，就《外传》整体而言，在治理国家、理顺社会关系层面言之，是以儒、法、道三者混言之。这与汉宣帝认为汉家自有制度，杂之以王道、霸道的现实主义政治立场，进而立足于此来批评元帝纯任德教、用周政的基本态度[①]，旨趣相通。

转向儒、法、道三家政治思想与传统国家治理结构一面。大而言之，中国传统国家治理结构基本呈现为：以法家法制治国、以儒家礼治治家、以道家无为治乡土的三元一体空间层次结构。这只是仅就侧重点而言，即以儒家礼制而言，上文已述礼具有高度的弥散性，贯通心、身、家、国等各层面，但即其有效治理的场域而言，仍然在社会家族一隅。它如法家治国、道家治乡基本延续这一逻辑。自王朝周期律始末言之：法家具备高度动员的国家能力，因之在改朝换代、王朝更迭时期，尚法制、重农战、依刑罚、强调军事动员的法家思想往往在政治实践中占据上风。经由争战之消耗，建立新王朝伊始，百业凋敝以待兴盛，此时道家无为而治思想，基本能起到快速恢复社会生产之功用。待到社会发展至一定水平，尤其即进王朝中期之时，无为而治政策隐匿下的豪侠横行以致欺霸乡里及各地方土地兼并问题凸显，这必将转向儒家礼制重规范、依权变调节、尊王权的路径上来。待至王朝末期，难以维系基本政治秩序，社会动荡导致国家基本征税能力受阻，加之天灾人祸，普通百姓难以忍受，道家无君思想转而与道教太平思想一道，往往成为掀起新一轮王朝更迭之先声。因此，自国家治理结构的空间结构和时间结构的复杂性言之，儒、法、道三家各有两两

[①] 《汉书·元帝纪》。

重叠处，十分复杂。从这一角度审视《外传》礼治思想，更能从现代政治学角度把握荀学礼治在汉初政治领域的实然功用。

鉴于荀学在西汉初年的广泛流布与深刻影响，汉初儒生士人对礼治思想给予高度的理论关怀，并积极促使其在政治操作方面得以践行。就礼治学说的发展而言，心向崇仁尚礼的贾谊可以作为代表，韩婴亦可作为其中一员。政治实践方面的代表，当以叔孙通"起朝仪"为典型，至于此后武帝初期赵绾、王臧等汉廷重臣"改正朔，易服色"的政策主张，均可视作继叔孙通而起。可见，汉初对礼治学说的重视和发展，贯通思想理论和实践操作两个层面，持续时间历高祖、文帝、景帝、武帝而不止，乃汉初政治思想的一股劲流。对之宜做进一步的深刻检视。

稍微扩大视野，将汉初对礼治的重视与秦代法治专任刑罚两相比较，于此不难察见，在治国策略上礼法结合逐渐替代专任法制之"片面的深刻"，意欲纠正秦制单向度发展的偏颇。以礼实法、礼法结合成为秦汉之际的又一个"变"。这一"变"奠定了传统政治社会的基本治理结构——"法行乎上而礼治于下"，如此则在保障国力富强的基础之上，加固了社会层面的稳定态势。这一兼顾国家富强和政治稳定的治国举措，正是汉代谋求"长治久安"之道的对策所在。不仅于汉如此，"法上礼下"的治理结构逐渐演绎为"皇权不下县"这一国家与社会相对界分的二元治理结构，对传统政治社会影响很大，波及近代并存留至今。

本节立足秦汉之际这一历史时段，结合思想动态和政治实践，追溯礼、法的本意涵指及其性质特点，意在从学理逻辑上对礼法内涵、礼法性质以及礼法治理结构做一简要分析。

一　礼法关联

（一）礼、法内涵混一

欲究礼法关系以及礼法结构，必先正其名，以明其具体内涵及性质。就"礼""法"二者内涵言之，"礼法间之界限本细微而难于骤定。法有广狭二义，与礼相似。狭义为听讼断狱之律文，广义为治政整民之制度"[①]。礼、法的广义为"规则"意，发以为"制度"之意，因此，就一

[①] 萧公权：《中国政治思想史》（上册），第115页。

般性规则的角度及其适用范围而言，很难将二者清晰界分。礼、法互援，难以离析。故而，礼、法的清晰辨析，只能立足于狭义层面，而在实际操作的制度层面，难以界分。

但就礼、法关系的演进史言之，"三代以礼为法，礼、法无分；春秋战国至于秦，法出于礼而独立，儒法对立，礼、法分隔；汉以后，儒法合流，礼入于法，造就一新的礼法秩序"①。由礼法分隔到礼入于法，正发生于我们所要考察范围之内——"秦汉之际"的历史变动期。不难看出，法较之礼而后出，则其功用必为礼所不及，否则没有必要将"法"从"礼"中离析出来。

总体来说，伴随封建制向郡县制的转型，法的功用主要体现在官僚制中央集权君主政治的建构层面，尤为秦所发挥。春秋战国时期的战争形势和统一运动使得"执政者势不得不别立'贵贵'之制度以代'亲亲'。然礼之旧名，习用已久，未必遽废。于是新起制度亦或称礼，而礼之内容遂较前广泛，其义亦遂与广义之法相混"②。"贵贵"制度即为官僚制度，"亲亲"制度即为宗法制度，礼以"旧瓶装新酒"，但"法"之新有为"礼"所不容之处，亦将涨破旧瓶，而寻求自我生长之新空间。故而法家执"法"以与儒家之"礼"形成对峙局面。但是，礼、法明晰分隔的跨度较短，使得其和礼法合流置诸一道，增加了分辨的难度。

立足汉初这一历史时段，不难察见，吸取秦任刑罚二世而亡的历史教训，造成反秦反法的时代潮流，致使汉初儒生士人颇有"谈法色变"之恐惧感。加之礼、法内涵相近，故其转而多谈礼制，而将法的精神注入其中。《外传》卷一第二十三章即载有反秦反法之言：

> 传曰：水浊则鱼喁，令苛见民乱，城峭则崩，岸峭则陂。故吴起峭刑而车裂，商鞅峻法而支解。治国者譬若乎张琴然，大弦急则小弦绝矣。故急辔御者，非千里之御也。③

---

① 梁治平：《"礼法"探原》，《清华法学》2015 年第 1 期。
② 萧公权：《中国政治思想史》（上册），第 115 页。
③ 许维遹：《韩诗外传集释》，第 23—24 页。

将吴起、商鞅之死，归咎于刑法严苛，具有一定道理，但批评之旨跃然纸上，共同指向对苛法及法的不满。

虽则清晰界分礼、法二者内涵实属不易，但就二者差异言之，实在以下几个层面确有不同。就二者所涵内容言之，法之内容较为单一而近乎无趣，"子产铸刑鼎"可见法之内容一鼎而尽可覆盖。礼之内容繁复而至于无聊，所谓"威仪三百，礼仪三千"，以致有"儒者以六艺为法。六艺经传以千万数，累世不能通其学，当年不能究其礼，故曰'博而寡要，劳而少功'"① 之讥。以礼指涉的范围而言，其至少就礼治、礼仪、礼节三个方面都有所涉及，这一贯通国家、社会、人心的多层次性，与法之单向度指向形成鲜明对比。从礼、法二者的精神言之，法之精神刚猛而切近于暴戾，礼之精神浑厚而近乎多情。

然而，礼法之别主要不在二者的具体内涵、作用范围与实施强弱上，而在其施行的不同场域。礼主要在社会领域以传统习俗、行为礼仪的方式发挥功用，一旦将之成文化、法典化并将之应用到政治领域，加以广为宣传，其本身就具有了法的一般性质。将法的一般性与具体地域行为习惯相结合，淬炼出一种集一般性与特殊性的新规，其本身就有了礼的性质，这是法的礼化。于此，我们不难察见，法家为何处处强调"一断于法""法不二适""定法"等，实则法家的隐匿对话者是儒家礼俗的多样性。而礼的模糊性、多样性适正阻碍法的确定性、明晰性的历史形成。

除了礼、法发挥功用的场域不同外，其功效发挥的时间及效果亦不同。儒家经典《礼记·坊记》载：

> 子言之："君子之道辟则坊与！坊民之所不足者也。大为之坊，民犹逾之，故君子礼以坊德，刑以坊淫，命以坊欲。"②

坊者，防也，防民逾礼，以作预警之用。"礼"用以防德，"刑"用以防淫，"命"（法令）用以防欲，礼、刑、命三者功能各异，而渐次严厉，且都带有制度性。从礼、刑、命三者关联观察礼、法关系，不难看出：

---

① 《史记·太史公自序》。
② 《礼记·坊记》。

礼之用以和为贵,基本在道德劝导以及君子教化层面提及,具有较高的自主性、自觉性,是由行为主体自我决定的行为。法则不同,在突破既有日常规范之后,礼教不改、刑过不易,则必然加诸强制性、规范性的"法",消解了行为主体的自主性。即以礼、刑两相比对,则《论语·为政》有曰:"道之以政,齐之以刑,民免而无耻;道之以德,齐之以礼,有耻且格。"① 虽则礼、刑二者相较于法而言,强制性和规范性较弱,但以治理效果言之,因民无羞耻之心,政令和刑罚功用相对短促。至于道德和礼教则不同,其生发效果固然历时长久,但因使民有羞耻之心,故而利于教化。

从发挥功效时间先后层面言之,贾谊在《陈政事疏》中言及:"夫礼者禁于将然之前,而法者禁于已然之后,是故法之所用易见,而礼之所为生难知也。"② 此即"礼以诛心"而"法以诛身"之意,后者易见其效而前者难之。③

总之,无论是从礼、法在历史上出现的时间及其演变趋势而言,还是就二者的具体内涵、作用范围、实施强度、发生场域以及功效发挥之时间、效果言之,礼、法确乎不同,可以辨析。

(二)礼居俗、法之中的社会治理结构

在明晰礼、法内涵及其在各层次的具体差异后,方可对两者形成的治理结构作出进一步说明。进而,在政治学视野的治理结构中,可以将法家之法、儒家之礼、道家之俗作一较为合乎历史实际的界说和安排。立足于此,就政治思想主要生发功用的场域视角,对传统国家治理、社会治理和乡俗治理的治理结构,以期描摹出其一般性的外部结构。

概括言之,"由'俗'而至'礼'、由'礼'而至'法',这是中国古代因社会进化、分化和复杂化而导致的政治文化形态变迁的独特路线。"④ 以三者发生的场域而言:习俗一般作用于相对狭小的自然村落之

---

① 《论语·为政》。
② 《汉书·贾谊传》。
③ 汤一介:《论儒家的"礼法合治"》,《北京大学学报》(哲学社会科学版)2012年第3期。
④ 阎步克:《士大夫政治演生史稿》(第三版),第148页。

中，正所谓"十里不同风，百里不同俗"，方言因时因地而变得趋势十分明显。礼则大致因自然山川河流为界，因人的活动范围而定，春秋战国时期一国之内，人情礼节不至于有太大变化。至于法则因之内属的同一性、强制性，似乎其范围越大，尤其将之应用于"国"之上的"天下"时，功利的功用发挥越明显。

以俗、礼、法所属的思想性质而言：习俗因自然地域而形塑风土人情，最类道家自然主义的无为旨趣，即俗是"习焉而不察"的天然成物。礼则转向因人之社会交往而形塑相互对等的行为规范，进而节制人的思想情感，与儒家推己及人的契矩之道相类，即礼是因人而异的等级规范。法则一反俗和礼的自然对等倾向，强调打破等级分类、强行划一人的行为举止，这与法家重"势"、重"力"的功利主义作风相似。

因此，从俗、礼、法主要发生的场域和思想属性而言，礼居俗、法之中位的特点十分明晰，儒居道、法之中以持中调节的角色亦十分明显。

总之，儒家居持乎道家与法家之间：在道家"无治主义"和法家"天下主义"中间，以家族主义自持。在道家"无君主义"和法家"尊君主义"中间，既尊君又罪君。在道家重"民至老死不相往来"的自然习俗和法家重"天下一统"的人为建构中间，抱持"以礼节人情"的调和态度。在道家强调个体主义的多元性和法家强调国家主义的一体性中间，小心翼翼地调节着二者间的张力。因此，从儒、法、道三家站位立场及角色认知言之，儒家确乎居道、法二者之中而加以权变调节。重视中庸权变乃儒家一脉的精髓所在，相沿相守且一脉相承，是为其内在理路。这是儒家重权变调节和政治调节的又一层面含义。

那么，因乎俗、礼、法的分化程度不同，以及礼居俗、法之中的社会治理结构和思想属性特征，有什么具体政治意义吗？进而这一特点又与礼在汉初的重视有什么关联呢？

在俗、礼、法中，礼居中位，在国家、社会、人心等各个结构性层面都有所指涉，礼的这一强弥散性特点，可以使之发挥权变调节的功用。这是就礼的政治功用而言。就礼在收拾人心方面来说，礼居情、法之中，亦可以调节人的情感和理性。礼是何以居于情法之中的呢？《道德经》第三十八章有言："失道而后德，失德而后仁，失仁而后义，失义而后礼。

夫礼者，忠信之薄而乱之首。"① 进而延续这一思维指向，则礼之后宜添加"法""刑""兵"等诸范畴。细查"道""德""仁""义""礼""法""刑""兵"这八个范畴，大而分之，前四者基本属于形上的价值范畴，后三者基本位列形下的行为范畴。而"礼者，忠信之薄而乱之首"正是勾连人情价值和防止散乱的联结点：忠信是情感价值，治乱则需行为规范加以制止。在道、德、仁、义、礼、法、刑、兵中，礼居中：道、德、仁、义全属心理层面，作为一般性原则尚可，落实到操作层面则难以明晰。法、刑、兵则又持成见太过，不顾及人之情感，易引发人之反感，造成过犹不及。礼则以"分""节"为核心，达到"发乎情止乎礼"的知止功能。

那么，为什么礼一直处于居中的位置呢？实则就春秋末期"礼崩乐坏"时局言之，鉴于对政治社会的不满，因乎对待传统态度层面的基本差异，学术思想界逐渐离析出"向后望"的守旧派和"向前看"的改革派。演化至战国时期，则以道家为返归自然的守旧派最为典型，而以法家因时而变的改革派最为激进，较之二者，对传统颇具了解之同情进而保持温情与敬意的儒家，则成为"用中"的中庸派。② 因乎这一整体趋势的政治变动，则儒家所持守的"礼"，自然居于道家之"自然"和法家之"法"的中位。延至秦汉时期，由封建制转向郡县制的政治转型基调已然奠定，国家秩序建构基本定型，则必然转向维系内部政治稳定的需求上来。因此，以居中调节为特色的礼治秩序建构，成为这一历史时段的一股劲流。以礼实法的出现，反映了由政治变革到社会治理的变迁趋势。

联系至秦汉之际政治思想领域的整体演进大势，黄老道家持"少私寡欲"的治理心态以欲达致"我无为而民自化"③ 的治理境界，这一矫正秦法家专任苛法重刑所导致"其政察察，其民缺缺"④ 的旨趣，十分明晰。无为而治的施政策略确实在恢复社会生产方面发挥积极作用，正如司马迁所描绘的那样，"汉兴七十余年之间，国家无事，非遇水旱之灾，

---

① （魏）王弼：《老子道德经注·三十八章》，第98页。
② 萧公权：《中国政治思想史》（上册），第27页。
③ （魏）王弼：《老子道德经注·五十七章》，第154页。
④ （魏）王弼：《老子道德经注·五十八章》，第156页。

民则人给家足，都鄙廪庾皆满，而府库余货财"①。社会层面的富足并不意味着政治稳定，文帝时儒生贾谊所"痛哭"之诸侯王坐大问题终于在景帝时期以"七国之乱"的形式爆发，加之外部匈奴问题的困扰，逼使汉廷不得不转向儒家礼治，实施大有为的施政策略。这一由法家至道家、经由道家至儒家的演进转向，意味着治国策略重心在"法""俗""礼"之间的传递，最终以居中位的"礼"来调节道、法两家所代表的"俗"与"法"，完成治国策略的调整。

（三）礼、法矛盾

尽管礼、法二者内涵难以区分，法由礼出，然而，一旦"法"自"礼"中脱嵌而出，即与礼形成对峙。由礼、法对峙进而导致的儒、法两派斗争贯通战国以降的整个秦汉时期，波及整个传统社会终始。春秋时期"子产铸刑鼎"，即招致旧臣反对。概而言之，礼与法均追求政治社会的一统，然而具体方式策略大有不同。从礼法矛盾处入手，礼是多，法是一；法是自上而下的统一，君王不例外，礼是等级制的一统，君王有特权。毫无疑问，传统社会的官僚制中央集权君主政治属性，一方面，要求中央统御地方、官僚制度联结朝堂与江湖，以实现自上而下的统一化和规范化。另一方面，君主政治必然促使君主权力溢出这一规范之外，对日益规范化、制度化的官僚制度进行破坏。在传统政治中，这一矛盾常常以君权与相权之争的形态出现，实则其内在反映的是：君权逃逸出规范化的制度制约，以个人权力意志肆意破坏既有制度。② 当然，君权、相权之争的结果，往往是君权获胜，以致"天子私人侧近的微臣，渐次得到权力，压倒站在表层的大官"③。待至天子近身侍臣逐渐地规范化、组织化，又与既有王权发生矛盾，如此则在王权近身开启新一轮的替换过程。按察丞相、黄门侍郎、内阁学士和军机大臣等政治制度史层面的官名，无不反映出这一官制演变趋势。而君、相矛盾的政治思想史背景，则是儒家与法家之争。

---

① 《史记·平准书》。

② 余英时：《"君尊臣卑"下的君权与相权》，见《余英时文集》第二卷《中国思想传统及其现代变迁》，广西师范大学出版社2014年版，第385页。

③ ［日］和田清：《支那官制发达史上的特色》，转引自徐复观《两汉思想史》（一），九州出版社2014年版，第245页。

儒家认为，人性相近而多为善性，意欲将君子德行下移至民间社会，通过君子教化路径完成礼治规范的划一。这是儒家孟子主张"定于一"之"一"的具体内涵。如是，则礼首先需要上行，直至教训"君王"成为"君子"与"圣人"，方可达致。另外，礼需经以君子为载体进入社会层面，进行教化。上下一致，方可不至于忸怩，以实现"定于一"的礼治秩序。君子教化百姓，只需其自身德行高尚，并推己及人地教化万民，即可达成。然而，手握政治权力的现实"君王"往往难以企及儒家道德理想人格中"圣"之高位，儒家道德理想主义的想法，自有其迂远而阔于事情之处。于此不难看出，礼治秩序基本是自上而下的教化路线，"儒家要求不仅治贵族以礼，而且治平民也应当以礼不以刑，这实际上是要求以更高的行为标准用之于平民"①。因此，儒家礼治的功效，亦常常在宗族社会、地方边民的组织中显现其功用，而于谏议君王一途，难以奏效。

"凡治天下，必因人情。人情者有好恶，故赏罚可用；赏罚可用则禁令可立，而治道具矣。"② 法家则承认人性本有好、恶，因人之情而以之为赏、罚，即可实现秩序混一，无须对人性进行改造。其主张将人性好利而争利的一面拓展至国家层面，因之"中人"之主执法即可完成政治秩序建构。因之，法家将重心调至"定法""一法"一途，重视法制制度的建构。不难看出，法家将人之性情降落至功利一孔，剥落人在礼、乐等方面的其他欲求，强行地划一。因之，法制秩序以"下民"自况，乃自下而上的强制路线，"在法家思想里，也没有阶级的区别。在法律和君主面前人人平等。可是，法家不是把平民的行为标准提高到用礼的水平，而是把贵族的行为标准降低到用刑的水平，以至于将礼抛弃，只靠赏罚，一视同仁"③。因此，法家政治家常常与既有贵族产生矛盾，《外传》之中提及的吴起、商鞅俱为如此。

总之，"法家所讲的是组织和领导的理论和方法"④，这与依赖君子人

---

① 冯友兰：《中国哲学简史》，北京大学出版社2013年版，第159页。
② 《韩非子·八经》。
③ 冯友兰：《中国哲学简史》，第159—160页。
④ 冯友兰：《中国哲学简史》，第152页。

格所维系的"礼"显然不同。从权力去人格化角度言之，法家之"法"对人的依赖较少，代表更多的客观性和理性化因素，对于组建高效的集权政府而言，十分必要。伴随政府机构和职能的进一步分化，要求集"尊尊""亲亲""贤贤""三位一体"的"礼"及其维系礼的君子人格，分化为"法"和执法之"官"，这里就将出现"尊尊"与"亲亲""贤贤"的矛盾，其中之一就是"尊尊"之"忠"与"亲亲"之"孝"间的伦理矛盾。忠、孝矛盾在第三章有专文论及，兹不赘述。从礼、法所寻求的一统局面而言，实则二者之间的矛盾在于争夺更大的政治空间：儒家礼制意欲从中间社会层面出发，分别向上、下两个方向实现教化的普及，而终止于对"君王"的劝谏，无法实现"君王＝圣王"的夙愿。而法家法制自底层出发，向上获得社会层面和君王的青睐，而在贵族一层受到阻碍。此外，君王本身为定法、执法者，亦不在法制之内。那么，儒、法之争和礼、法之争，就演化为贵族转化为平民，抑或是平民转化为贵族，这一社会结构层面的论争。

礼、法矛盾的深层社会结构基础和儒、法两家政治思想理路的既有差异，致使任礼、法其中之一，俱难以独立支撑起君主政治的长久稳固运行。礼法各有优长所在，短处亦十分明显。假若将二者联合起来，根据具体政治情境而加以拣选，则必然会增强施政政策的针对性，显现出良好治理效果。假如将二者在一政治结构中恰切安置，则必然会使得既有社会治理结构，更加稳固。随之，我们即转向和合礼法、建构礼法治理结构的层面进行论述。

二 国法与家礼的治理结构

礼法结合的方式，并非将二者简单地机械叠加，亦非仅仅停留在二者之间来回游弋、折中使用的境地，以寻求一均衡点。跳出礼法互补的横向剖面，就纵向政治结构角度言之，法多行于国家政治层面而礼不可通用，礼多施于社会习俗层面而法不必渗入其中，即"法行乎上而礼施于下"。需要说明的是，这里是就礼、法的狭义含义而言，其划分标准之一即是成文化与否。由于礼、法内涵及其施用范围的模糊性特点，这一界分表征为一谱系中的渐近变化，但就重点偏向而言，礼俗因其繁复多样而一般无法强行进入高层政治领域，而法之高度划一的强制性一般在社会层面即就止步。这可证之以秦汉之际的政治史实,西秦之法制一旦伸向东方六国地域,即因政治文化的差异导致反秦的起义大潮,楚文化联同齐鲁文化一道与三晋、秦法家文化形成对峙。由此可证,法不可,亦不必施行于下。遵循同一逻辑,楚人崇尚浪漫个人性情的心理思维和行为方式,也因群臣"饮酒争功,醉或妄呼,拔剑击柱"而令高祖刘邦感到"患之"。可见,将充满浓郁地域亚文化的礼、俗抬升至高层政治领域,亦有其不适应之处。故而,礼法二者在政治实践中,宜谨守各自边界而各行其是。

(一)家人之礼止于朝堂

中国传统社会的基本组织形式,即为家族组织,家族关系是社会关系的主要表现形式。从现代政治学国家与社会二分角度观之,传统社会中的官僚系统可以代表国家,而家族关系则可视之为社会领域。家族伦理常常有冲破社会领域以上达政治领域的情感冲动,但家、国之间的性质差异,使得二者基本不得相互混淆。即以中国历史史实言之,外戚手握重权执政的局面并不鲜见,但却不被视为正统。以韩婴所处汉初言之,景帝亲娘窦太后欲立爱子梁王为帝的史实,可以作为与高祖时群臣拔剑击柱一事的同类,用以证明家人之礼不得行乎国朝:

> 梁孝王者,孝景弟也,其母窦太后爱之。梁孝王朝,因昆弟燕饮。是时上未立太子,酒酣,从容言曰:"千秋之后传梁王。"太后欢。窦婴引卮酒敬上,曰:"天下者,高祖天下,父子相传,此汉之约也,上何以得擅传梁王?"太后由此憎窦婴。窦婴亦薄其官,因病免。太后除窦婴门籍,不得入朝请。①

此事起因源于窦太后的亲子之爱,意欲效仿商代"兄终弟及"之事,立梁王为太子。然汉时天下已与往昔不同,自周秦以来,传子成为常态,故而遭到自家族人窦婴的反对。顺遂窦太后之意以立梁王,与诸窦有益而无害,可见窦婴举止,既反家人伦常亲情,又伤及政治利益。此外,细查窦婴所持"天下者,高祖天下。父子相传,此汉之约也。上何以得

---

① 《史记·魏其武安侯列传》。

擅传梁王?"这一理由,可见"亲亲"之爱与"尊尊"之官的对立处:以天下而不以家族为重,以汉家而不以刘家为先,进而以刘家而不以窦家为意。以父子相传为汉之"约",进而与家人之礼对峙,此时之"约"即有"法"之性质,此事亦可看作礼、法相争的一个案例。从而,我们亦看到礼制功效的天花板所在。

追溯至秦法,亦可察见其"少私寡恩"处,可见礼、法二者难以相容。秦无礼仪文化传统之拖累,而法多行乎世;东方六国礼仪厚置,反因之而法不能行。礼、法二者互为争夺政治空间的欲望,各不相让。就传统政治史言之,每遇家人之礼与朝堂法度相互对冲之处,总以朝堂法度为胜。发生于春秋时期鲁隐公元年的"郑伯克段于鄢"①,即为母爱幼子而欲以之替代现有国君的故事,至于三国时期荆州刘表之妻蔡氏意欲以幼子刘琮代刘琦一事,都与窦太后欲立爱子梁王之事相仿,而历史亦证实了"废长立幼"这一家人之礼行乎国朝的宫斗惨剧。

延至唐代,女皇武则天亦有立武氏后人武三思之意,过程虽曲折跌宕,然结果终与上述案例无差。因史籍载著较详,故兹录下文,以观其情状:

> 后欲以武三思为太子,以问宰相,众人莫敢对。仁杰曰:"臣观天人未厌唐德……今欲继统,非庐陵王莫可。"后怒,罢议……又欲以三思为后。且姑侄与母子孰亲?陛下立庐陵王,则千秋万岁后常享宗庙;三思立,庙不祔姑。②

庄公克段于鄢发生于鲁隐公元年,即公元前722年,武则天欲立三思为嗣在圣历元年,即公元698年,历史跨越千年而事态情状几近于叠合。所可深思者,不得不迫使我们再次体察历史深处的智慧,置身于具体情境之中,反复品读其中的韵味。

值得注意的是,狄仁杰与窦婴所不同者,在于窦婴身份集窦氏宗族与汉家臣子于一身。故而,在其劝诫窦太后时,只能以汉家为重而撇刘

---

① 《左传》隐公元年。
② 《新唐书·列传》

家私姓和诸窦宗族于不顾，进而保全帝位在父子之间传袭的传统政治制度。于窦婴身上可以明显看出，在其进入宫廷朝堂之上时，"窦"姓和"刘"姓均不占据其政治思虑的优先性地位，"汉家"传统才是其立论之根本。根据日本学者尾形勇的研究，在对汉代文献《史记》《汉书》等典籍中姓氏称谓变动的一般性特点作出总结后，他指出：在君臣关系场域的称谓中，一般称"名"不称"姓"，尤其是臣僚一般不以姓氏自称，帝王亦是如此。鉴于姓氏与家族、宗族相联系①，故而"'君'和各个'臣'，都以各自的'家''出身'，而在'公'场域登场。在'家'以拟制的形式被废弃的场域结合为'君臣关系'"②。即私家与公家属性不同，所以窦婴才会在窦家、刘家和汉家之间，方可有游移腾挪的空间，进而作出自己的政治选择。

进而，就公家与私家的关联观之，"以受'家人之礼'这一家族秩序制约的'私'场域的'家的世界'为基础，在其上部矗立着被'君臣之礼'秩序化的'公'场域的'君臣'世界"③，即公家一般在私家之上位。而君、臣各出其家的"公"领域，即为"天下一家"意义的"汉家"一类。于此我们亦不难察见，何以帝王自称孤家寡人，帝王的政治角色逼使其脱离亲善友爱的私家，故而感到孤独。因此，"'天下一家'一语的意义是，在全部'私家'被废弃的场域'天下'的'一家'才得以建立。只有在以'君臣'关系为媒介而实现的'无家'的基础上，以'君'和'臣'为成员而建立起来的新的'家'才是'天下一家'"④。所可警惕者为，这里的"公"领域并非现代意义上的"公共领域"，传统君臣所思虑者依旧为政治秩序的维系及其自身利益集团的保全，而与现代公民利益无涉，故而其自身不具有"公共性"属性，而仅为"社会性"的一般存在。⑤

---

① 徐复观：《中国姓氏的演变与社会形式的形成》，《两汉思想史》（一），九州出版社 2014 年版，第 264—313 页。

② ［日］尾形勇：《中国古代的"家"与国家》，张鹤泉译，中华书局 2010 年版，第 251 页。

③ ［日］尾形勇：《中国古代的"家"与国家》，第 251 页。

④ ［日］尾形勇：《中国古代的"家"与国家》，第 252 页。

⑤ 葛荃：《社会性与公共性析论——兼论中国社会三层次说及其方法论意义》，《学习与探索》2013 年第 10 期。

(二) 乡俗礼治在社会层面成为正式官僚组织的重要补充

法家精髓在于，其本身内涵一套管理组织方法和领导理论。① 以"法"为规则形成上下协同一致的官僚组织架构。商鞅为秦孝公所立"二十等爵制"，即为以严明赏、罚两手为正反激励方法的军制。可见，法家之"法"为一套具体实施的组织制度。所谓"法者，编著之图籍，设之于官府，而布之于百姓者也"②，"法者，宪令著于官府，刑罚必于民心，赏存乎慎法，而罚加乎奸令者也，此臣之所师也"③，"法"必须有一套清晰界定内涵且公之于众的条文，图籍、官府、百姓三者只能以"法"为纽带进行勾连。因此，"法"所追求的是确定性、一致性和权威性，这与官僚组织的特点相一致。

自官僚组织结构，即传统社会中的官制言之，汉承秦制，中央行三公九卿制而地方主要分为郡、县两级，县以下基本不设正式官职，仅有三老、乡啬、里正等掌管地方教化和治安事宜。加之，法之统一性适合高度动员的集体活动，比如军事行动和官僚组织，却失之于多样性和灵活性，故而乡俗礼制成为地方治理的主要手段。自然地，囿于自然地理的天然区隔和统治能力的后天不达，在传统社会中有"皇权不下县"的惯常说法。直至近代，费孝通先生在其名著《乡土中国》中，依旧开辟出"无为政治"和"长老统治"两章来描绘乡土中国。④ 总之，在"法"之官僚组织所不达之地，礼与俗充当了地方治理的主要手段。

《慎子·佚文》载"礼从俗"⑤，故礼、俗可同论。《管子·枢言》有曰"法出于礼，礼出于治"⑥，故礼较法为宽。礼可由乡土社会中的"俗"上升为国家层面的"法"，可见其弥散性十分广阔。当礼回落至乡里中间，传统社会的教化活动得以有其生长空间。"皇权不下县"即意味着高度分化的官僚管理机构止步于县级行政单位，使得礼存活于乡间之

---

① 王成：《先秦诸子领导思想的现代解析》，中国大百科全书出版社2006年版，第208—214页。
② 《韩非子·难三》。
③ 《韩非子·定法》。
④ 费孝通：《乡土中国》，人民出版社2008年版，第73—85页。
⑤ 《诸子集成·慎子》，世界书局1935年版，第7页。
⑥ 黎翔凤：《管子校注·枢言》，中华书局2004年版，第246页。

中。家人之礼不在上层官僚集团中行使，得以保障基于职能分化的官僚制度的专业性，维系较高的行政效率。"叔孙通为绵蕞之仪，其效至于群臣震恐，无敢喧哗失礼者。比之三代燕享君臣气象便大不同，盖只是秦人尊君卑臣之法。"[1] 可知三代礼制与秦人尊卑之仪法，确有不同。由此可以看出，家国之礼不相混淆，家人之礼不得行于国朝，家国之间有着明确分际。兄弟之间拔剑击柱的平等义气，被垂直化为忠、孝尊卑。而位于社会乡土领域的家族领域，则禁止这样的职能分化，而以高度弥散的仁、义、礼、智、亲情等加以维系，这使得社会领域十分庞大而趋于安静，少有变动。总之，礼俗职能分化的减少，使得其始终处于较为原始的低水准状态。

以此言之，中国传统社会的治理方式有两种：在空间结构层面以国家治理社会，在时间延续层面以先进治理落后。这一政治空间并非形成于一时一地，而是空间层面的差距叠加以时间演化层面的间隔，二者共同构成一种时空差隔，以至于在中国往往有穿越时空之感。就政治空间言之，上层官僚组织基于等级分层和功能分化，形成一理性组织，充塞于君主和民众之间，上承下接地起到联结作用。就时间延续言之，除却天子一家拥有独立继承权外，官僚集团和一般家族都不具有继承性和延续性。皇权的唯一继承性和臣民权力的分散性，致使这一即时性结构差异，演变为异时性结构叠加。

故而出现这一状况：在人口比例层面传统社会结构自上而下地呈现为正三角形分布，在资源分配和占有层面则显现为倒三角形分布，且这一结构性偏差呈现出两极分化的趋向。法制制度及效率导向乃上层国家之形成动力，而礼制教化则趋向于地方社会的稳定态势，国家与社会相对二分，时空阻隔正式形成。中国传统国家社会实际以专制驾驭封建，以行政驾驭教化，以秦汉驾驭商周，以先进驾驭落后。时空层面出现断裂，而社会流动的滞缓默许了这一统治秩序的长久存在。国家与社会两相悬隔，最终形成如钱穆所言"中国历史上的传统政治，已造成了社会各阶层一天天地趋向于平等……东汉以下的大门第，也在晚唐时期没落

---

[1] 朱杰人、严佐之、刘永翔主编：《朱子全书·朱子语类卷第一百三十五·历代二》，上海古籍出版社、安徽教育出版社2010年版，第4196页。

了。中国社会自宋以下，就造成了一个平铺的社会"①的社会结构。这就从法与礼的角度，解释了中国传统社会何以长久保持稳定这一问题。

（三）礼、法的合治与合流

以上主要从礼、法二分即礼法差异角度，概述分析了礼、法治理结构的形成。实则，礼法结构的互补性更强。在《外传》中，站在儒家礼制立场反批秦法家苛法者有之，站位秦制反对儒家礼制者亦不在少数，反映了汉初儒生士人兼综儒法以求治世的政治愿望。同时，亦反映了荀子礼制思想在汉初的影响力。反秦进而反法家苛法，是汉初思想界的一股劲流，但反秦、反法二者之间并非决然一致，这主要表现为反秦制而尊法家法制，甚至以法制反批儒家礼制、人治。《外传》卷四第九章载：

韶用干戚，非至乐也。舜兼二女，非达礼也……以人观之，则是也。以法量之，则未也。②

这是站位法制反批儒家圣人君子违反礼制的典型说法，亦表达了对人治治理手段的不满态度。尤有甚者，韩婴对儒家圣人孔孟言辞亦存有非议，《外传》卷四第十七章有曰：

子为亲隐，义不得正。君诛不义，仁不得爱。虽违仁害义，法在其中矣。③

此处揭示出亲与义、仁爱与法义的内在张力，说明二者不可兼得。且韩婴不顾及"违仁害义"之处境，以"法"自持的学术站位十分明晰。此乃站位法家立场的典型说法。

与《论语·子路》中孔子对待"礼"之态度立场两相比较，便能发现此中变化及其内在理路，韩婴批孔孟的态度确信无疑：

---

① 钱穆：《中国历代政治得失》，生活·读书·新知三联书店2001年版，第174页。
② 许维遹：《韩诗外传集释》，第136—137页。
③ 许维遹：《韩诗外传集释》，第148页。

> 叶公语孔子曰："吾党有直躬者，其父攘羊，而子证之。"孔子曰："吾党之直者，异于是，父为子隐，子为父隐，直在其中矣。"①

孔子所认为的"直"不违"礼"，即为"父为子隐，子为父隐"，这是礼法不分、以礼代法、礼在法上的典型表达。这一立场一直延续至孟子时代，而无所变动，《孟子·尽心上》载：

> 桃应问曰："舜为天子，皋陶为士，瞽瞍杀人，则如之何？"曰："舜视弃天下，犹弃敝蹝也。窃负而逃，遵海滨而处，终身欣然，乐而忘天下。"②

略微疏释孔孟的立场即知：孔子主张亲亲相隐的做法，采取对既有事实加以"讳而不证"的态度，以保全宗法礼制的父子之情。这是情大于法、礼尊于刑的立场。至于孟子则更近一步，父亲杀人成罪则"窃负而逃"，跳出世俗社会之外，相忘于江湖之远，乐而忘天下。这是置之天下苍生于不顾而维系保全父子人伦的做法。总之，孔孟态度立场，以不废儒家宗法人伦为上，而不顾及法制公平与天下正义。

与韩婴立场两相比照，此中思想内涵、内在理路和站位立场之变化，不言而喻。因此，礼、法二者结合的本质为：礼法互补、以礼实法，而非以礼代法。至于儒家经义的法典化，即董仲舒所主张的"春秋决狱"，都可作如是观。

值得注意的是，儒学的法典化和法律的儒学化过程，致使宗法礼义贯入法家法律之中。这一方面巩固了儒家思想的地位，促成礼法结合，使得国家与社会层面的断裂面充分融合起来。另一方面致使礼破坏法律的程序正义原则，致使法律过分迁就于儒家宗法礼制的忠孝尊卑一面。而这正是韦伯立足西方现代法治立场对中国传统宗法制度进行批判之所

---

① 《论语·子路》。
② 《孟子·尽心上》。

在，亦是中国社会从传统走向现代所应警惕之处。[1]

第三节　先秦秦汉时期礼之"义"的演绎理路

秦之速亡，原因之一在于激起东方六国民变。在反秦大军中，秦地臣僚依然心向王权，没有直接引起大规模反抗，所谓"有叛人而无叛吏"。这说明重刑罚的秦法对官僚阶层的控制十分有效，其不足之处在于：没有实现政治统治的合法性论证，政治社会化的穿透力度不强，进而导致对社会层面的统治不力。这与秦和东方六国在历史文化层面的差异有关，非能在一时一地轻易化解。从秦地政治文化角度言之，法家的"术"和"势"在国家官僚组织结构的领导方面发挥功用，只是由于苛法难以忍受，才激起民变。所以，汉初的政治家和思想家们，一致指向秦之苛法，而对秦中央集权的制度建构基本没有异议。

职是之故，秦汉之际的儒生士人顺延荀子"隆礼"指向，重视礼在收拾人心、教化民众和整顿社会秩序方面的功用。先秦儒家思想主张，在秦汉之际的历史时段终于回落至实践政治层面。因为礼所涵括内容的多层次性和穿透国家、社会、人心的空间结构性，此时的礼受到自上而下之"法"的推动，进而部分地起到代替法的功用。以法的精神推动礼之内涵的实施，进而以礼实法、以礼代法，而不仅仅是成为法的补充，成为秦汉之际的一大转折。顺延这一转折，礼之内涵从偏向"礼仪"外范到偏重"礼义"内理的演变趋势，成为这一时段的一大思潮。韩婴及其编著《韩诗外传》，亦反映了这一政治思想史演变轨迹。立足《外传》而不限于《外传》，将视野稍稍放大至先秦秦汉时期的政治思想史演变大势，则对礼之义的演变理路体察得更为细致明晰。

一　道、德、仁、义、礼、法的演变

意欲彰明"礼"的思想演变轨迹，需将之与道、德、仁、义等诸范

---

[1]　[德] 马克斯·韦伯：《经济与社会》（第二卷），阎克文译，上海人民出版社2010年版，第981—982页。

畴加以比对，方才清晰可判。《道德经》第三十八章有言："失道而后德，失德而后仁，失仁而后义，失义而后礼。夫礼者，忠信之薄而乱之首。"①道者，天道也，且儒、墨、道、法等百家诸子莫不言"道"，以"道"自持，因之，其本身内涵转相腾挪游移不定。从儒家一脉来看，德、仁、义、礼等诸范畴，在周公、孔子、孟子及荀子的思想体系中占据核心位置，体现了儒家论说的演变轨迹。道、德、仁、义、礼、法的渐次演变，亦证实了《道德经》所言，实有所指，而非虚言。

周公以"德"为重。其取鉴于武王伐纣而纣王军队临阵倒戈的历史史实，认识到民心向背在王朝鼎革之际的决定性作用。《尚书·大诰》载："天休于宁王，兴我小邦周。"② 宁王即文王，小邦周以少胜多依赖的是文王圣德光远、民心所向。加之，周公持守"履霜，坚冰至"③ 的审慎态度担忧民心远离，故而特别重视"德"而非"力"。因此，周公以民心为天命所系，认为周应当敬天畏民、敬天保民进而持守保民而王的态度"慎德保民"，天下理应有德者居之。总之，以德不以力，尊王道而抑霸道，是商周之际王朝转变带给周人最大的历史镜鉴。这一理路亦为孔孟一派所延续，且在楚庄王问鼎中原之际，周定王使臣公孙满即回复"在德不在鼎"一辞，言及"周德虽衰，天命未改。鼎之轻重，未可问也"④，而使楚人返归，足见"德"在周代之重。

孔子仁、礼并尊，以仁注礼，认为二者内理相通。相较而言，其更为重视的是仁和仁的精神。在论及礼、乐与仁之关联时，子曰"人而不仁，如礼何？人而不仁，如乐何？"⑤ 仁与礼乐互为表里的关联，十分明晰。难怪孔子目见"八佾舞于庭"之时，愤愤不平道"是可忍也，孰不可忍也"⑥。念及孔子所在之春秋晚期，礼坏而乐崩，违礼之事并非鲜见，夫子以道自持，确信"仁"是维系礼的内在精神。从学术思想史角度言之，"仁"乃孔子所提出，对既有礼制秩序混乱的治道良方。孔子重新诠

---

① （魏）王弼：《老子道德经注·三十八章》，第98页。
② 金兆梓：《尚书诠释·大诰篇诠释》，中华书局2010年版，第172页。
③ （魏）王弼撰，楼宇烈校释：《周易注校释·坤》，中华书局2012年版，第12页。
④ 《史记·楚世家》。
⑤ 《论语·八佾》。
⑥ 《论语·八佾》。

释了"仁"的内涵,所谓"仁者,爱人""克己复礼为仁"① 云云,以"仁"为核心建构了一套有关德、礼、义、君子的思想体系,使"仁"成为其学术思想的创新点,近乎周公所言之"德"。当然,孔子亦十分重视"德",子曰:"为政以德,譬如北辰居其所而众星共之。"② 值得注意的是,从仁礼关联观之,虽则仁含有"君使臣以礼,臣事君以忠"③ 的君臣对等层面及"己所不欲,勿施于人"④ 人我对等的内涵存焉,但仁的精神与礼制等级精神无碍。由重视外显行为规范的礼制举止,到重视内在向度的精神旨归,是儒家一脉站位政治思想史的一大转折,这亦影响了孟子学说思想。

"孔子讲'仁',孟子则经常'仁义'并言"⑤,孔子多讲君子,而孟子则君、臣、民、师同列而论。孟子以"义"为重,义涵平等之意,指向君臣对等,指向独乐乐不如众乐乐的与民同乐。延续孔子的内在转向,孟子注重心性表达,主张"养浩然之气"⑥,张扬"虽千万人,吾往矣"⑦之勇气,提倡通过"苦其心志"这一路径,养成"富贵不能淫,贫贱不能移,威武不能屈"⑧ 的大丈夫之气。这可能与孟子道德人格有关,其本人亦相当自负道:"如欲平治天下,当今之世,舍我其谁也。"⑨ 如此气质,与孟子重民轻君、尊臣重师的态度取向,相互接洽。以重民而言,孟子认为"民为贵,社稷次之,君为轻"⑩,主张行仁政,这是仅从政策选择角度言之。从君王政治权力的合法性来源角度观之,其认为,"天子不能以天下与人",只能是"天与之,人与之"⑪ 的结果。将人、民看得如此之重,在儒家一脉之中可谓空前绝后。以尊臣而言,孟子认为,"天

---

① 《论语·颜渊》。
② 《论语·为政》。
③ 《论语·八佾》。
④ 《论语·卫灵公》。
⑤ 杨伯峻:《孟子译注·导言》,中华书局1960年版,第11页。
⑥ 《孟子·公孙丑上》。
⑦ 《孟子·公孙丑上》。
⑧ 《孟子·滕文公下》。
⑨ 《孟子·公孙丑下》。
⑩ 《孟子·尽心下》。
⑪ 《孟子·万章上》。

下有达尊三：爵一，齿一，德一"，将爵位所代表的政治权力视为"三达尊"之一，在价值层面降格其至尊位阶，持守"大有为之君，必有所不召之臣；欲有谋焉，则就之"① 之意，进而将儒者君子视为天子之师、天子之友，颇有以德抗位之感。

相较之间，这与"孔子三月无君，则皇皇如也"的尊君态度迥然不同。在孟子睥睨君王政治权力的同时，从君臣对等视角出发，他认为，"君之视臣如手足，则臣视君如腹心……君之视臣如土芥，则臣视君如寇仇"②。尤有甚者，臣属应当"君有大过则谏；反覆之而不听，则易位"③，且不必背负道义不仁之重，仅为"诛一夫"④ 而已。这是令王者勃然变乎色之论，亦遭到后世君王如朱元璋类的嫉恨。总之，孟子以杀身成仁、舍生取义之大丈夫气概，持守仁义之旨对抗天命、对抗伪君子、对抗无道君王，显现出大无畏的政治勇气。当然，孟夫子自有其迂远而阔于事情之处，然而，从儒家思想发展角度言之，孟子确系提高了臣、民、师的相对位置，贬低了君王，在政治平等一域拓宽儒家学问，与孔子相较实有相当发展，这是我们不得不深察的。

荀子隆礼重法，立论偏向礼制和富国王霸之道，几近于法家立场。由于其性恶主张，历来为儒家正统所批訾，以致《荀子》不入"十三经"之列。然荀子确为儒道中人。荀卿认同"仲尼之门人，五尺之竖子言羞称乎五伯"⑤，五伯（霸）以军事强力获取政治权力，孔门羞称之，与孟子划分"王道""霸道"之旨相通，即举止不由礼义、不服人心，不为儒家所取。再则，"意志定乎内，礼节修乎朝，法则度量正乎官，忠信爱利行乎下，行一不义、杀一无罪而得天下，不为也"⑥ 的态度，都证明荀子主张实为大醇小疵，位列儒家中人，并非虚指。与此同时，荀子亦有礼、法并称，王制、礼制同论的学术倾向。《王制篇》载："以善至者待之以

---

① 《孟子·公孙丑下》。
② 《孟子·离娄下》。
③ 《孟子·万章下》。
④ 《孟子·梁惠王下》。
⑤ 《荀子·仲尼》。
⑥ 《荀子·儒效》。

礼，以不善至者待之以刑。"① 将礼、刑二者并称，这在孔孟看来乃不经之言。无独有偶，《富国篇》有曰"由士以上则必以礼乐节之，众庶百姓则必以法数制之"②，这是荀卿礼、法并用之显证。此中礼、法或曰礼、刑的差别仅在于，礼乐用于"善至者"和"士以上"，而刑、法数则用之于"不善至者"和"众庶百姓"，二者仅有上下之别，却无本质差异。不仅如此，法度乃礼义所生，"故圣人化性而起伪，伪起而生礼义，礼义生而制法度"③，礼义与法度同类而谈，二者之关联，毋庸再言。故而，荀子认为"治之经，礼与刑，君子以修百姓宁"④，认同"礼"与"刑"这"两手"。

假若将荀子观点与韩非所论"二柄"比较，便能觉察其中隐匿之学术演变脉络。《韩非子·二柄》篇载："二柄者，刑、德也。何谓刑德？曰：杀戮之谓刑，庆赏之谓德。"⑤ 礼对德，刑与刑同，君子对明主，百姓对臣，除却韩非之言辞语气更为明厉外，与其师荀子观点并无二致。荀子"量能而授官，使贤不肖皆得其位，能不能皆得其官，万物得其宜，事变得其应"⑥ 的说法，与《韩非子·定法》言及"术者，因任而授官，循名而责实，操生杀之柄，课群臣之能也"⑦，已然十分相类，证成儒之王者与法之君主职权功用相似。在对待"礼"与"法"之至上性层面，师徒二人亦持"夫两贵之不能相事，两贱之不能相使，是天数也"⑧ 之观点。荀子认为"礼之所以正国也，譬之犹衡之于轻重也，犹绳墨之于曲直也，犹规矩之于方圆也"⑨，把礼换做法，则与韩非之论无差，"明主之国，令者，言最贵者也；法者，事最适者也。言无二贵，法不两适，故言行而不轨于法令者必禁"⑩，强调各自的独一性。只是韩非言辞更为急

---

① 《荀子·王制》。
② 《荀子·富国》。
③ 《荀子·性恶》。
④ 《荀子·成相》。
⑤ 《韩非子·二柄》。
⑥ 《荀子·儒效》。
⑦ 《韩非子·定法》。
⑧ 《荀子·王制》。
⑨ 《荀子·王霸》。
⑩ 《韩非子·问辩》。

切,"法不阿贵,绳不挠曲。法之所加,智者弗能辞,勇者弗敢争。刑过不避大臣,赏善不遗匹夫"①,强调了"法治"优于"人治"。然而《荀子·王制》亦载"国之所以安危臧否也,制与在此,亡乎人"②,对儒家君子圣王之制有所保留,强调制度而贬却人治,大有溢出儒家圣人君子惯常立场之倾向。值得注意的是,荀子、韩非所重之礼、法强调了其本身的确定性、同一性、统一性和成文性,韩非屡次讲到"定法""一法"之重要,实则强调了规则的公开、公平与公正。

总之,道、德、仁、义、礼、法的思想史演变轨迹,反映了从抽象到具象、从差等对等到相对平等的演变过程。这亦反映了伴随社会发展,思想亦随之发展的事实。从重视君子的示范带动作用,到重视臣、民的意志和利益,亦是国富民强之重要手段。这一思想史演进所含有的内在理路,值得注意。

二 从《仪礼》到《礼记》的内在演绎理路

通过对道、德、仁、义、礼、法等诸范畴的思想史梳理,我们知道,对"礼"之论述的强调,反映出对可操作性规则的重视。所谓"礼者,忠信之薄而乱之首",因此可以将礼看作道、德、仁、义等思想性范畴与法、刑、兵等可操作性范畴的分界线,礼亦因其在思想与规范二者间相互游移,而连接这七大范畴。值得注意的是,伴随礼由君子在社会层面的教化功用,向国家层面逐渐渗透,即出现以礼实法的局面;另外,礼在下涉人心方面,亦有明显表现。上文在论述《外传》中礼之内涵时,已然看到这种变动的端倪。实则,结合整个宏观历史背景观之,《礼记》流行与重视礼之内在精神的转向,亦是这一时期的一个潮流。

一般认为,《仪礼》所载为东周时期的礼制汇编,主要内容涵括冠、婚、丧、祭、乡、射、朝、聘等各种礼仪,且以记载士大夫礼仪为主。周人以礼乐治国,自然礼仪活动为其所重,《仪礼》所载繁复详细的步骤,实是举行活动时的礼单,为相礼之儒所掌握。即以首篇"士冠礼"为例,管中窥豹以得见其一斑:

---

① 《韩非子·有度》。
② 《荀子·王制》。

士冠礼。筮于庙门。主人玄冠朝服，缁带素韠，即位于门东，西面。有司如主人服，即位于西方，东面，北上。筮与席、所卦者，具馔于西塾，布席于门中，闑西阈外，西面。筮人执策，抽上韇，兼执之，进受命于主人。宰自右少退，赞命。筮人许诺，右还，即席坐，西面；卦者在左。①

于此不难察见，礼仪之烦琐详细，"礼仪三百，威仪三千"②确是实事，并非虚指。《礼记》则不然，一般认为其成书于战国时期，记载礼仪活动者有之，但较多为礼之精神的阐发。以《礼记》首篇《曲礼》为例，有曰"敖不可长，欲不可从，志不可满，乐不可极"③，此就一般的欲望、心志言之，乍一看实与"礼仪"关联不大。再者，"夫礼者，所以定亲疏，决嫌疑，别同异，明是非也……修身践言，谓之善行。行修言道，礼之质也"④，则是就礼的一般性质作出阐述，多为原则性、方法性的内容。与《仪礼》两相比较，则可看出其中变迁之史迹。这是从《仪礼》到《礼记》的行文体例、体裁层面言之。

　　就礼的内涵言之，则《礼记》偏重对礼之义，即礼的内在精神的阐发。近人冯友兰论曰，"战国末汉初之儒者，对于礼始有普通的理论，以说明其性质，及其对于人生之关系"⑤。《礼记·郊特牲》载："礼之所尊，尊其义也。失其义，陈其数，祝史之事也。"⑥所谓"义"，即礼的精神层面。礼不仅有"数"与"义"之别，还有"本"与"文"之分，"先王之立礼也，有本有文。忠信，礼之本也；义理，礼之文也。无本不正，无文不行"⑦。以忠信为本而以义理为文，更进一步阐释了礼之根本宗旨所在，即忠信。这昭示着礼之本质功用在乎政治一途。从治国理政

---

① 《仪礼·士冠礼》。
② 《礼记·中庸》。
③ 《礼记·曲礼上》。
④ 《礼记·曲礼上》。
⑤ 冯友兰：《中国哲学史》（上），第275页。
⑥ 《礼记·郊特牲》。
⑦ 《礼记·礼器》。

层面言之,"夫礼,先王以承天之道,以治人之情,故失之者死,得之者生"①,礼能承乎天道而接乎人情,且以礼之得失判断生与死,礼已然成为治国之根本所在。不唯宁是,礼与人的关联亦逐渐日益紧密:

> 故礼义也者,人之大端也,所以讲信修睦而固人之肌肤之会、筋骸之束也;所以养生、送死、事鬼神之大端也;所以达天道、顺人情之大窦也。故唯圣人为知礼之不可以已也。故坏国、丧家、亡人,必先去其礼。②

将礼义升格至关联人之肌肤筋骸、养生丧死神鬼及天道人情的形上高度,礼已然近乎一新"道"之本体,具有万物本源的含义。在先秦秦汉宗法社会情境下,丧祭之礼,自是追慕先人、怀恋故旧往事的情感表达形式,故有"礼也者,反本修古,不忘其初者也"③之说。鉴古以知新,借幽远之光以烛照前路,亦是增强自我信心的做法,传统社会无宗教信仰,只能将吉凶之事及吉凶未卜之心态诉诸先王往圣,以求护佑保全之意。故而,"礼也者,反其所自生;乐也者,乐其所自成。是故先王之制礼也以节事,修乐以道志"④。总之,就礼的内涵言之,其向满足人之内在精神诉求方面积极求进,而不仅在礼仪虚文层面发挥功用。

礼义及礼的一般性质,亦反映在各种礼仪性的活动之中。在《礼记》中,仅以"义"为名者即有七篇,除《祭义》之外,《冠义》《昏义》《乡饮酒义》《射义》《燕义》《聘义》分别解释《仪礼》中的《士冠礼》《昏礼》《乡饮酒礼》《乡射礼》《大射礼》《燕礼》《聘礼》诸篇。以祭之义为例,《礼记·祭统》载:"凡治人之道,莫急于礼;礼有五经,莫重于祭。夫祭者,非物自外至者也,自中出,生于心也。"⑤ 以《仪礼》言之,关于丧祭之礼的论述,乃一套繁芜杂碎的礼单流程,望之令人生厌。演变至《礼记》,则直言:"祭者,非物自外至者也,自中出,生于

---

① 《礼记·礼运》。
② 《礼记·礼运》。
③ 《礼记·礼器》。
④ 《礼记·礼器》。
⑤ 《礼记·祭统》。

心也。心怵而奉之以礼。"简单清晰且一语中的,这一指向"中出""生于心"的内生性旨趣,十分明晰。再以"丧之义"为例,《礼记·檀弓下》有曰:"丧礼,哀戚之至也。节哀,顺变也,君子念始之者也。复,尽爱之道也,有祷祠之心焉。望反诸幽,求诸鬼神之道也。"①"君子念始""尽爱之道""祷祠之心""望反诸幽"俱指向心理活动,指向进行丧祭之礼仪时的心态变化。于此不难察见,一方面,这是对繁复礼仪流于形式的不满;另一方面,则反映了礼之本在于正人心的教化功用。

"昏礼"历来为宗法社会所重,以致有人生"四喜"之俗语自唐宋时期传延至今。"久旱逢甘雨,他乡见故知。洞房花烛夜,金榜挂名时"②,以"洞房花烛夜"所表征的婚礼充当人生四喜之一,足见古人对婚礼之重。《礼记》总揽昏礼之义,有曰:"天地合而后万物兴焉。夫昏礼,万世之始也……昏礼不用乐,幽阴之义也。乐,阳气也。昏礼不贺,人之序也。"③将"昏礼"视为"万物之始",亦是对男女好合以延续生命一事的情感升格。略过繁复芜杂的纳采、问名、纳吉、纳徵、请期和亲迎六步,《礼记·昏义》有曰:"昏礼者,将合二姓之好,上以事宗庙,而下以继后世也,故君子重之。"④ 不仅对男方如此,女方亦应谨守昏义,以示双方对等之责,"嫁女之家,三夜不息烛,思相离也。取妇之家,三日不举乐,思嗣亲也"⑤。值得注意的是,《外传》卷二第三十三章全文录入《礼记·昏义》对《仪礼·士昏礼》的诠释性解读。可见,就昏礼言之,延至《礼记》所著时代,对昏义之重视,渐渐为世人所接纳。

不仅于礼有转向内在精神的演绎理路,于"乐"亦同。"凡音之起,由人心生也。人心之动,物使之然也。感于物而动,故形于声……乐者,音之所由生也,其本在人心之感于物也……故礼以道其志,乐以和其声,政以一其行,刑以防其奸。礼乐刑政,其极一也,所以同民心而出治道也"⑥,将礼、乐、刑、政置诸一处论述,亦是诸范畴的精神转向。礼乐

---

① 《礼记·檀弓下》。
② 洪迈:《容斋随笔》"容斋四笔卷八"《得意失意诗》,第562页。
③ 《礼记·郊特牲》。
④ 《礼记·昏义》。
⑤ 《礼记·曾子问》。
⑥ 《礼记·乐记》。

互为内外，成为治心养志的调节手段，"乐所以修内也，礼所以修外也。礼乐交错于中，发形于外，是故其成也怿，恭敬而温文"①。

概括言之，就《仪礼》到《礼记》的演绎理路观之，则礼的内涵由外在规范一面，逐渐移就于偏重内在精神调节一途。当然，以礼来规范社会行为这一层面的含义，并未削减。如此，则礼逐渐演绎为，既规范外在行为，亦节制内在情感的统一体。加之以礼、法二者在国家、社会层面所呈现出的一致性功用，则礼成为涵摄内在精神、规范外部行为、教化民俗风情、支撑王权尊卑的社会治理手段。礼的内在演绎理路，及礼之涵韵所显现出的结构性层次，使之逐渐圆润，显现出自身的完备性，进而为礼治秩序的达成，基本做好了筹备工作。

三 礼通国家、社会、人心

由上可知，以"礼"为核心形成了一套言说体系，贯通生、老、病、死以及丧、祭、朝、聘等生活领域，亦覆盖天、人、吉、凶等形上领域。总之，礼成为涵摄万物的本体。在《外传》中，我们即已发现，礼贯通国家、社会、人心三个层面的功用。这里我们透过《外传》看有关礼的一般性论述在国家、社会、人心三个层面的功用，即国家层面的"礼制"，社会层面的"礼法"和"礼仪"，以及人心层面的"情礼"。

"礼之于正国家也，如权衡之于轻重也，如绳墨之于曲直也。故人无礼不生，事无礼不成，国家无礼不宁。"② 以国家层面的礼制而言，儒家政治思想以"礼"为中心枢纽，参与政治秩序建构，维护王权政治权威。国家层面的礼制，主要从中央、地方关系角度出发，防止地方势力坐大，并进一步从君臣关系维度保障君权的独尊地位。就其所面向的政治角色而言，礼制主要指向君臣关系，维系君尊臣卑的政治等级格局。如此，则礼制层面的礼与法家的"势"就维护中央集权和君权独尊的地位而言，显然旨趣相通。法家韩非认为独操权"势"依赖于内在之"术"，"术者，藏之于胸中，以偶众端，而潜御群臣者也"③。而儒家礼制，显然将

---

① 《礼记·文王世子》。
② 《荀子·大略》。
③ 《韩非子·难三》。

这一内在阴谋术性质的"术",通过外显宫室、爵位、衣服等制度化规制,将基于君臣对立而争利的局面,化解为君臣各守其道、上下有等、合理分配政治资源的共治局面。

社会层面的礼,主要指的是礼法和礼仪。"夫礼者,所以定亲疏,决嫌疑,别同异,明是非也"①。通过礼法和礼仪的上下贯通,促使君臣民认同等级制度,完成等级分配,并进一步完善政治社会化进程。从政治社会化角度言之,则礼仪所显现出的尊卑观念,在潜移默化中教化民众,赢得民众心理认同,获取政治合法性。通过名号、宫室、符章等外在显性差异将等级观念融入社会中底层,贾谊就曾言及:"人之情不异,面目状貌同类,贵贱之别,非人天根着于形容也。所持以别贵贱明尊卑者,等级、势力、衣服、号令也。"② 此外,政治社会化的达成需要赢取人心信服,赤裸裸的刑罚只会激起民众反感,继而导致君民对立相向。在汉初儒生士人描述秦末政治生态时,多不逃"天下苦秦久矣"。因此,改秦的威逼为汉的利诱,通过学术钻研获取政治优势并分得利禄,成为汉的治国策略。

这一社会层面的政治化进程,最终由尊君爱民的"君子"来实现。"君子素其位而行,不愿乎其外"③,素位而不外行的君子,对等级人格形成自我认同,成为上行下达的社会中间阶层。因之,"不在其位,不谋其政"的君子操守,促使政治社会的分层结构得以巩固。在传统政治社会中,君子乃集规范知识和品德操守于一体的道德人格载体,在士农工商的社会分层中占据较高地位,故而有上行下达、助推教化之功用。虽曰君子在政治理想和政治现实之间,在价值理性和工具理性之间摇摆不一,意气苦闷;但得君行道则上达,否则就转向社会领域教化百姓,也不失为一个体现人生价值的好去处。最不济者,退隐山林,甘老于泉林之下,亦是一种生活方式。总之,君子与其违背自己本意,亦不违背王权,"不怨天,不尤人"地成为王权的减压层、缓冲带。如此,则政治压力因君子人格的出现,而消解于社会人生之中,极大地维系了政治稳定。与君

---

① 《礼记·曲礼上》。
② 《新书·等齐》。
③ 《礼记·中庸》。

子作为交换的是，王权必须提供合法性的"名"——政策支撑，提供基本衣食居所，以与君子达成政治交易。所谓"礼不下庶人，刑不上大夫"①，指的即是从君臣对立角度，向君臣共治方向的部分迈进：

> 鄙谚曰："欲投鼠而忌器。"此善喻也。鼠近于器，尚惮而弗投，恐伤器也，况乎贵大臣之近于主上乎！廉耻礼节以治君子，故有赐死而无戮辱。是以系、缚、榜、笞、髡、刖、黥、劓之罪，不及士大夫，以其离主上不远也……君之宠臣，虽或有过，刑戮不加其身，尊君之势也。②

从国家与社会角度言之，儒家君子正是联系二者的社会中层，而这正为秦所缺。将统治基础扩大至君子层级，改变秦法家基于人性好利而争利的君臣对抗，是汉对秦的又一个"变"。值得注意的是，此时臣之地位大大降低，不再具有和君权相抗衡的可能，而在舆论引导上，注重"臣忠"的单向度强调。即虽曰有君臣共治之名，而君臣各守其道，不得越位，在礼制的等级规范中，找寻自我的政治地位和政治角色。

"荀子所说，多以为礼乃所以防人与人之冲突。至于礼亦所以调和一己自身间之诸情欲，则未言及。"③ 因此，以"礼"调和一己自身之情欲，亦是这一时段的一个变。"礼者，因人之情而为之节文"④，以情礼而言，礼主要指的是"发乎情而止乎礼"，以礼节文。具体要求就是"非礼勿视，非礼勿听，非礼勿言，非礼勿动"，将欲望和行为限定在礼的范围之内。这一目标的达成，依然以君子形象为中介而完成。因为君子不仅心向王权，而且具有良好品格和丰富知识，于教化百姓有益。节制、有度不能不说是一种人生智慧，所谓"君子有三戒：少之时，血气未定，戒之在色；及其壮也，血气方刚，戒之在斗；及其老也，血气既衰，戒之在得"⑤。这一重视节、度的旨向，实际上有一定的普遍意义。但这一

---

① 《礼记·曲礼上》。
② 《新书·阶级》。
③ 冯友兰：《中国哲学史》（上），第277页。
④ 《礼记·坊记》。
⑤ 《论语·季氏》。

基于自然生命不同阶段的自我调整策略,是需每个人都自守的,属自然与人的基本关联,并非指向人人关系。而儒家之礼,则加诸许多人为因素,压抑了情的自然发展。"礼"并非基于人的主动性选择,而是一种外部性制度压抑,一主动、一被动,就显示出巨大差异。即人的行为举止,不应当被"人君"所限制,并且只要被人的主观意识所限制,一定是不自由的,违反了人的天性。这是礼的局限所在。

四 孔子之仁到礼之义的演变

将视野稍微放大至春秋末期儒家先圣孔子仁礼学说体系的构成,则能够帮助我们更为清晰地透视,礼自身的内在精神转向,到底说明了什么问题。

众所周知,孔子援仁入礼,意欲将外在之礼内化为"仁",主张以仁的精神行礼的规范。近代新儒家将这一过程视为"内在超越",因此这一由外而内的转向,十分清晰。在《论语》中,仁礼相对二分,仁主内在情感,礼主外在规范。"生,事之以礼;死,葬之以礼,祭之以礼"①,此处之"礼"主要指的是作为"规范"的礼节、礼仪、礼范以及礼制等外在行为意义。在仁、礼并举时,这种内外分野更为明显,"人而不仁,如礼何"②,此处的"仁"指向内在情感,"礼"指向外在规范。再如"非礼勿视,非礼勿听,非礼勿言,非礼勿动"③,就视、听、言、动的礼制规范而言,礼主要指向外部行为准则。《论语》中也涉及对礼之精神的发问指向,但都没有进一步的明晰回答。"礼云礼云,玉帛云乎哉?乐云乐云,钟鼓云乎哉"④ 的发问,对表现礼之钟鼓的外在形态有所疑问,有指向礼之精神的趋势,但通读《论语》即可知晓,礼之精神为"仁"。《论语·八佾》曾就礼之精神直接发问,"林放问礼之本。子曰:'大哉问!礼,与其奢也,宁俭;丧,与其易也,宁戚'。"⑤ 显然,这里的礼之本,依然是就规范操作意义层面言之,而不涉及心理精神层面。

---

① 《论语·为政》。
② 《论语·八佾》。
③ 《论语·颜渊》。
④ 《论语·阳货》。
⑤ 《论语·八佾》。

第二章 礼法同治 / 119

总之,"孔子虽注重礼,而尚未有普通理论,以说明礼之性质,及其对于人生之关系。儒家以述为作,孔子之言礼,盖述之成分较大,而作之成分较少也"①。孟子则主要将孔子的"仁"心发挥扩大以之为"仁政",注重"尽其心者,知其性也。知其性,则知天矣。存其心,养其性,所以视天也"②的内在心性修行路线,但孟子言礼亦不在少数。"礼"作为单字在《孟子》中,凡见64次,其中60次含义为"礼仪、礼制、礼意"之意。③ 至此,"礼"的含义仍然是以外在规范为主而出现。可见,在孔孟时代及其著作之中,礼的外在规范含义变动不大。

概括言之,"战国末汉初之儒者,对于礼始有普通的理论,以说明其性质,及其对于人生之关系"④。《礼记·郊特牲》载:"礼之所尊,尊其义也。失其义,陈其数,祝史之事也。"⑤ 所谓"义",即礼的精神层面。此外,荀子还将"礼"遵循"仁"的内在路线,使其内向化了。《荀子·劝学》中言:"使目非是无欲见也,使耳非是无欲闻也,使口非是无欲言也,使心非是无欲虑也。及至其致好之也,目好之五色,耳好之五声,口好之五味,心利之有天下。"⑥ 将之与《论语·颜渊》"非礼勿视,非礼勿听,非礼勿言,非礼勿动"相比,便可清晰追踪"礼"因循历史政治变动之内涵变迁而在惯用语言中留下的迹象。目能视见,故"目非是无欲见"与"非礼勿视"同指;耳能闻听,所以"耳非是无欲闻"与"非礼勿听"相类;口能言语,故而"口非是无欲言"与"非礼勿言"类。《荀子》引文"非是"之"是"并非单指"礼"而言,但根据上下文,可以断定"礼"在"是"中。加之,荀子"隆礼"主张十分明显,故而,这里可以将"是"字换作"礼"字,改为"使目非礼无欲见也,使耳非礼无欲闻也,使口非礼无欲言也,使心非礼无欲虑也"。

---

① 冯友兰:《中国哲学史》(上),第275页。
② 《孟子·尽心上》。
③ 杨伯峻:《孟子译注·孟子词典》,中华书局1960年版,第450页。
④ 冯友兰:《中国哲学史》(上),第275页。
⑤ 《礼记·郊特牲》。
⑥ 《荀子·劝学》。

两相比较，至为明显的是，从"非礼勿动"向"心非礼无欲虑"的思想跃动，礼不再指向"动"这一外向行为规范，而是导向了"心"之"虑"的内向性向度。紧接着，"及至其致好之也，目好之五色，耳好之五声，口好之五味，心利之有天下"，就更明确了此处绝对不是一处衍文、错文，而是作者确有所指。至于"凡用血气、志意、知虑，由礼则治通，不由礼则勃乱提僈"①和"凡治气养心之术，莫径由礼，莫要得师，莫神一好"的说法②，及其所主张以"礼"作为个体精神层次的规范意，无不证明礼于内在精神层面的意义，而礼在孔孟时代确乎没有像在荀子这里如此尊崇过。

不仅如此，及至《荀子》《礼记》二书传抄时期，"礼者，因人之情而为之节文"的说法渐渐流行起来，《史记·礼书》《汉书·礼乐》《说苑》《新序》等都采用这一论述。这一现象说明，礼遵循孔子"仁"的向度，逐渐地自我内化，成为节制欲望的一种方式。即以礼节制人的欲望，以达到仁的作用进而以礼替换仁，从而使得仁的功用慢慢淡化。因为仁本来就是内在的礼，现在礼实现自我内化。从注重礼的外在规范，到注重礼的精神，实现了礼的自我内在转化。

故而，作为政治社会规范的"礼"，内向超越为"礼的精神"，进而规范人的思维。这就表明：政治强力的内在转向，使得礼成为具有实际内容的规范，而非像仁那样模糊不清而难以言说。礼之精神的内在化，将仁这一精神更加明晰化、规范化，切切实实成为规范人的心理活动的条条框框。这说明了就仁、礼言之，礼更具有政治性的操作价值，而仁和乐只能作为调节等级情绪不平的一种辅助手段而存在。以此观之，在儒家"格、致、诚、正、修、齐、治、平"整全政治构想中，礼始终作为各个层级的分隔线——"节"而存在，而仁只能作为一条隐匿的伏线展现出来。此外，这进一步印证了何以"仁"的思想在秦汉之际较少提及，亦没有在政治规范层面成为主流。

行文至此则可以说，就政治学理论视野中的仁礼结构而言，仁仅作为礼的一种调节手段而存在。孔子立足于礼崩乐坏的时代情境，援仁入

---

① 《荀子·修身》。
② 《荀子·修身》。

礼的理论构想，在实然社会政治层面并没有得到有效实施。这里仅举一例，再看仁礼之关系：

> 好仁不好学，其蔽也愚；好知不好学，其蔽也荡；好信不好学，其蔽也贼；好直不好学，其蔽也绞；好勇不好学，其蔽也乱；好刚不好学，其蔽也狂。①

学，学礼也，与"学而时习之"之"学"同一义，习即习礼。礼者，节也，需要践行实施。孔子虽则援仁入礼，但仍需节之以礼，即"发乎情而止乎礼"，止即节止，以礼为节度。仁、智、信、直、勇、刚等皆需受到礼的节制，皆止于礼。礼者，节度也，其最外围的界限标准为王权，不违王权即是守礼。当行为习惯和思维向度缺少异端和狂欢之时，中庸、中和的状态就会自然而然地达到。

总之，从先秦秦汉儒学史的角度观之，孔子立处春秋末期礼崩乐坏之际，援仁入礼，希冀通过"仁者，爱人""己所不欲，勿施于人"所展现出的对等精神，缓解礼所指向的单向度等级尊卑关系，以巩固礼制政治社会秩序，并且将"仁"的精神要求指向当政君王，经由儒师教化君王成"圣"，进而完成"圣王"教化臣民百姓的蓝图。促使"君子"与"君王"合二为一，进而成为"圣王"，是儒家政治思想的基本理路。但是，历经春秋战国始末，儒家政治构想从未像法家政治思想那样，成为治国大政方略。而进入汉初以来，礼从一般性社会规范位阶，同时朝向两个层次开进：一方面伸向国家治理层面，与法家之法相互争胜，礼法互补进而成为治国之本；另一方面进入人情、心志等内在层面，代替"仁"的精神指归，占据思想场域。如此，则礼几乎成为新的形上本体，具有涵括万物的旨趣。

故而，儒家之仁的思想，仅存乎极少部分君子个体的思想精神层面，而在施政策略方面，除却轻徭薄赋的"仁政"等重民措施外，再也没有更加有为、有力的实然呈现。仁所内在的公共品格值得怀疑。政治关乎对社会资源的权威性分配，而仁在其中究竟实际起到何种功用？在重视

---

① 《论语·阳货》。

实践品格的政治学视野中，仁究竟充当了意识形态的宣传功用，抑或确乎有真功用而不为我们所知呢？港台新儒家学者们，如此重视具有"内在超越"性质的仁的思想，是否应当重新检视历史史实，反思其本身立足的学术立场呢？

第 三 章

忠孝矛盾与道君张力

　　大致言之,传统政治社会中的空间场域,盖有四类:朝堂、家族、学校与江湖草野。虽则四者不同,然其终究不脱与政治之关联,不脱道义、伦理与政治之关联。在朝堂之上,是政治的相对伦理化,君臣关系需要以父子关系维系,给严酷紧张的政治关系以温情脉脉之感,这亦是儒家思想对法家思想的改造之一。然而,家人之礼不得行乎国朝,故而朝堂之上的政治伦理化是相对的,伦理只能作为政治的辅助功用。在家族内部则是伦理的绝对政治化,父子关系演绎为尊卑分明的君臣关系。且当孝亲与忠君发生矛盾之时,父子二者均会选择移孝作忠。后世之"夺情"现象,即部分反映了移孝作忠的政治伦理选择。因之,家族内部伦理关系的政治化是绝对的,这亦是《红楼梦》中"元春省亲贾母亦需跪拜"的深刻因由。家族伦理的政治化导致亲情涣散,且在被政治化以后,规训为政治的帮手。

　　在学校领域内,则显现为学术思想的政治化。学术思想寻求政治权力的奥援,以证成其正当性,扩大其影响。此处例证以儒家政治思想的官方化最为典型。学术思想的政治化,并非仅仅表征为亲近王权,对王权的故意躲避亦是学术政治化的一种,道家庄子一脉即为此类。因为,其始终不得不受到政治权力的波及,亦必然处理本家思想与权力的关系。在远离朝堂的江湖草野之处,存有一批替天行道的义盗、义兵,或是甘老于泉林之下的道家隐逸者流,抑或是宗教秘密集会等非法组织,和以所谓江湖道义或墨家"轻生死,重然诺"自许的侠客。总之,在传统政治社会各层级空间中,无不与政治发生关联,无不需处理与政治权力的关系。

从发生场域观之,儒家之礼与法家之法的争胜之地在国朝一隅,基本与现代政治学的国家领域和政治领域相重合。儒法斗争的结果是,家人之礼不得行乎国朝,法家法制及其一套官僚组织机构,成为维系政治统治的必要手段。然而,围绕"家"之家族、宗族的社会领域,礼在其中依然具有相当强的影响力。特别是,立处反秦反法之汉初当口,礼制的呼声一度十分高涨,贾谊重礼主张可以证之。前章论述,在《仪礼》之中,冠、婚、丧、祭、乡、射、朝、聘八种礼仪基本包揽传统宗法社会中的基本礼仪。乡、射、朝、聘之礼一般流行于士大夫层级之中,并非人人可得参与其中,然冠、婚、丧、祭之礼,则基本在人之一生的不同阶段所应经历。《礼记》之中关乎丧、祭之礼的论述,占有相当比重,置诸家族场域,这四礼均与孝之伦理相关。《大戴礼记·盛德》载:

> 凡不孝生于不仁爱也,不仁爱生于丧祭之礼不明,丧祭之礼所以教仁爱也。致爱故能致丧祭,春秋祭祀之不绝,致思慕之心也。夫祭祀,致馈养之道也,死且思慕馈养,况于生而存乎?故曰丧祭之礼明,则民孝矣。故有不孝之狱,则饰丧祭之礼。①

"丧祭之礼明,则民孝矣",点出了孝之一伦与丧礼、祭礼的因果关联。"礼也者,反本修古,不忘其初者也"②,反本修古之义与"丧礼……君子念始之者也……尽爱之道也,有祷祠之心焉。望反诸幽,求诸鬼神之道也"③ 相一致,于此可以察见,孝之一伦在诸礼之中的重要位置。因之,顺乎前章围绕"礼"制规范的论述,以"孝"道伦理来接续,十分恰切。

孝行乎家族领域之中,而"学"则于社会领域之中,专门开辟一隅,以之为儒家道统学术培养之场所。行文至此,则朝堂、家族、学校三个自上而下的场域,基本涵括儒家政治思想所能顾及之领域。朝堂上的礼法、家族中的孝敬、庠序内的道学,成为儒家伦理政治思想在各个场域

---

① 杨家骆主编:《大戴礼记解诂 夏小正经传集解》,世界书局1974年版。
② 《礼记·礼器》。
③ 《礼记·檀弓下》。

内的主要规范。三者分而视之,自有其内在恰切之处,然儒家之道一以贯之,意欲统领三个基本场域,则朝堂之礼法与家族之孝敬碰撞跌宕出忠君与孝亲之矛盾,"道""学"所代表的"道统""学统"则与政治权力之"政统"及家族伦理间演绎出异样的节奏。总之,在儒家政治思想内部,并非像其所宣称的那样规整统一。在《外传》之中,关乎忠孝、学术与政治的论述,相较突出且极具特色,我们不可不察。

本章重点聚焦于,忠孝矛盾与道学之间的种种扞格,及这种矛盾在《外传》及其儒家政治思想中的具体呈现。而后就忠孝思想的一般演变作出梳理,以察验其流变的一般性趋势。此外,对移孝作忠一事,站位现代政治学的分析视角,作出内在机理剖析,亦是本章应有之义。

第一节　忠君与孝亲间的结构性张力

为何在汉初忠君与孝亲间的矛盾如此凸显?从宏观社会背景观之:其一,汉初反秦反法成为思想潮流,忠、孝矛盾是礼、法矛盾的一个逻辑延伸;其二,在法家、儒家政治思想之中,内涵尊君与孝亲间的矛盾,且两家旨趣有相异之处。

由前一章有关礼、法内涵的讨论结果可知,汉代儒术之中包含秦法,以礼化法的结果是礼、法沿朝堂与家族之别,而分列乎其间。法家立足朝堂之上,而儒家则转战于家族之内占据阵地。汉初儒生士人以家族伦理代替秦法对家族亲情的不屑,所以重视孝亲,"贾生深病秦人破坏家庭伦理之举,而归其狱于商君"[1],故而贾谊遂有过秦之论曰:

> 商君遗礼义,弃仁恩,并心于进取,行之二岁,秦俗日败。故秦人家富子壮则出分,家贫子壮则出赘,借父耰鉏,虑有德色……其慈子耆利,不同禽兽者亡几耳。[2]

贾生从"秦俗日败"角度立论,认为商鞅遗弃仁义礼恩之亲情,这是典

---

[1] 萧公权:《中国政治思想史》(上册),第288页。
[2] 《汉书·贾谊传》。

型的儒家立场。然而众所周知的是，贾谊的整体学术立场乃因袭荀子"隆礼重法"一途，极近乎申商刑名之法家。可知，法家确乎有其不足之处，需以儒家之情礼加以调节。然而，儒、法一旦接洽，矛盾即将显现出来。故而，忠君与孝亲间的矛盾是结构性的，无法从根本上得以解决。这里显现出儒、法两家在统治"术"层面上的分途：在"道"之层面，两家均持"王权主义"立场，然道、术有别，政治价值方面的同步无法弥合其在行政手段上的区隔。

再则，从儒、法两家对忠孝二义的选择上，亦是相向而行、南辕北辙。儒、法两家对忠孝都有相关论述，且为两家的一个争鸣点所在。且看法家如何看待儒家之"孝"，《韩非子·五蠹》篇载：

> 楚之有直躬，其父窃羊而谒之吏。令尹曰："杀之！"以为直于君而曲于父，报而罪之。以是观之，夫君之直臣，父之暴子也……夫父之孝子，君之背臣也……上下之利，若是其异也，而人主兼举匹夫之行，而求致社稷之福，必不几矣。①

在韩非看来，楚令尹之立场以父尊于君，欲为法家"君之直臣"，则必为儒家"父之暴子"，此为立足法家立场的策略选择。而欲为"父之孝子"，则必为"君之背臣"，这是儒家孝子之立场。总之，在法家看来，忠君与孝亲必不可，亦不能两全。《论语·子路》篇所载则是另一版本，孔子所主张的"亲亲相隐"以曲为直：

> 叶公语孔子曰："吾党有直躬者，其父攘羊，而子证之。"孔子曰："吾党之直者异于是：父为子隐，子为父隐。——直在其中矣。"②

显然，孔子以父子之情礼为重，主张"以礼代法"，并以此作为儒家君子教化之范本，然这于司法却有不正。这里我们不从价值层面判断孰是孰

---

① 《韩非子·五蠹》。
② 《论语·子路》。

非，仅从思想史演变角度，察验围绕忠君、孝亲所作的策略选择，并分析其中演变的内在理路。

一 立处忠孝之间的《外传》

（一）忠、孝释义

按查古人造字"六书"之说，"孝"为象形字，取象"子居老者之下，背负老者"之义，故有顺承、孝顺之旨。从辞源学层面观之，孝者，"善事父母者。从老省。从子。子承老也"①。从中不难看出，"孝"之本意为子辈与父母辈间的"代际伦理关系"。这一伦理关系以血缘亲情为纽带，通过延续宗族生命，在家族领域实现基本的新陈代谢。孔子曾言及"子生三年，然后免于父母之怀。夫三年之丧，天下之通丧也"②，可见，孝亦是作为父母抚养子女的一种回馈性酬报。这种回馈发生于代际之间，虽则隔距时间较长，但有亲情作保障，可以看作一种高稳定性回馈。因之，提倡"孝"有助于家族社会关系的稳定，形塑"抚养—赡养"式闭环通路，使得作为群体性的人类延续得以可能。总之，"孝"作为家族伦理，加之以同食同住、生活习俗等方面的自然勾连，使得这一天然关联十分稳固。

与孝相比，忠则不同。忠者，敬也，并无具体指涉范围，但其性质则是等级间的。从发生学视角观之，在走出家族领域后的社会关系中，方才有可能发生类属政治关系的"忠"。可见，孝是一种先天自然关系，忠乃一种后天人为关联。如若不走出家族领域，且与政治权力产生利益来往，一般不会建立"忠"这一关联。《礼记·曲礼》载，"君臣，义合也；父子，天合也。君臣其合也，与父子同，其不合也去之，与父子异也。"③ 可见，迟至战国时期，即使以君臣关系比附父子关系，人们仍将父子关系置于首位。此乃就思维逻辑层面言之，而非基于历史史实的政治认知。意欲探讨忠孝关联的一般演进路径，还需对二者发生关联的一般历史史实作出分疏。

---

① 段玉裁：《说文解字注》，第402页。
② 《论语·阳货》。
③ 《礼记·曲礼上》。

传统政治社会形态为"家国同构"，同属自下而上式顺服于父的"孝"和臣服于君的"忠"，二者方向一致，基本没有扞格之处，《论语·学而》曾记载："其为人也孝悌，而好犯上者，鲜矣；不好犯上，而好作乱者，未之有也。"① 然而，"《春秋》之中，弑君三十六，亡国五十二，诸侯奔走不得保其社稷者不可胜数"②，因此，就史实而言，孝于父不尽全都忠于君，二者之间存有深层内在张力。以战国时期义士而言，忠于秦即意味着背于楚，忠、孝在逻辑和事实上无法达成一致。秦汉完成统一后，再执念于原有王国、故主，即是对现有皇帝的不忠。加之，秦于领土统一完成有余，而于文化统一不力，焚书坑儒的操切做法更是加深了秦与东方六国在文化心理层面的隔阂。汉初施行分封制与郡县制并行的做法，在形态上更是近于战国，景帝时诸侯王居中联络以叛上的"七国之乱"，俨然就是东方六国抗秦的重演。在此情景下，忠于国即意味着违命于君，于是"忠君"思想优先于"忠国"成为主流政治价值引导的指向。

　　立处这一境地，移孝作忠就不是一个可有可无的思想策略。即以二例证之，《左传》隐公元年载"郑伯克段于鄢"：

> 公子吕曰："国不堪二，君将如之何？欲与大叔，臣请事之；若弗与，则请除之，无生民心。"公曰："无庸，将自及。"……大叔完聚，缮甲兵，具卒乘，将袭郑。夫人将启之。公闻其期，曰："可矣。"命子封帅车二百乘以伐京。③

共叔段受到生母亲亲之爱的护佑，意欲将亲兄郑庄公取而代之，庄公未雨绸缪，反在鄢地攻克共叔段。可见在政治利益面前，所谓兄弟手足之情，庄公与共叔段均全然置之不理。政治权力对家族伦理的欺凌，国之领域对家族领域的统领和权力宰制伦理，于此不难察见。再举汉初一例以证之：

---

① 《论语·学而》。
② 《史记·太史公自序》。
③ 《左传》隐公元年。

> 项羽取陵母置军中，陵使至，则东乡坐陵母，欲以招陵。陵母既私送使者，泣曰："愿为老妾语陵，善事汉王。汉王长者，毋以老妾故持二心，妾以死送使者。"遂伏剑而死。①

这是忠孝矛盾在实际行为选择中的实然例证：项羽认为王陵以孝为大，意欲以其母为要挟招降王陵，不料其母自杀以断念想。自陵母视角观之，此为忠君大于孝亲的"大义灭亲"之举；而自王陵观之，则"忠孝两难全"，实将其逼迫至不孝儿孙之列。

总之，忠是社会政治伦理，孝为自然血缘关系。移孝作忠的做法要求忠与孝分庭抗礼。这一对抗局势的清晰展现，本身即是忠观念对孝观念的压力所在，反映了忠对孝的部分吸纳。从一般意义而言，孝的功用范围小于忠而作用力强于忠，当忠孝矛盾出现时，即意味着政治权力下移至家族内部，分享家族伦理并以之为助益。

（二）忠、孝矛盾

忠、孝二者之所以会发生关联，乃是由于忠、孝在价值上的一致性，即忠孝都要求"顺从"，而在君、父之间进行选择时，又会产生行为抉择层面的矛盾。这里即以《韩诗外传》中关乎忠、孝理念及行为抉择两个层面作出梳理，以此窥见汉初儒生士人对这一矛盾的思想认知。

首先，《外传》认为忠、孝一体，同等重要，应同时兼顾二者。《外传》卷八第七章载：

> 可于君，不可于父，孝子弗为也。可于父，不可于君，君子亦弗为也。故君不可夺，亲亦不可夺也。②

孝子不违亲于父，君子不违忠于君，君与亲同论，孝子与君子同列。这是就君、父和合，没有矛盾之时的情况言之，或曰从忠孝逻辑一致性层面言之。当在实际行为选择出现矛盾之时，则必于忠、孝之间二选一。

---

① 《汉书·张陈王周传》。
② 许维遹：《韩诗外传集释》，第276—277页。

《外传》卷二第十四章有曰：

> 楚昭王有士曰石奢……王使为理。于是道有杀人者，石奢追之，则其父也。还返于廷曰："杀人者，臣之父也。以父成政，非孝也。不行君法，非忠也。弛罪废法，而伏其辜，臣之所守也。"……遂不去铁锧，刎颈而死乎廷。君子闻之曰："贞夫法哉，石先生乎！"①

石奢处于忠君与孝亲之际，不知何以自处，只能一死了之，反映了忠孝矛盾的内在性结构张力。忠、孝均属一种自下而上式关系，个人拥有自由选择的权利，但在此处我们看不到主动性选择的动机、意图和实践。一死了之，矛盾仍然没有解决。这是一种悲剧，是一种结构性张力，值得深入思考。

概而言之，在《外传》中，关乎忠孝矛盾处，共有两种行为选择。一种为忠君而舍亲，其主要表现为食君禄以弃亲死君。另一种为孝亲而舍君，分为孝亲而仕不择官和先事亲而后忠君两类。

《外传》卷八第二十五章载：

> 曾子有过，曾晳引杖击之。仆地，有间乃苏，起曰："先生得无病乎？"……夫子曰："汝不闻昔者舜为人子乎？小箠则待，大杖则逃……今汝委身以待暴怒，拱立不去，汝非王者之民邪？杀王者之民，其罪何如？"②

曾子以孝闻名，其父杖击以致昏迷，然其苏醒后，却问其父是否安然无恙，愚孝的形象十分明显。孔子则不然，其以王者之民自居，认为不可置父于不义之地，这一以"臣民"对"孝子"的态度十分明显。虽则没有生死考验，然而以忠对孝的立场清晰。这里的曾子和曾晳俱为平民，没有居官之事。

我们再举一例，看居官之子的选择立场。《外传》卷九第二章载，田

---

① 许维遹：《韩诗外传集释》，第48—49页。
② 许维遹：《韩诗外传集释》，第296—297页。

子为相，三年后归家休养，以所得俸禄百镒之金奉养其母，结果反遭其母之训斥：

> 孝子之事亲也，尽力致诚，不义之物，不入于馆。为人臣不忠，是为人子不孝也。子其去之。①

这里田母以忠为孝，认为为人臣之不忠，即是为人子之不孝。田母站位君王立场，反将田子之孝置之不理。田母立公去私之义气，颇类"大义灭亲"之壮举，深明大义的形象跃然纸上。殊可玩味之处在于，田子以其不义之财意欲返朝自首而就狱，却因君王识得其母仁义之举，反而令其复相，赐金其母，一时流为美谈。君与母的共同立场，在这里表现得十分明显。

以上就日常生活而言，在危及生死的关键时刻，为君而死的立场，更为明晰地表现在忠、孝发生冲突时的抉择态度，食君禄以弃亲死君的庄之善可以为证。《外传》卷一第二十一章载：

> 楚白公之难，有庄之善者，辞其母，将死君。其母曰："弃母而死君可乎？"曰："吾闻事君者，内其禄而外其身。今之所以养母者，君之禄也，请往死之。"……曰："惧，吾私也，死君，吾公也。吾闻君子不以私害公。"遂死之。君子闻之曰："好义哉，必济矣夫。"②

庄之善认为既食君俸，则必然死君之事，而不顾奉养亲母之事。在忠孝之间，庄之善选择了忠君。《左传》文公六年亦载有此事，可知不是虚文。

《外传》之中，因乎欲忠孝两全而遭致的困窘，往往逼使既为孝子又是忠臣的君子，处于必死无疑之境地。这里，我们从西汉初期史实中，选取晁错一例以作说明。晁错在吴楚七国之乱中，因主张削藩之策而为七王国所不容，因之"清君侧，诛晁错"成为七国叛乱的说由，终使景

---

① 许维遹：《韩诗外传集释》，第306—307页。
② 许维遹：《韩诗外传集释》，第22—23页。

帝令"晁错衣朝衣斩东市"①，然并未止乱。因之，景帝冤杀晁错，晁错为国背锅，可视为忠君之举。又晁错之父曾劝说削藩之策乃离间刘家骨肉，晁错之举必将使得"'刘氏安矣，而晁氏危，吾去公归矣！'遂饮药死，曰'吾不忍见祸逮身'"②。于此不难察见，晁错之不孝亦甚明显。且看班固撰文时如何看待此事：

> 班固赞曰："晁错锐于为国，远虑而不见身害……悲夫！错虽不终，世哀其忠。"③

晁错可以被看作移孝作忠的典型代表，同时班固立处汉人立场，对其遭遇表示了哀叹和惋惜，"世哀其忠"的赞语更是汉人的自我评价，颇有启示意义。这从历史史实角度说明了汉代人对"移孝作忠"的赞赏态度。因此，《外传》所载忠、孝矛盾之处，实是历史社会发展到某一阶段的实然反映。

与忠君而舍亲的思想旨趣和行为选择相对应，孝亲而舍君在《外传》中亦占有相当比重。此处思维逻辑一般呈现为，以居官为政获得之俸禄，作为奉养双亲的基本资源。简言之，即以忠君为手段，以孝亲为目的。《外传》卷七第一章载：

> 齐宣王谓田过曰："吾闻儒者丧亲三年，丧君三年，君与父孰重？"田过对曰："殆不如父重。"宣王忿然，曰："曷为士去亲而事君？"田过对曰："非君之土地无以处吾亲，非君之禄无以养吾亲，非君之爵无以尊显吾亲。受之于君，致之于亲。凡事君，以为亲也。"宣王悒然无以应之。④

齐宣王与田过之问答已将忠君与孝亲的关联和盘托出：王认为君、父俱

---

① 《史记·袁盎晁错列传》。
② 《汉书·袁盎晁错传》。
③ 《汉书·袁盎晁错传》。
④ 许维遹：《韩诗外传集释》，第237页。

为三年之丧,至少二者应当平等视之,然田过认为自君处得来之土地、俸禄与爵位俱为尊养亲人而设。这里仅涉及忠孝在理念上的上、下位之分,转向行为选择层面言之,则主要表现为辞学而养亲与孝亲处仕而不择官职。

《外传》卷九第三章即载有孔门诸生辞学而奉养双亲之事迹。孔子出行,遇到皋鱼,见其哭声甚悲,疑而问之,遂有皋鱼之答:

> 皋鱼曰:"吾失之三矣。少而好学,周游诸侯,以殁吾亲,失之一也……夫树欲静而风不止,子欲养而亲不待,往而不可追者年也,去而不可得见者亲也。吾请从此辞矣。"立槁而死。孔子曰:"弟子识之,足以诫矣。"于是门人辞归而养亲者十有三人。①

亲人、君王与朋友三者均为皋鱼所重,而其落点于"树欲静而风不止,子欲养而亲不待"。可知在"皋鱼三失"之中,尤为重视丧亲之痛,立槁而死显现出此种悲痛的极化状态,故而孔门有辞别师父而养亲之事。

其次,孔门贤圣曾子以孝闻名,《外传》亦对之记载甚详,在卷一第一章、第十七章和卷七第七章等处详略各有分述。《外传》首章即以曾子之孝开其端,可见韩婴对此事之重视,曾子有大才而在亲老之时居小官以养其亲:

> 曾子仕于莒,得粟三秉。方是之时,曾子重其禄而轻其身。亲没之后,齐迎以相,楚迎以令尹,晋迎以上卿。方是之时,曾子重其身而轻其禄。②

曾子行为确系以孝为重,兼顾忠君。因其家贫亲老,故而不择官而仕。《外传》卷一第十七章再记:

---

① 许维遹:《韩诗外传集释》,第307—309页。
② 许维遹:《韩诗外传集释》,第1页。

>家贫亲老，不择官而仕也。①

可见，韩婴对这一选择态度之坚定立场。另外，在《外传》卷七第七章详细记载了曾子这一选择的内在根由。② 总之，曾子之孝亲立场已然十分明晰，此处不赘。

值得注意的是，曾子行为兼顾忠、孝二义，没有逼使其在二者之间强行选择，亦无关涉生死之事。至于石他则不同，其在先事亲而后忠君的价值选择中走到了生命的尽头。《外传》卷六第十二章载，田常弑杀齐简公，与齐国之人定有一盟誓，不结盟则杀其全家。石他认为田常弑杀君主，不杀之不为忠，然而死君之事则必然无法尽孝，逼使其要么尽忠以死君父要么尽孝以背君父，踌躇之际，作出以下行为选择：

>乃进盟以免父母，退伏剑以死其君。闻之者曰："君子哉！安之命矣。"诗曰："人亦有言，进退惟谷。"石先生之谓也。③

详而论之，石他兼顾忠孝的行为选择，逼使其作出生死抉择，虽则兼顾忠孝，进而有"君子""石先生"之赞誉，然而毕竟未免于一死，无法尽孝。

两相比较，卞庄子之行为与石他无大差别，却有未尽于孝之讥，《外传》卷十第十三章载有，卞庄子因顾及母之安危，故而"三战而三北"，虽当朋友、国君之非议，颜色不稍改；待三年之丧礼毕，尽孝之后则以死报君王，这是典型的节义之士。卞庄子重孝轻忠的立场，在此处表现得亦十分明显，这亦基本兼顾忠孝二义。

从家国关系角度来理解忠孝间的结构性张力，说明国家权力渗透到家族领域，政治原则强行与伦理原则相抗衡并取得优先性，促使王权主义的政治弥散性得以强化。众所周知，家族伦理以血缘关系为纽带，与生俱来而不可改变，有遗传基因在其中，是一种极为正当的自然血亲关

---

① 许维遹：《韩诗外传集释》，第16—18页。
② 许维遹：《韩诗外传集释》，第246—247页。
③ 许维遹：《韩诗外传集释》，第216页。

系。从韦伯关于合法性的分类来看，血缘关系是一种传统型合法性类型。忠君则不同，其是一种社会关系，更多的是一种政治关系，没有天然的正当性论证。即使以君为父，仍然有其自身矛盾，上引《外传》卷七第一章齐宣王与田过的问答承对可以证之。那么，忠君对孝亲的政治压力，就使得血缘关系得以冲淡，"移孝作忠"的政治功用达到。

最后，以忠君为"公"，以孝亲为"私"，也是忠君思想对孝亲的一个对抗性说法。以公私之辨，反而消解了孝的正当性证明。上引《外传》卷一第二十一章所载，庄之善即以君之事为公，而以己之"惧"为私，因此决然而然地辞母以死君难。《外传》卷九第十一章亦载有公私之辨之事，这里解狐以君之事为公，以个人恩怨为私，作出了公私分明、先公后私的行为选择[1]，此章于公私之事，言之甚详，不再赘述。

转向另一方面，则是家庭领域的孝向国家领域之忠的主动性接纳，即普遍接受忠君观念，并以忠君为孝亲的一种表现，上引《外传》卷十第二十四章载：

> 楚有士曰申鸣，治园以养父母，孝闻于楚。王召之，申鸣辞不往。其父曰："王欲用汝，何谓辞之？"申鸣曰："何舍为孝子，乃为王忠臣乎？"其父曰："使汝有禄于国，有位于廷，汝乐而我不忧矣。我欲汝之仕也。"申鸣曰："诺。"[2]

申鸣之父的立场与田子之母的立场，都说明了忠君观念在双亲之中的地位，即就孝所指向的双亲言之，双亲有"移孝作忠"的内在要求。这一希望介入体制、获取资源的"恩宠性政治文化"[3]，是个人价值的一种体现，也是一种无奈。

意欲较为全面解析这一价值立场和行为选择的内在根由，还需跳出《外传》文本所限，从政治思想史的纵深角度深度挖掘忠孝观念的演变轨

---

[1] 许维遹：《韩诗外传集释》，第315—316页。
[2] 许维遹：《韩诗外传集释》，第362—363页。
[3] 葛荃：《传统中国的政治合法性思维析论——兼及恩宠政治文化性格》，《文史哲》2009年第6期。

迹及其后续影响。

二 忠孝矛盾的历史演进

忠、孝矛盾，由来已久，然并非自古皆然。自忠、孝观念的发生学层面言之，孝在忠先。概括言之，迟至韩婴所处之汉初，实则"刘汉立国之前，'孝'以及脱胎于'孝'之母体的'忠'已经有了极长发展史"①。"忠"自"孝"出的观念史演变，及"忠"观念的后来居上，伴随春秋战国礼崩乐坏的社会变革，反映出自宗族政治向君主政治演变的历史演绎大势。立处战国秦汉之际，从一较为广阔视角审视忠、孝矛盾，伴随着从宗法贵族政治转向官僚帝国政治的社会形态变化，这一矛盾反映了新、旧两种社会意识与国家、社会关系间的冲突。以孝而言，其在春秋之时，虽为家族内部礼义，但家、国同构的社会结构，赋予社会性的"孝"在政治层面上的价值意义和实际功效。故而，虽则没有提倡"移孝作忠"的观念说辞，但"孝于亲"的家族规范实然支撑了"忠于君"的政治功用。此时，政治国家尚涵盖于宗法社会之中，与之相应，忠统一于孝，二者尚未分化，亦无分化之必要。因此，有"其为人也孝悌，而好犯上者，鲜矣"②的说法。

降至战国，对礼乐规范的遵守逐渐移就于对政治利益的争夺上来。基于宗法血缘的分封继承再也无法包容缘于内部贤愚差别而导致的分配矛盾，原有的家、国同构式社会结构出现断裂和分化，礼乐征伐自诸侯、大夫出以及陪臣执国命的格局出现。此时，基于分配利益争夺的政治国家急欲从家族社会领域中腾跃出来，政治性的君、臣关系逐渐凌驾于社会性的父、子关系之上，围绕君主重新组建新型政治关系。从"家"走向"国"，是这一历史时段的基本趋势。战国初期卫人吴起母死不归、杀妻求将的做法，可以看作这一趋势的滥觞。此时再提倡"父母在，不远游"③的孝道，无疑与这一趋势相悖逆，甚至会出现韩非所说"父之孝

---

① 王成：《中国古代忠文化研究》，天马出版有限公司2004年版，第4—5页。
② 《论语·学而》。
③ 《论语·里仁》。

子，君之背臣"①的忠孝矛盾，阻碍官僚制中央集权君主政治的历史运动趋势。

故而，商鞅变法首先就要打掉此类基于家族血缘亲情维系的社会关系，减少其对官僚政治的抵抗，消解改革阻力。这主要表现为：

> 天下皆以孝悌忠顺之道为是也，而莫知察孝悌忠顺之道而审行之，是以天下乱。皆以尧、舜之道为是而法之，是以有弑君，有曲于父……尧为人君而君其臣，舜为人臣而臣其君，汤、武为人臣而弑其主、刑其尸，而天下誉之，此天下所以至今不治者也。②

社会关系的分化是为了政治国家的重组，以便将父子关系吸纳至君臣关系之中，进而以君臣关系统摄父子关系。正如日本学者尾形勇所言，"以受'家人之礼'这一家族秩序制约的'私'场域的'家的世界'为基础，在其上部矗立着被'君臣之礼'秩序化的'公'场域的'君臣'世界"③。因之，这就需要将社会性的"孝"政治化，以之为政治性的"忠"，将"孝"整合入"忠"的范畴之中，达致"移孝作忠"的政治功用。日本学者板野长八述及，"如《荀子》《孝经》中所显示的，儒学中也开始接受宗族受到强大的君权与官僚之控制。在此《荀子》的'礼'以及《孝经》的'孝'，已经变成超乎宗族限制的价值概念，而君主由此控制天下的人民。"④凡此种种，无不说明了孝道伦理的政治化趋势。

总之，孝不再是自春秋战国以降的自然历史传承，而在经由人为选择的政治塑造后，立足君主政治以对宗法政治的批判性继承。其最终演化成忠的一种形式，使得社会领域的"孝于父"继续发挥间接地支撑"忠于君"的政治作用。此时，汉代所重之"孝"已然褪去原有政治价值色彩，蜕变为一种维系政治稳定的社会关系，因而有了质的变化。此即，在官僚制中央集权君主政治中，仅留存天子一家可以临民称制，保有土

---

① 《韩非子·五蠹》。
② 《韩非子·忠孝》。
③ [日]尾形勇：《中国古代的"家"与国家》，第251页。
④ 转引自王楷《天然与修为：荀子道德哲学的精神》，北京大学出版社2011年版，第22页。

地、人民、政事，剩余他家只得在这一体制下分享不同比例的社会资源，不再持有实际的封土封民，在理论层面亦没有合法性论证。这一性质变化，不可不察。

(一) 先秦忠、孝观的演变

大而言之，"我国古代的忠孝观念，经历了从忠于宗族到忠于国家政治，再发展到忠于君主个人的历史演变过程"。其间，经"三代以来忠统于孝的忠孝一体，经过春秋战国年间的忠孝冲突，再到汉代以后实现孝统于忠的新的忠孝和谐，我国古代忠与孝的关系刚好走过了一个正、反、合的历程"①。立处汉初儒法之争、礼法之争角度言之，秦法家文化对家族血缘人伦十分蔑视，对作为家族伦理的孝道亦十分反感。"君之直臣，父之暴子""父之孝子，君之背臣"②的说法可以证之。从权力去人格化角度言之，法家之"法"对人的依赖较少，代表更多的客观性和理性化因素，对于组建高效的集权政府而言十分必要。伴随政府机构和职能的进一步分化，要求集"尊尊""亲亲""贤贤""三位一体"的"礼"及其维系礼的君子人格，分化为"法"和执法之"官"，这里就将出现"尊尊"与"亲亲""贤贤"的矛盾，其中之一即是"尊尊"之"忠"与"亲亲"之"孝"间的矛盾。这是就宏观背景言之，以下即主要以儒家文本为基础，梳理忠、孝观念的演变轨迹。

孔子时代，"忠"乃待人接物的一种态度，指向对待他者的心诚无私，基本属于社会伦理范畴，并非专门指向君臣关系这一政治领域。孔门贤圣曾子即有"吾日三省吾身"之美誉，作为其中之一的"为人谋而不忠乎"③，"忠"清晰地指向"为人"一隅，乃属处理人我关系之范畴无疑。就所指范围言之，社会关系一般较之政治关系更为广阔，说明此时之"忠"还未专门指向君尊臣卑的政治伦理。即使在指向政治伦理之时，"君使臣以礼，臣事君以忠"④的君臣对等观念，亦与后世有别，至

---

① 杨华：《春秋战国时期"宗统"与"君统"的斗争——兼论我国古代忠孝关系的三个阶段》，《学术月刊》1997 年第 5 期。
② 《韩非子·五蠹》。
③ 《论语·学而》。
④ 《论语·八佾》。

少可与"愚忠"观念判然二分。大臣"以道事君，不可则止"①的态度，则将君臣关系建基于儒家"道义"之上，并非毫无原则地崇尚君主。这在孔子视管仲为"仁"人的评价上，亦能看出孔子态度之端倪：

> 子路曰："桓公杀公子纠，召忽死之，管仲不死。"曰："未仁乎？"子曰："桓公九合诸侯，不以兵车，管仲之力也。如其仁，如其仁。"②

> 子贡曰："管仲非仁者与？桓公杀公子纠，不能死，又相之。"子曰："管仲相桓公，霸诸侯，一匡天下，民到于今受其赐。"③

孔门贤人子路、子贡几乎同时追问孔子对管仲的历史评价，而孔子均对之作出肯定回答。子路认为桓公小白杀兄长公子纠视为不悌，作为臣子之召忽以死追随，即为忠臣，而管仲"背主求荣"视为不忠不义，孔子反而认为管仲为仁人。可以猜想得到，子路有勇无谋，有见于进取，而未见于权变，遂有子贡之问。然而，孔子俱从大处着眼，认为管仲辅佐桓公、尊王攘夷、成就霸业、匡定天下，保有稳定政治局势，保全中原礼义文化，功莫大焉，可以称为"仁人"。在《论语》另一处，孔子亦表达了对"事功"的尊崇态度：

> 子贡曰："如有博施于民而能济众，何如？可谓仁乎？"子曰："何事于仁！必也圣乎！尧舜其犹病诸！"④

如若参照此处孔子言辞，管仲甚至可称为"圣"，可视为"圣臣"。

总之，在孔子时代，忠并非仅指忠君，忠于国家社稷、忠于宗族礼义、忠于职守都是忠之表现。至于忠孝关系，则有"其为人也孝弟，而

---

① 《论语·先进》。
② 《论语·宪问》。
③ 《论语·宪问》。
④ 《论语·雍也》。

好犯上者，鲜矣；不好犯上，而好作乱者，未之有也"①的经典表述，说明在孔子时代忠与孝是一致的。

孟子持守君臣对等政治观，为世代学人所知，前章亦有所述，此处不赘。值得注意的是，孟子发论重点在于仁政、大义、孝养等关乎仁、义、孝诸伦理。因之，忠在《孟子》一书中间不占主位。加之，孟子以道义为大，臣、民处道义之位，允可以德抗位、以学抗位之事，故有不召之臣及"诛一夫"等论，更是显现出孔孟儒家以国家社稷和礼仪道义为重，而不偏及君王的一贯立场，进而反映出春秋以至战国初期的忠之观念，在乎忠于国家的阶段性特点。

以孝之一伦观之，孟子并不主张移孝作忠观点，反而有"移忠作孝"之感：

> 桃应问曰："舜为天子，皋陶为士，瞽瞍杀人，则如之何？"
> 曰："舜视弃天下，犹弃敝蹝也。窃负而逃，遵海滨而处，终身欣然，乐而忘天下。"②

此处，舜以孝之一伦为大，不吝放弃天下、优悠隐逸的态度跃然纸上，颇有"日出而作，日入而息。凿井而饮，耕田而食。帝力于我何有哉"③之风。孟子持守"移忠作孝"的忠孝观，可以想见。《外传》中诸位勇毅之士，面临忠孝困局时的扭捏无奈态度，与舜相较，真真不可以道、里计。从中亦可看出，政治伦理对道德伦理逐渐侵凌的大趋势。进而，孟子持守"君子有三乐"之说，特以父母兄弟间的宗族血缘亲情为大，将之置于首位，而王天下的政治根本不在"三乐"其列：

> 君子有三乐，而王天下不与存焉。父母俱存，兄弟无故，一乐也；仰不愧于天，俯不怍于人，二乐也；得天下英才而教育之，三

---

① 《论语·学而》。
② 《孟子·尽心上》。
③ ［日］宇野直人、李寅生编著：《中日历代名诗选·中华篇》，上海古籍出版社2016年版，第1页。

乐也。①

不仅如此，孟子以孝为大，尤有回护舜之短处，曰："不孝有三，无后为大。舜不告而娶，为无后也，君子以为犹告也。"② 舜不告而娶，明显有违礼制，而孟子不以为意，反而曲意回护舜之做法。赵岐注云："于礼有不孝者三者，谓阿意曲从，陷亲不义，一不孝也；家贫亲老，不为禄仕，二不孝也；不娶无子，绝先祖祀，三不孝也。"孟子于孝的主张亦十分明晰。简而言之，孟子的忠孝观为：以孝为重，以忠于道义为大，而不指向忠君。

战国时期成书的儒家经典《易传》，在对夫妇、父子、君臣排序层面，亦将君臣一伦置于后发之地。《易·序卦》载："有天地，然后有万物；有万物，然后有男女；有男女，然后有夫妇；有夫妇，然后有父子；有父子，然后有君臣。"③ 从发生学层面观之，可知男女、夫妇、父子人伦等俱在君臣之前。然而"天尊地卑，乾坤定矣。卑高以陈，贵贱位矣"④ 的价值取向，与发生学层面的先后顺序不相一致：君臣尊卑观念反向贯穿于天地、男女、夫妇之中。可见，这并非基于自然的演生秩序，而是人为主观的诠释秩序。这一诠释，则是为了维系政治秩序的稳定，而对自然演生秩序有所违逆。在《易传》中，体现为两种忠孝观念：孝在忠先的自然事实清晰可查，无可争辩；君臣尊卑观念对男欢女乐、父慈子孝的压力，亦开其端倪。《易传》中所能反映出的忠孝观，可以视作先秦忠孝观的一个转折点，即表现为尊卑之忠对父子之孝的压力。

至战国末期，忠孝间的矛盾更为激烈，且成为儒、法两家的争鸣点之一。本节引言部分有所介绍，兹不赘述。且看荀子对于忠孝之主张：

> 入孝出弟，人之小行也；上顺下笃，人之中行也；从道不从君，从义不从父，人之大行也……孝子所以不从命有三：从命则亲危，

---

① 杨伯峻：《孟子·尽心上》。
② 杨伯峻：《孟子·离娄上》。
③ 楼宇烈：《周易注校释》，中华书局2012年版，第263页。
④ 楼宇烈：《周易注校释》，第232页。

不从命则亲安，孝子不从命乃衷；从命则亲辱，不从命则亲荣，孝子不从命乃义；从命则禽兽，不从命则修饰，孝子不从命乃敬。①

荀子将"从道不从君，从义不从父"视为"人之大行"，而将惯常孝悌笃顺视为小行、中行，这就将君父同时置诸与"道义"相抗衡的位置，必将为儒家尊父、法家尊君所不容。从这一角度观之，荀子所主张确乎有超越儒法两家之处。从儒家一面说，先秦儒家经典《论语》首篇《学而》第二章即引有子之意曰："其为人也孝弟，而好犯上者，鲜矣；不好犯上，而好作乱者，未之有也。"而荀子视之为"人之小行"，此为对儒家往圣之不尊。同时，打破孝亲与忠君间的逻辑链条，孝悌顺笃不一定即为忠君之举。另外，"从义不从父"则径直将儒家孝悌一伦，置若罔闻，颇类大义灭亲之壮举。从法家一面说，"孝子所以不从命有三"则在行为选择上，维系了尊亲重于忠君的价值立场：拔除亲危、亲辱之境地而将之安置于亲安、亲荣之处，方为真孝子。至于从道不从君的态度，绝对是对法家尊君立场之蔑视。因此，荀子立场，是在君父头上，置诸道义的达摩克利斯之剑，是为儒家道义制约政治权威的体现。这是儒家的超迈之处，亦是儒生敢于以德抗位、敢于怒斥天颜的底气所在。这是战国诸子自由风气所致，亦是荀子道德人格所达高位之流风余韵。

相较之下，《礼记》深受《荀子》影响，然其所载则明显气势不足：

父母有过，下气怡色柔声以谏。谏若不入，起敬起孝，说则复谏；不说，与其得罪于乡党州闾，宁孰谏。父母怒，不说，而挞之流血，不敢疾怨，起敬起孝。②

这不能不说是儒学系统内部的波谷所在，几近于南宋"饿死事小，失节事大"立场，望之令人生厌。鉴于《礼记》与《孝经》之忠孝观点，相互一致且成书时间相近，故而放入后文与《孝经》一同论列。

最后，再就儒、法之争中的忠孝选择作一总结，以之为先秦忠孝观

---

① 《荀子·子道》。
② 《礼记·内则》。

演变的终结。十分明晰的是，法家基于君臣互为争利立场，认为所谓忠孝一致不过是臣下假借忠孝之名，以从君主口中夺食、攫取私人利益的手段而已。因之，法家基本持守忠孝对立观点，高扬尽忠、反对尽孝，唯君命是从。从忠孝观的历史演变言之，这已然开启兴忠灭孝之先河。然而伴随汉代秦兴的历史进程，汉初士人反秦反法的主张致使其不可能对法家主张全盘接受，因之，受儒家学派及礼治主义影响，兴忠灭孝逐渐移就于"移孝作忠"一路。转向移孝作忠一面，与整个秦汉之际学术风气相一致，即批判性地继承秦制，且从实践角度最大限度地建构政治合法性理论，以巩固政治统治。故而，孝之一伦终究不可灭，然又不能与忠产生忸怩不通之处，因之移孝作忠成为批判性继承秦制的一个典型。值得注意的是，"法家忠孝观中残酷无情的因素，被历史所淘汰，但法家忠孝观中，要求臣子无条件地绝对地服从君父的核心思想，却被后代统治者完整地继承下来了"①。王权主义的共同旨归，成为贯通儒、法、道诸子百家的思想内核。从儒家忠孝观言之，其以孝道为本的主张及孝治天下的策略选择，在稳固政治社会秩序的同时，实然支撑了忠君思想。

（二）秦汉之际的移孝作忠与《孝经》流行

概括言之，"自刘汉前期向上追溯，虽然忠孝一体，忠重于孝的提法绵远悠长，但实践中以'致公'为价值核心的'忠'一直未能超越以'私亲'为价值取向的'孝'"②。如此，则在国家利益和家族利益的博弈中，忠孝伦理互有胜负，甚至往往以家族利益为重，致使国家利益受损。上文言之，《外传》之中即有许多忠孝矛盾之例证。这正为统治集团所担忧。汉以孝治天下，极为重视孝道及《孝经》。汉代自文帝始，置《孝经》博士官，给予研究《孝经》有成绩者以优厚俸禄。武帝时兴办太学，《孝经》被列为太学基本教材。此外，西汉诸帝谥号除高祖外均有"孝"字。凡此种种，均是汉代重孝的显证。汉代重孝，除了政府方面的推动外，还有政治思想史演进的内在理路：移孝作忠思想及《孝经》在秦汉之际的流行，是为汉代政府重视孝的另一缘由。

---

① 孙家洲：《先秦儒家与法家"忠孝"伦理思想述评》，《贵州社会科学》1987 年第 4 期。
② 王成、武晓沙：《汉代主流政治价值观构造的理路——以"忠"为对象的解读》，《山东大学学报》（哲学社会科学版）2011 年第 4 期。

移孝作忠与《孝经》流行乃一事之两面。撰诸典籍可知，在《论语》《孟子》《荀子》等先秦儒家著述中，孔孟荀等均未直接有移孝作忠之观念主张。在《孝经》之中，则明确提出移孝作忠思想，将家族伦理中的孝和君臣伦理中的忠贯通起来。故而，可以说，《孝经》完成了由孝于父的家族伦理，向忠于君的政治伦理的关键转换。《孝经》首篇开宗明义章即云：

> 夫孝，德之本也，教之所由生也……身体发肤，受之父母，不敢毁伤，孝之始也；立身行道，扬名于后世，以显父母，孝之终也。夫孝始于事亲，中于事君，终于立身。①

再云：

> 夫孝，天之经也，地之义也，民之行也。天地之经，而民是则之。②

细察所征引语段，至少有三点值得重视。其一，孝为德之本。其二，孝与事君之关联。其三，孝为天地之经，民是则之。以下则就此三点略加疏释，以窥见"孝"在此一时段儒学政治思想史层面的演变轨迹。

首先，孝为德之本，反映出儒家伦理的政治化趋向。从先秦儒学演变史言之，孔子重仁、孟子重义、荀子隆礼，虽则三者于孝都曾言及，但"孝"始终尚未上升至诸德之本的高度。《论语》多处言孝，以《学而》最为典型：

> 其为人也孝弟，而好犯上者，鲜矣。不好犯上，而好作乱者，未之有也。君子务本，本立而道生。孝弟也者，其为仁之本与！③

这里的意思主要是指，孝、悌为仁之本质性构成要素，有了仁孝作为根

---

① 皮锡瑞：《孝经郑注疏·开宗明义章》，中华书局2016年版，第11—13页。
② 皮锡瑞：《孝经郑注疏·三才章》，第46—47页。
③ 《论语·学而》。

本并将之作为内核,推己及人地层层外推,可以将仁孝顺其自然地应用至家族层面以至于社会政治领域,而不会有什么难度。此处凸显出"仁"之内在性、生发性、演化性的特点,其像树木"果仁"一般,处于核心位置。联系至"仁"乃孔子一以贯之"忠恕之道"的总称,其涵括孝、忠、智、勇、礼等诸德,因之"《论语》中亦常以仁为人之全德之代名词",进而"孔子常以之统摄诸德"①。总之,立足孔子主张及《论语》一书,是"仁"而不是"孝",居于"德之本"的价值高位。

延至孟、荀,孟子将内在之"仁"德演绎至"仁政"高度。将仁外推至独乐乐不如众乐乐的社会民生领域,使仁成为具有可操作性的政策选择,但其立足点仍是仁、义、礼、智"四端",而非"孝"。至于荀子则在基本延续孔孟仁德说辞的基础上,转向外在规范的"礼"治,因之疏于对内在诸德的发挥,至于其对孟子"性善论"的指摘亦非荀子论说重点之所在。

总之,在儒家一脉相承的孔孟荀诸子之中,"孝"始终不是"德之本"。因此,《孝经》对儒家诸德之一的"孝"所作的升格运动,反映出战国末期以至秦汉之际的学术思想演变趋势。

就"以孝代仁"成为"德之本"言之:孝指向子女之于父母的"代际伦理",偏重时间先后的次序生成和空间结构的上下等级划分,这一"后对先""下对上"的伦理等级。究其质而言,孝是纵向层级关系的生成。"仁"则指向内心与行为、自我与他者、家族与社会的同一属性,一以贯之地联通各级空间结构,超越时间具体划分。究其质而言,仁是横向扁平关系的生成。因此,仁主左、右对等,孝主上、下等级,孝、礼一致,以孝代仁成为趋势。以《论语》言之,仁有忠、恕两方面,但均指向基于人我关系对等的推度向度,乃基于"性相近,习相远"的教化路径。从本质上说,仁是一种精神,是"内在的人格世界"②。以仁、孝二者与"礼"重"分"、"等"、"别"的关系而言,仁实则是对外在规范之"礼"的内在情感调节和补充,而"孝"则是"礼"在家人、父子、母女关系领域的进一步延伸和深入。这一思想变动,充分说明了儒家思

---

① 冯友兰:《中国哲学史》(上),第66页。
② 徐复观:《中国人性论史·先秦篇》,九州出版社2013年版,第64页。

想内部的自我政治化趋势,由调节政治秩序转向巩固政治秩序的向度发展。

其次,就孝与事君之关联来看,孝的政治化指向进一步得以明晰。从语言逻辑角度分析这一语段,可以明显看出"中于事君"四字与上下文结合并不紧密,舍之,对整个语段的语意理解基本没有障碍。将之硬性植入,反而有方枘圆凿之感,有后人故意添加之嫌。从上下文看,"身体发肤,受之父母,不敢毁伤,孝之始也"与"孝始于事亲"相对应,"立身行道,扬名于后世,以显父母,孝之终也"与"终于立身"一语相对应,孝有"始"有"终"且前后文相互一一对应,在语句逻辑上十分连贯。"中于事君"则在前文并无对应语句,至少不加以曲折诠释,间接将事君看作"立身行道,扬名于后世,以显父母"的方式和手段,几乎看不出此中逻辑关联所在。这一略显生硬晦涩之处,恰恰反映出在"孝"之升格运动的背后,乃政治强力推动所致,而非顺乎逻辑的自然演绎结果。

再次,孝为"天地之经,民是则之"这一说法,使"孝"替代"礼",并进而占据一般社会规范的主导地位。或曰"孝"强化了诸多"礼"治规范之中的尊卑等级意,弱化了礼治规范中关涉其他平行规范关系的意义。将《孝经》"夫孝,天之经也,地之义也,民之行也。天地之经而民是则之"与先秦文献中流行的"夫礼,天之经也,地之义也,民之行也。天地之经,而民实则之"[①] 两相比照,则不难看出,二者之差仅在前者以"孝"字替代了后文的"礼"字。这一语辞变化说明,"孝"充当进而替代了"礼"之外部规范功用,并将之提升至一般性规范的地位。以先秦而言,孝行作为礼制规范的一个方面而存在,孝、悌经常并举,除此之外,诸如仁、义、智、勇亦多常用。即以孝、悌言之,孔子主张"入则孝,出则悌,谨而信,泛爱众,而亲仁"[②] 的行为规范,"悌"具体指兄弟之情,以"义"为本,这与指向父子母女间的"孝"并非完全一致。除此之外,至少在先秦儒家那里,礼治规范具有相对对

---

① 《左传》昭公二十五年。
② 《论语·学而》。

等性，孔子即主张"君使臣以礼，臣事君以忠"[①]的君臣对等观，孟子则进一步发挥孔子主张，强调了"君之视臣如手足，则臣视君如腹心；君之视臣如犬马，则臣视君如国人"[②]的观点。故而，对孝之一伦的义理发挥，反映出尊卑观念在儒家政治思想史中的自我演变轨迹。值得注意的是，这一思想演变轨迹，乃儒家内部理论逻辑的自我生成，而非迫于外在政治权威的直接压力，逼迫其如此转向。

无视其他诸德，而仅仅将"孝"之功用范围扩大，使之既为诸德之首，又充当外在规范，并上升为"经"，充分说明了孝的政治化趋势。这与外在规范的"礼"，同时转向重视"因人之情而为之节文"这一偏重内在精神的演变趋势，十分相像。这提醒我们，在战国末期秦汉之际的历史时段，有极言部分范畴功用、极尽演绎之能事，并将之形而上化的理论趋势。这亦是先秦诸子百家极言自己而贬损他家的重演。至于"道术将为天下裂""百家往而不返"的演进趋势，亦应看作为学术思想发展的一种运动形式。之所以如此，仅仅在于学术思想不走极端则难以形成特色，如其不然，则必然会在"杂家"融通诸家的学术洪流中，丧失自身立足之地。

最后，移孝作忠与《孝经》流行反映的是，国家政治权力强行进入家族内部，通过舆论宣传引导，加强政治领导的旨向。基于国家与社会二分的政治学视角，作为家族伦理的"孝"通过血缘关系的承接得以完成，加之以同食同住、生活习俗等方面的勾连，这一天然关联十分稳固。而作为政治关系的"忠"则属后天人为关联，如若不与政治权力产生利益往来，一般不会建立这一关联。移孝作忠的做法要求忠与孝分庭抗礼，这一对抗的清晰展现，本身即是忠观念对孝观念的压力所在，反映了忠对孝的部分成功。从一般意义而言，孝的功用范围小于忠而作用力强于忠，当忠、孝矛盾出现时，即意味着政治权力下移至家庭内部，分享家庭伦理并以之为助益。立处秦汉之际变动大势，则移孝作忠乃国家层面的思想宣传，其目的在于弥补秦在苛法统治中对社会控制环节的乏力，增强社会稳定的底座力量。汉儒将家族伦理的孝上移至社会层面，同时

---

① 《论语·八佾》。
② 《孟子·离娄下》。

主张将忠植入家族内部。移孝作忠进而使得忠孝互济，致使政治尊卑观点强行进入家族内部，扩大了政治的作用范围，强化了意识形态控制，此与汉廷政治愿望是一致的。因此，儒家思想与政治权力联手，共同打造了汉初重孝的思想运动。

三 移孝作忠的政治逻辑分析

移孝作忠无疑推动了社会稳定，间接支撑了政治统治。然而在直观印象之下，还需立处政治学学理层面，进一步剖析其逻辑演绎的内在机理。具体言之，移孝作忠逻辑结构的第一步为：将游移于家之外的流民、商贾，经由"孝"伦理将其转化至家族、宗族内部，并以礼仪加以规训，防止节外生枝、减少社会流动，消解社会利益的多元性、复杂性和斗争性。"父母在，不远游"的主张即起到缩小社会活动范围、减少社会流动的功用。如此，则通过"孝"，初步实现横向社会层面的收敛功能。第二步，移孝作忠主张在君、父之间选择君，将基于血缘关系的父子人伦吸纳至君臣一伦，即以君臣、父子、夫妇之先后序列论列"三纲"，将社会政治属性凌驾于自然属性之上，实现家族伦理的政治化。值得注意的是，孝在横向、纵向层面的功用发挥，与第二章提及的礼之功用相似。因之，孝统诸德实现横向收敛，忠吸纳孝以之为纵向社会基础，移孝作忠的政治功能完成。具体言之，移孝作忠在以下两个层面实现了政治稳定，维系了王权统治。

（一）政治结构的模式优化

中央、地方关系是纵向政治结构的重要表现形式，是国家形态的体现。良性互动的央地关系关乎国家政令的上行下达，及国家治理成效的达致。尤其在政治鼎革之际，整个政治系统面临重新组合、优化和再形塑，更是极易导致央地关系的阻塞。中央、地方关系的隔绝不通，是央地关系的最差形式，而秦汉之际即有此类事件发生。央地隔绝之最大例证，莫过于道家文化之楚地、儒家文化之齐鲁和法家文化之秦晋三地的隔绝，结果酿成东方六国灭秦的惨剧。从央地关系角度加以解读，即勾连其中的通道受到阻塞，那么这个沟通通道应当是什么呢？

秦始皇统一六国后，修筑驰道，统一文字、度量衡的举措，可以视为勾连央地关系的一种努力。然而，此种硬件方面的措施，在证成政治合法性层面，由于秦苛法的极端实施，反而造成地方势力的反感和反动。因之，重拾三晋法家所不屑之儒家孝道，并通过"家国同构"这一方式实现内在伦理的联通，以此将中央、地方政治势力两相隔绝的实际情况演化为央地关系的互通局面，成为一种新的思路。将视野稍微放大，以秦汉之际为时间跨度就可看到，上层政治斗争转移至家这一领域：七国之乱为刘姓宗室诸侯王之间的利益分配斗争，梁王意欲行兄终弟及之事亦在家族领域内周旋。而中下层政治利益的分配则在父子关系中分配，社会领域对政治领域的整体性对抗基本消失。这一政治局面的形成，实与以孝道整合父子关系，进而使得君、父合一，密切相关。

君父互通、君父合一，使得父成为勾连君、民的中间层。法家主张的君与臣、民对抗的情境转化为君、父共治以统治子、民的现状，如此则扩大了君主政治阵营内部的统治力量，分化了反对政治势力。忠孝矛盾的相互拉锯，形塑君（父）—父（臣）—子（民）三元结构，形塑为家族层面和皇室层面的动态利益分配。君父一体致使，父所代表的地方家族势力介入朝堂体制，进而分享王权获取利益，造成扩张型亲情义务观。[①] 同时，对君的反抗亦成为对父的反抗，父成为政治矛盾的中介缓冲层。甚或，反父不反君王的立场，促使王反而站在维系亲情一面来调节父子矛盾：君臣关系占据高于父子关系的位阶。在空间结构上，成为君父—子的结构，而非君—父子的结构。从央地关系角度视之，围绕君的政治社会化过程完成，父这一地方性家族伦理角色，成功转化为具有一般意义的政治角色。

君父合一的政治策略，带有很强的政治隐秘性和欺骗性。众所周知，家庭伦理以血缘关系为纽带，与生俱来且不可更改，遗传基因代代留存，是一种极为正当的自然血亲关系。从韦伯关于合法性的分类来看，血缘关系属于传统型合法性类型。忠君则不同，其是一种社会关系，更多地呈现为一种政治关系，缺乏天然的正当性论证。君吸纳父基于血缘的传统合法性，父介入君的政治利益之中，在动态交换中，实现政治利益的等级制均衡分配。从极度扩张型亲情义务观层面观之，"介入体制，获取

---

① 葛荃：《忠孝之道：传统政治伦理的价值结构与传统义务观》，《天津社会科学》1992年第5期。

恩宠，分享社会资源"① 这一"恩宠型政治人格"，确实将"孝"与"忠"等同起来，忠孝矛盾得以化解。这是从家的角度看国，而没有自上而下地从国的角度看家。

立处国的视角观之，政治关系化解为以忠孝为内涵的伦理关系，这一转向增强了政治的稳定性。以家族人伦亲情关系而言，亲情的介入，使得政治关系柔化了、模糊化了。从家国角度看忠孝伦理的互为奥援，实则基于等级分化的非均衡关系，在以伦理亲情为缓冲的调节下，在一动态相互运动拉扯中得以化解。就政治利益的分配而言，其确实充满武力杀伐和赤裸裸的无情，法家对这一君、臣、民互为争利而对立的情状描述得十分到位。然而，这种对立关系没有解压阀，只能形塑自上而下的尊卑等级关系，没有自下而上式的沟通渠道，更不会有上下协商协调的机会存在。因为权力私有、不可公度，谁想占有权力并分享权力背后的资源，即意味着分享王权权威。这尤为法家所不容许：权力只能皇帝一人所有，这一绝对性占有本是政治秩序和政治权威的基本保障。然而，此种情况同时具有一巨大隐患：由于受自上而下式官僚体制所限，导致来自地方基层的细小问题无法当即沟通解决，只能逐级累加并层层周转至最高一级官僚。此为官僚制行政组织"铁笼"之痼疾所在。待到实在无法隐瞒时，只得临时爆发，比如陈胜吴广起义就是如此。小小一颗马蹄钉的缺失，就可造成连锁式蝴蝶效应，导向帝国的崩塌，这是任一政治系统所不能容忍的。反观移孝作忠这一做法，将赤裸裸的政治利益分配矛盾化解为家族人伦关系，在相互拉扯的互动中，得以实现非制度性的、非正式的沟通协调，家族层面和国家层面形成有效互动。家族充当了社会组织的中介角色，成为政治矛盾的解压阀。以上是就利益分配而言。凡此种种，就将线性的政治利益冲突，化解为交互沟通式的、以父为中介的动态拉锯模式，增强了政治系统的抗风险性和稳定性。

君父合一的政治隐瞒性在于：君父合一只能在君主那里完全实现角色合一，而在地方家族的父则不能占有君的地位。即君父合一在君主那里能够实然展现，而君父合一在父那里只能是虚拟情境。即在所谓"修、

---

① 葛荃：《传统中国的政治合法性思维析论——兼及恩宠政治文化性格》，《文史哲》2009年第6期。

齐、治、平"的层层外推模式中,于家这一层面即造成政治断裂。上举窦婴、梁王之例,无不说明了刘姓一家,不可能让位于他家,至于"非刘姓而王者,天下共击之"更是充分说明了这一点。因之,儒生所谓的"修、齐、治、平"只能处于政治理想层面,无法亦不能在政治实践层面得以实施。而政治生活的实践导向及政治权力对社会资源的权威性分配特点,才是政治之所以为政治的原因所在。从这一角度观之,无疑,儒家政治思想只能是思想,而乏于行动力。

此外,君只有一个,而父有多个。地方家族的父成为君权的代理人,增强了君的力量,同时化解了地方势力父子同时对抗君的可能性。这就将基于政治争夺的利益集团分化组合,减少了政治压力。这一转化结果的实现,是以"君父一体",通过父化解君的压力来实现的。将地方家族政治势力对中央皇帝的一致性压力,化解为父子利益矛盾。将统一的多国势力联合体,化解为一个个独立的家族父子矛盾,拆分了地方势力对中央皇帝的政治压力。汉家是家,地方家族也是家,这就在矛盾中寻求统一,找到共同点,达到搁置争议、利益一致的效果。如此,则地方势力对集权中央的压力,化解为家族内部压力,压力的方向实现转变。基于中央王朝的唯一性和家族势力的复数性特点,这无形中将压力缩小数倍。秦就遭到东方六国的统一压力,而在汉初七国之乱中,就有家族内部的梁王对抗其他诸侯王。总之,一个统一的多方压力,化解为多个、单一的政治势力,在事实上分化瓦解了统一的反对政治力量,并在此过程中,寻求自己利益的合作伙伴,分化瓦解对方,加强稳固自身力量。

值得注意的是,君权对其他权力的政治吸纳从未停止。王权每增加一个称谓,即意味着政治吸纳的广泛性与统治基础的稳固性,在扩大社会层面的统治基础上增强王权。政治吸纳越多,角色越多重,政治越稳定,走向极权主义的可能性亦越大。当然,这一吸纳不是单向的,王权所吸纳的社会基础越多,同时意味着各种社会角色进入体制、分享王权、获取利益的可能性增大,至少在理论上实现了这种利益的交互替换。至于在政治实践层面的结果如何,那是另一问题所在。

(二)政治参与的时间延滞

从空间结构层面观之,移孝作忠的君父一体模式,使得政治利益的斗争场域从权力高层下移至社会层面。政治利益转化为家族利益分配,转到家族父子利益分配的内部，基于利益的法家争夺变为基于礼义的儒家礼让。从时间结构层面观之，则政治利益的即时性要求被代际伦理冲淡了。

传统社会一般以20年为一代，《论语》载"吾十有五而志于学，三十而立"①。《礼记》有曰："二十曰弱，冠；三十曰壮，有室。"② 可见男子二十即加冠成人，继而可行婚礼，延续宗嗣。这是就理论言之，事实上可能有所波动，加之古代人均寿命一般较短，故而一般偏向15—20岁即谈婚论嫁。如此，则在20岁前的未成年状态遵守"孝"道伦理，而将忠之一节置诸视野之外。假设以传统社会人均寿命为40岁，则一半人的政治诉求即化解为家族内的孝之一伦，基于平等关系的利益诉求转化为孝养父母一事。作为独立个体的基本权利被剥夺。那么，被剥夺的基本权利，将在何时何地能够索取回来呢？答案是当其为人父母之时，即可效仿父辈之事，掌控家族资源分配权。如此，就将对政治利益的即时性要求延长至以"代"为时段的伦理要求，对政治利益的时效诉求大为减弱，削减了对政治系统的政治诉求和利益要求，进而起到延长政治系统寿命的功用。忠为即时性要求，而孝为代际伦理，20年左右的时间延滞，造成忍耐的政治心理。即时的政治利益诉求化解为代际情礼分配，在时间上拖延利益分配的时间跨度，在方式上软化激烈的利益冲突。虽然对家族孝道的重视，可能导致豪门士族的生成，比如东汉豪族大姓的出现以致形塑西晋门阀政治政局。但门阀政治始终是皇权的一种异化形式，权力在君、父之间来回晃动，却永远不会变化。③

移孝作忠的直接结果就是使孝政治化，将其由家庭伦理推向政治伦理，从而实现了"忠孝合一"和"家国一体"，最终导致"求忠臣必于孝子之门"的政治理念和选仕制度。移孝作忠是将作为巩固父权家长制的孝道移植到政治生活领域，以达到维护和巩固君主政治家天下的目的。移孝作忠的另一客观后果为导致了人治政治，并给中央集权君主政治蒙上一层温情脉脉的面纱。而当"忠孝难两全"时，有时表面上看起来孝

---

① 《论语·为政》。
② 《礼记·曲礼上》。
③ 田余庆：《东晋门阀政治》（自序），北京大学出版社2012年版，第1—2页。

是第一位的，但实际上孝必须以服从忠为前提和目的。

忠孝矛盾的呈现及其解决，最终导向王权的强化。社会资源的来回争夺、抗衡，在运动中消解了线性的、即时性的、基于利益分配的政治对抗，使之成为回应性的、长时段的、义利之争的伦理压力。反对力量由统一变分散、由外向转内向、即时转代际、利益变亲情，从这四个方面言之，政治关系伦理化了。故而可说，移孝作忠的政治调整，强化了王权并进一步稳固了王权。此处"强化"意指，在空间结构上更稳定，使得政治系统有了一定的抗压能力和缓冲环节，这是经由"父"来实现的。另外，将中央地方矛盾下移至地方家族内部，实现场域转换，减少中央压力。在政治参与时间层面更绵长，这是通过代际伦理的"孝"来实现的。从政治方式层面言之，政治权力进入社会层面，将法家基于利益争夺的权力关系，转化为基于孝道的人伦关系，政治关系在家族领域实现转变，下移了政治冲突发生的场所，进而政治压力转化为家族情礼之间的冲突。基于是，则以儒解法的思想运动形成，政治权力对家、父、人伦的强化完成，矛盾逐渐下移，政治日益稳固。正是从这一角度可以说"在政治调节中强化王权"。这一"调节式强化"的特点为：以调节为手段，以强化为目的，越调节越强化。因之，调节式强化、改革式强化，成为传统中国政治调节和政治改革的一个特点。

移孝作忠这一政治方式的转化，使得普罗大众基本漠视对自身基本利益的体察，对自身利益关注不够，且自上而下形成共识。虽曰"五四"时期，从家庭关系的羁绊中冲决出来，但对自身利益的关注，依然没有形成具有稳定性的政治认知，要么处于悬而未决的中空状态，要么以引而不发的默认状态呈现，致使丧失发声机会，对中国忍耐性政治人格的出现，起到推波助澜作用，这是我们立处当下观察现代中国，所不能不加以留意的。从近代言之，"五四运动"为何反家族父权而不反国家威权，亦可从忠孝矛盾处入手加以诠释。进而言之，"五四运动"对君主政治的反动，始于家族领域，自婚姻自由始，可能算是比较有效的。但是，无视父家长权背后的政治权力支撑，始终使得"五四"启蒙尚未完成。而这，可能是我们重新再启蒙的起点所在。

第二节　尊道学与尊君间的张力

忠孝矛盾及移孝作忠反映的是政治权力从国家层面向社会层面、从国向家的渗透和随之而来的压力。而自先秦以来的学统及对道义的尊崇，使得在既有社会领域之外的学校、尊师及道义层面，构筑起阻碍政治权力蔓延的一道人工屏障。穿过这道屏障，则政治权力的社会化进程，即将无往而不胜，成为弥散至社会任一角落的一统力量。以《韩诗外传》言之，则"尊君"与"罪君"两种思想立场均有，反映出学人立处过渡时代的立场：既保有先秦学术传统下的自由化倾向，同时在秦汉大一统王朝成为既定事实后，又不同程度地趋向政治权力。

值得注意的是，儒家政治思想趋向政治权力的王权主义立场始终未改，同时主张先师、道义重于一时一地之王权的主张亦从未改变，二者乃一体两面关系，从未形成不可调节的结构性张力。且在仅有的张力之下，政统往往压倒道统，成为实然政治举措。鉴于法家政治思想唯君命为是，主张"事在四方，要在中央。圣人执要，四方来效"[1]的中央集权君主政治，因此其思想里较少留有对抗君命、忤逆君威的痕迹。这在《外传》之中亦显露无遗，故而这里所表现出的与尊君间的张力，主要指的是儒家及道家中的部分思想。在这些思想中，尊道义不尊名利、身处卑贱而不失高远之志及以师尊抗势位的旨向，特别突出，这亦反映出古代政治思想传统的一般情况。这一思想旨趣对中国传统社会产生深远影响，使得对名利、富强的合法追求，始终无法在应然理论层面给予论证。尤其在重农抑商政策的历朝历代实施，更使得从商一途面临较大压力。立足当下观察传统，这是我们不得不加以深思的。

一　士尊道义而不与富强

《外传》首开之卷第十九章即载有子死而其母不哭之事，引出道义为重之态度：

---

[1]《韩非子·扬权》。

> 鲁公甫文伯死,其母不哭也……使人问焉。对曰:"昔是子也,吾使之事仲尼。仲尼去鲁,送之不出鲁郊,赠之不与家珍。病不见士之来视者,死不见士之流泪者。"①

公甫文伯之母素为深明大义之贞女,见其子不尊仲尼、病之日不见高洁之士前来探视、死之日不见士人流泪,仅有宫女为之披麻戴孝,认定其子必非士人所当,故而不哭。于此不难察见,孔子之时鲁地鲁人对道义士人的尊崇态度竟至于如此境地:虽妇人不舍道义,虽子死亦不为之落泪。察之《论语》《孟子》《荀子》等诸典籍,则不难知悉,尊崇道义而抑制富强的态度,渊源有自。《外传》之中,即载有原宪与子贡、子路与巫马期及颜渊诸事,并拓展演绎出一幕幕带有画面感的逸闻轶事。

(一) 君子固穷

在中国传统思维模式中,对"穷"有一种莫名的亲切性好感,"穷"往往与君子、志向、正气等相勾连,表达了士人群体对"道义"的不懈坚守。君子固穷即属此列,其出处在《论语·卫灵公》:

> 在陈绝粮,从者病,莫能兴。子路愠见曰:"君子亦有穷乎?"子曰:"君子固穷,小人穷斯滥矣。"②

孔子周游列国至于陈、蔡之间而绝粮,其"势"不可谓不穷,这是从"穷"与"达"的比较层面言之。另外,孔子确实在物质条件方面表现出"穷"——缺衣少食,从者无食以致几近于病。然而,孔子不失凌云之志道:君子固穷,小人穷斯滥矣。《外传》卷七第六章与之同调,亦载:

> 孔子困于陈蔡之间,即三经之席,七日不食,藜羹不糁,弟子有饥色,读诗书习礼乐不休。③

---

① 许维遹:《韩诗外传集释》,第18—19页。
② 《论语·卫灵公》。
③ 许维遹:《韩诗外传集释》,第242页。

孔子身陷囹圄之地,反而"穷且志坚,不坠青云之志"①,以道义自守而视无操守的富足之徒为小人。这一价值取向直接影响了后儒孟、荀的行为选择,孟子即云"穷则独善其身,达则兼济天下"②,荀子亦以个人富足为私欲,而以志气为公义:

> 君子之求利也略,其远害也早,其避辱也惧,其行道理也勇。君子贫穷而志广,富贵而体恭……君子贫穷而志广,隆仁也……怒不过夺,喜不过予,是法胜私也。③

总之,儒家一脉谨持道义志气宗旨,无视富足亦不慕富强。《外传》亦不例外。《外传》卷一第十五章载:

> 传曰:安命养性者不待积委而富,名号传乎世者不待势位而显,德义畅乎中而无外求也。信哉!贤者之不以天下为名利者也。④

安命养性需以德义自持而不假于外物的价值取向,十分明晰;对富足、势位、名利的不屑取向,亦十分清楚。这是就一般性价值判断言之。除此之外,《外传》还以史实人事为证,以原宪对比子贡、以巫马期对比子路,并以颜回与孔子之问答为例,再次表明韩婴本人对贫富一事之态度。《外传》卷一第九章载:

> 原宪居鲁,环堵之室,茨以蒿莱,蓬户瓮牖……子贡乘肥马,衣轻裘,中绀而表素,轩车不容巷而往见之……子贡曰:"嘻!先生何病也?"原宪仰而应之曰:"宪闻之,无财之谓贫,学而不能行之谓病。宪贫也,非病也。若夫希世而行,比周而友,学以为人,教以为己,仁义之匿,车马之饰,衣裘之丽,宪不忍为之也。"子贡逡

---

① 吴楚材、吴调侯:《古文观止》,中华书局2010年版,第135页。
② 《孟子·尽心下》。
③ 《荀子·修身》。
④ 许维遹:《韩诗外传集释》,第15页。

巡，面有惭色，不辞而去。原宪乃徐步曳杖歌商颂而反，声满于天地，如出金石。①

原宪本自出身寒微，一生安贫乐道而不与世俗同流。先师孔子死后，更是隐居于卫国草泽之中，生活极为清苦却能坐而弦歌。相较之下，子贡身居卫国大夫，轻裘肥马而不能通过陋巷，只得下马问对于原宪。子贡以为原宪正冠则缨绝、捉襟而见肘之貌为病态，原宪反以希世论事、比周为朋为俗流，认为学本为己而教以为人方是正途，至于藏仁义之大义而以车马衣裘为荣，反而不是君子士人所有之貌。此一问对，终以子贡逡巡而有惭色为节，而原宪之行更为潇洒，以至于歌商颂而音声达满于天。不难看出，子贡外富贵而内实缺仁义之重，原宪虽则贫苦而内心却富足圆满，二者形象塑造跃然纸上，毋须深论。唯有一事不明者为，子贡与原宪同为孔门七十二贤之一，缘何因其富足形象而反使其不如原宪？即以《论语》观之，子贡勤勉好学、机智通达的形象较之原宪更为饱满。

子路与巫马期之例，与之相仿，亦有此问。《外传》卷二第二十六章有曰：

> 子路与巫马期薪于韫丘之下。陈之富人有处师氏者，脂车百乘，觞于韫丘之上。子路与巫马期曰："使子无忘子之所知，亦无进子之所能，得此富，终身无复见夫子，子为之乎？"巫马期喟然仰天而叹，儵然投镰于地，曰："吾尝闻之夫子，'勇士不忘丧其元，志士仁人不忘在沟壑。'子不知予与？试予与？意者其志与？"子路心惭，负薪先归。②

此处尚不触及子贡、原宪一类的行为选择，只是就对待尊师的价值选择及对贫富之态度稍有关涉，然而此处巫马期所表现出的愤怒之态及子路的羞愧难当之情，已使得前者仰天长叹、投镰于地，而使后者负薪先归。可以想见，孔门诸贤在追随尊师学知识与追慕财富之间的选择问题层面，

---

① 许维遹：《韩诗外传集释》，第11—12页。
② 许维遹：《韩诗外传集释》，第68—70页。

无可商议地选取前者。

巫马期对待贫富之态度,使我们自然而然地联想起孔门贤圣之颜回:

> 子曰:"贤哉,回也!一箪食,一瓢饮,在陋巷,人不堪其忧,回也不改其乐。贤哉,回也!"①

此处孔子夸赞颜回为贤的主要原因为颜回能够安贫乐道,身处贫寒之地而不忘其志。《外传》之中,亦有关于颜回之安贫乐道处,卷十第十九章有曰:

> 颜渊问于孔子曰:"渊愿贫如富,贱如贵……亦且可乎?"孔子曰:"善哉回也!夫贫而如富,其知足而无欲也。贱而如贵,其让而有礼也……若回者,其至乎!虽上古圣人,亦如此而已。"②

颜回以贫贱如富贵,孔子认为这是知足而无欲、以让为礼的表现,甚至认为颜回这一悟解之高度,可以上达古之圣人。

总之,《外传》基本以孔门诸贤为例,表达了贤才圣人安贫乐道,以贫苦寒境自我磨砺,而持守道义的态度。此处显现出,在传统政治思想中对富足价值的轻视趋向,反映出对追求富足这一价值,乏于正当性论证层面的支撑。

(二)道义重于贫贱生死

君子固穷的价值理念和行为选择,尚不涉及生死之事,然在道义与生死相抵触之时,舍生取义亦是君子所为。道义之所在,虽千万人吾往矣的价值选择和行为取向,在战国时期十分流行,《外传》亦屡屡以之举证,以明韩婴对忠义之士的敬仰之情、向慕之谊。《外传》卷一第八章有曰:

> 王子比干杀身以成其忠,尾生杀身以成其信,伯夷、叔齐杀身

---

① 《论语·雍也》。
② 许维遹:《韩诗外传集释》,第357—358页。

以成其廉。此四子者，皆天下之通士也。岂不爱其身哉？为夫义之不立，名之不显，则士耻之，故杀身以遂其行。由是观之，卑贱贫穷，非士之耻也……孔子曰："富而可求也，虽执鞭之士，吾亦为之。如不可求，从吾所好。"①

比干之忠、尾生之信、伯夷叔齐之廉，俱载于《论语》《孟子》《庄子》等诸子书，《左传》《史记》等史书亦记之甚详，可见四人事迹确系反映出秦汉之际的社会价值潮流。韩婴此处又引孔子之语"富而可求也，虽执鞭之士，吾亦为之。如不可求，从吾所好"，以此显示士人群体对道义的尊崇态度。这与孟子所站位的舍生取义、杀身成仁之立场主张，两相一致。

因之，士人与道义成为不可分离的两者：道义为士人所守，守道义者为士人，故而孔子有"士志于道，而耻恶衣恶食者，未足与议也"②之论。士人、道义、贫苦"三位一体"，内贯通一义而外形乎三者。故而，士人行为以道义为宗旨，《外传》卷一第十章载：

传曰：所谓士者，虽不能尽乎道术，必有由也。③

反映出士志于道的基本情形。此外，如同君子固穷一般，士人亦有超拔常人之处，无意于衣着饮食之俗人俗事，《外传》卷九第二十七章有曰：

士褐衣缊着未尝完也，粝苍之食未尝饱也，世俗之士即以为羞耳。及其出则安百议，用则延民命，世俗之士超然自知不及远矣。④

总之，来自外在饮食衣着方面的贫苦与富足，俱非士人所当留意者，临大事以出谋划策、挺身而出以救国家万民于水火者，方为遵循道义之士

---

① 许维遹：《韩诗外传集释》，第8—10页。
② 杨伯峻：《论语·里仁》。
③ 许维遹：《韩诗外传集释》，第12页。
④ 许维遹：《韩诗外传集释》，第331—332页。

人。此处再一次显现出,士人个体之事为私,而以关乎众人之事为公的传统理念。

顺乎士人君子对道义的坚守,其对君王权威亦不放在眼里,《外传》卷九第二十八章载:

> 齐王厚送女,欲妻屠牛吐。屠牛吐辞以疾。其友曰:"子终死腥臭之肆而已乎,何谓辞之?"吐应之曰:"其女丑。"①

屠牛吐宁可终身以宰牛为业,处乎腥臭之中,亦不愿与齐王之丑女同室而居,高岸傲洁之士人风格、出淤泥而不染之处世态度,雄然凌驾于权威之上。处于战国之际的士人君子,不仅未因蔑视王权而招来杀身之祸,反将尊崇高洁之士的风气看作形塑国家形象、增强国力的一种手段,《外传》卷六第二章有曰:

> 齐桓公见小臣,三往不得见……桓公曰:"恶!是何言也?吾闻之,布衣之士,不欲富贵,不轻身于万乘之君……"五往而得见也。②

桓公五往而得见布衣之士的逸闻,可能是后世小说《三国演义》中"刘玄德三顾茅庐"的原型出处,反映出君王之与士人的尊重态度,至于此事究竟属实与否并非重点。此处表达的是,齐桓公因尊重士人宁守仁义而穷苦的君子固穷态度,不以侯王之位而枉身屈尊于小臣的行为,得到天下诸侯赞赏,进而群向来朝,匡定天下的事实。这里表达的是,政治权威尊崇道义知识的基本立场,内涵传统士人君子的自我向往。

总之,无论是君子固穷式自我标榜,抑或士人以道义为尊而轻视贫贱生死的行为选择,俱指向自守贫苦与道高于君之旨趣。这里我们略作引申,追问贫苦来自何处?追问道高于君这一理念的最终事实呈现为何?

首先,解析士人贫苦之由来始末。战国时期,士人贫苦,乃整个社

---

① 许维遹:《韩诗外传集释》,第332—333页。
② 许维遹:《韩诗外传集释》,第202—203页。

会环境的历史反映。由于列国争霸及战略守成需要，各国纷纷加征税收，苛政所至猛烈于虎，以致百姓民不聊生。《孟子·梁惠王》即载有孟子答对梁惠王之策曰："百亩之田，勿夺其时，数口之家可以无饥矣。"① 可以想见，当时加征税收已然违背农作物自然生长之天时，致成民之饥穷状态。《道德经》第七十五章亦有曰："民之饥，以其上食税之多，是以饥。"② 故而除却不事生产之劳心者，作为劳力者基本能够满足自生的衣食住用之需。之所以依旧贫苦，只能是君上课税之多所致。

因之，贫苦之士的安贫乐道可以看作对"天道"的自我慰藉，认为天道意欲考察磨砺自我，进而以道义自守而贫苦自若。实则，这里的天道乃是人为所致。简言之，"天"道造成贫苦，而这里的"天"乃意志之天，所谓"天道"即是"君道"：君权神授、天道合一的君道以天道为凭借而行诸己意，立处战国之际而欲称王称霸，独占天下。此处，"天"与"人"合一："天"成为君权政治合法性的凭借，而君王成为行诸天意的工具，二者一度联手，既有效又合理地达成"天人合一"。故而，君王因乎天意而有课税之多之事，间接而有民之疾苦一事，士人之贫苦即在此列。故而，贫苦之士贫贱自若而不诉诸外物需求这一政治人格，实然支撑了君道之无良统治。而以贫苦之士为教化主体，实则就是效慕君子作顺民。所以，从维系政治秩序稳定角度视之，君子固穷且安贫乐道，是自愿甘作顺民的典型代表。

其次，我们还需要再次审视儒家富强观及儒家义利之辩的得失。"仲尼之门人，五尺之竖子言羞称乎五伯"③，五霸以政治军事强力获取地位，孔门羞称之，其不顾及强力、军力，明矣。在整个先秦儒家思想体系中，其本不以富国强兵之道为本，先秦诸子孔孟荀所持学说在政治实践中的冷遇亦可证成这一点。孔子被人讥笑为"知其不可而为之"④ 以致有"累累若丧家之狗"⑤。孟子周游列国，历程颇丰，但终不过一文士谋策之

---

① 《孟子·梁惠王上》。
② 王弼：《老子道德经注·七十五章》，第192页。
③ 《荀子·仲尼》。
④ 《论语·宪问》。
⑤ 《史记·孔子世家》。

人，言谈"迂远而阔于事情"①，故而始终没有委以重任。荀子在齐国稷下学宫三为祭酒而不得用，入秦议兵而罢，终缘春申君被废而因之葬于兰陵之地。若非后世汉初儒生推重，儒家"学统""道统"能否成立，颇为可疑。然而，不重富强霸道的儒家为何在汉初重回统治思想地位，值得思索。

简而言之，重视礼制尊卑的王权思想、教化万民节省统治成本的诛心之道、重视政策调节的中庸权变思想与重视民生的轻徭薄赋思想，乃儒家政治思想的特点所在。儒家思想在改朝换代之际功用十分有限，刘邦对郦食其、叔孙通等儒生士人的态度感知，可以说明这一问题。故而，其实然功效为在既有政治系统基本稳定后的社会领域进行调节，其当代价值亦应在社会领域，必矣。这再一次证明了，儒家政治思想的功用在于守成之道，而非攻取之术。

前文述及，反秦反法为汉初学术劲流，汉初以儒解法之势力甚强，致使反秦反法导致连带反对富强。求利富强一说在法家之中占有重要地位，但被儒家批判后，致使儒家道义之说占据法家富强说之上，此中国不富强之思想渊源所在。从儒家思想对法家思想的改造来看，儒生文人治国以压制武士尚勇精神，导致武士地位低下②，而西方中世纪传统的骑士精神与之迥异。儒家秩序观压倒法家富强观表现在，儒家所重之富强乃是相对性富强，礼制等级秩序乃是儒家根本，其富强观及秩序观坐落于其上。因之，儒家秩序观内涵抑制性治理倾向：一小部分有组织的精英群体占据相对优势，统领压制无组织的大众民瘼。于是，部分优异儒生通过科举进入官府、成为官僚，中等智识士人成为幕僚，最不济者成为教化民众之先生，以测字代写糊口，成为传统社会中的"劳心者"。儒家政治思想的保守倾向表现为"思不出其位"，即在既有角色之内行动：允其温饱，限其富强。将人功能性地划分为君子、小人，使得人角色化、工具化，既不是不分，亦非充分分化，更不是全面发展，而是限定在"可以然"之域，呈保守态势。这亦是中庸之道的妙处所在。

站位以儒家道义规训法家富强的层面观之，正当性压倒有效性、过

---

① 《史记·孟子荀卿列传》。
② 雷海宗：《中国文化与中国的兵》，商务印书馆2014年，第53页。

于重视道义,"不患寡而患不均,不患贫而患不安"① 的均平思想致使较重分配一面,以致对生产一端的富强留意过少。以儒家孟子为例,孟学重心性的理论向度致使其对富强观的理性论证处于缺位状态。注重节制寡欲的思想认知、基于等级礼制的相对性秩序及儒家君子士人对"劳力者"的组织优势,使得儒家治理思想朝向抑制性治理向度开去。偏向统治思想而非政治思想,可能是儒家思想的确切定位。秦制法家富强观当然有其遗毒所在,即偏重对资源的垄断性占有,儒家思想意欲纠正法家偏颇,但仍在既有范围之内进行局部调节,不能改变其统治思想的本质。儒家思想一脉致使,权力宰制理性、人伦压制科技,造成对自然世界的人文诠释过度,忽视了自然的原有生长性。

　　立处当下,我们应当部分纠正传统思想偏颇,从以儒解法转向以法解儒,经由法家思想对儒家思想的改造,以富强引领秩序,真正走向国家的富强之道。作为当代学人,亦应鼓足勇气,自我组织起来,通过正当手段谋求富足生活,走出传统儒生士人"君子固穷"之藩篱,走向现代知识人的自由状态,游离于政治之外。

　　最后,立足传统政治思想角度,审视中国传统重农抑商政策。传统社会并非不重视经济效率和资源集聚,而是重视政治变量对经济变量的绝对控制,以阻止其规模扩大,防止其功能、结构和层级的进一步分化细化,以及系统性规模的出现,取消其整体涌现性。在传统政治制度中,经济职能变量的独立位置不明晰,其主要表现为在居于传统政治结构中轴的官僚制度——三公九卿制及三省六部制中,经济职能较少有独立性质。经济变量在整个结构中不独立,在整体层级中位序不高,只能依赖其他层级而依附发展,不可能呈现出自组织的衍生状态。宁可积贫而整全,不可富足而离散,成为传统政治生态的固有思维模式。之所以如此,究其实质,一则是为了防止经济要素成为与政治要素并立的平行要素,影响政治的独尊地位。二则经济理性的发展容易造成独立自由思维的生发,这二者必将为传统王权主义思想架构所不能忍受。故而,中国传统政治要素与经济要素最终形成官商互援的中国特色政商结构。这一结构乃是政治要素挤压经济要素畸形发展的结果,其本身缺乏经济理性,但

---

① 《论语·季氏》。

却有政策合法性（重农抑商政策）以及部分正当性（士农工商四民划分的社会结构）。这是我们立足当下，身处现代社会建构进程中，所不能不警惕者。

二 身处道学与王权之间的士人

君子固穷及安贫乐道的价值选择，仅关乎个体人格之高洁，尚有不触及他者及政治权力之余地。至于尊师及对道学的崇敬态度，则往往与君王相干：古代君权神授，君王意欲统揽一切事务，而尊师与尊道学显然相向争衡，于是二者之间遂有相合与相离这两种可能。儒家先圣孔子主张：

> 笃信好学，守死善道。危邦不入，乱邦不居。天下有道则见，无道则隐。邦有道，贫且贱焉，耻也；邦无道，富且贵焉，耻也。[①]

孔子"有道则见，无道则隐"主张在逻辑上没有乖谬之处，然其自身身处"陪臣执国命"之无道之世，却以"知其不可而为之"的人生态度隐然变通"无道则隐"的学术态度：在公山弗扰、佛肸发出召唤之际急欲前往，子路以道义加以阻拦，逼使孔圣进而发出"吾岂匏瓜也哉？焉能系而不食"[②] 之叹。这是传统士人积极入世以实现自身价值而不得的悲哀所在：除却政治一隅，其再也找不到能够施展抱负之处，而无道之世却与自身处世信念相悖逆。然而士人君子不可籍籍无名、冷眼旁观，子曰：

> 士而怀居，不足以为士矣……邦有道，危言危行；邦无道，危行言孙。[③]
>
> 邦有道，则仕；邦无道，则可卷而怀之。[④]

---

① 《论语·泰伯》。
② 《论语·阳货》。
③ 《论语·宪问》。
④ 《论语·卫灵公》。

传统士人知行合一的实践观要求其进入世俗社会，进而教化民瘼，改造社会。这与道、佛两家思想旨趣迥然不同，与西方中世纪传教士关怀超越世界的出世态度亦相隔膜。儒家君子不仅应当积极入世，还应以所其学凌驾于政统之上，不屈就于王权：

> 陈子曰："古之君子何如则仕？"
> 孟子曰："所就三，所去三。迎之致敬以有礼；言将行其言也，则就之。礼貌未衰，言弗行之，则去之。其次，虽未行其言也，迎之致敬以有礼，则就之。礼貌衰，则去之。其下，朝不食，夕不食，饥饿不能出门户……周之，亦可受也，免死而已矣。"①

简而言之，孟子以是否礼遇君子为去就之标准，礼敬则就之，礼去则舍之。如此半推半就、欲推欲就、不推不就之模棱状态，形塑道学与君王间的拉锯推搡之势，儒家之君子与小人亦在道义与利益的选择之间定性。细查《外传》，既有士守己道不从君者，亦有立处君道批评士人者，还有以道学为尊而睥睨君王者。

（一）士守己道不从君

《外传》之中，关乎士人、君子、臣子以自身所持守道德人格、道义、学统等为尊，进而无视贫贱、君王者，大都出自战国时人。此处士人自择君主及"不从君"两种态度，亦然。盖战国诸雄俱以"定于一"为己任，欲统一宇内、环伺诸国，于是注意力转向提高治国能力、增强国力等方面。国力之争迅即转向人才之争，故而士人地位间接被时代拉高，进而有了选择君主的政治空间，因之以"不从君"自我标持。《外传》卷二第二十二章有曰：

> 伊尹知大命之将至，举觞造桀，曰："君王不听臣言，大命至矣！亡无日矣！"……于是伊尹接履而趋，遂适于汤。汤以为相。②

---

① 《孟子·告子下》。
② 许维遹：《韩诗外传集释》，第57—59页。

这里以伊尹去夏桀而夏亡、适商汤而商兴为例，一去一来而朝代鼎革遂成，证成了关键贤才对国运兴衰的枢纽作用。伊尹之事，处夏、商之际，时间较为特殊，尚不具备一般性，然对贤能人才的重视一事，则表露无遗。这是士择君主之一例。

《外传》卷二第二十三章则连以伊尹、田饶、介子推三人为例，说明贤才之重：

> 伊尹去夏入殷。田饶去鲁适燕。介之推去晋入山。田饶事鲁哀公而不见察……遂去之燕。燕立以为相。三年，燕政大平，国无盗贼。
>
> 晋文公反国，酌士大夫酒，召舅犯而将之，召艾陵而相之，授田百万。介子推无爵。齿而就位……遂去而之介山之上。文公使人求之，不得。①

田饶事鲁哀公而哀公不能察见其才略，任以官职而不见重用，于是去鲁来燕，燕国任以为相，三年而燕国大盛，哀公后悔不已。与之同理，介子推之才略不为晋文公所察，则入山不出，以此彰君之恶。方才提及，得遇明主并与之游，是士人君子施展才华的绝妙理想。孔子身处乱世依然不改救世之心，意欲辅佐叛臣公山弗扰。而此处臣子，则以君王碌碌无能而却之，与孔子相较，高下立见。况且晋文公为五霸之一，与庸主一类相距甚远，战国时人君子之自由选择，于此可见一斑。

士择君主，依旧为从君的一种形式，只不过为从彼君而不从此君，以"君道"为守，具有一定的自主性。至于"不从君"的态度，则一方面表现为斥责君主，另一方面则表现为不守"君道"，逃离于君臣之外，自我逍遥。《外传》卷九第二十一章载：

> 田子方之魏，魏太子从车百乘而迎之郊。太子再拜，谒田子方，田子方不下车……田子方曰："吾闻以天下骄人而亡者有矣，以一国骄人而亡者有矣。由此观之，则贫贱可以骄人矣。夫志不得，则授

---

① 许维遹：《韩诗外传集释》，第60—65页。

履而适秦楚耳，安往而不得贫贱乎？"①

田子方以贫贱自处，近乎傲慢无礼，相较之下魏国太子依旧再拜而退的态度，俨然以德抗位之孟子神态。回味二人对话，亦颇有韵味：田子方贫贱自若，无求于魏国公子，在秦、楚二国亦可得贫贱，而不必在魏，故而志气甚高；反观魏公子则以田子方为贤才，急欲招纳之，反而战战兢兢，礼遇有加。此事终以田子方不下车而完，战国时人之态，已然跃跃于纸上，颇为神气自得。

楚地士人多浪漫隐逸之属，加之受道家老庄文化影响，更为如此。《论语》中即载有桀溺、荷蒉者与荷蓧丈人等楚人，不问世事专务耕稼之事。《外传》亦载有此类楚人，彰显出他们不从君王的隐匿避世态度。《外传》卷二第二十一章有曰：

> 楚狂接舆躬耕以食。其妻之市未返。楚王使使者赍金百镒造门……妻曰："君使不从，非忠也。从之，是遗义也。不如去之。"乃夫负釜甑，妻戴纴器，变易姓字，莫知其所之。②

此处狂接舆之事，颇类楚威王聘庄子之故事。此处借由狂接舆之妻口吻，说出在自身道义与忠君之间发生矛盾时，既不从君亦不失义，而是隐姓埋名、逃逸山林以求自我逍遥的个人行为选择。《外传》卷九第二十三章亦载有此类事实，只是变成了楚庄王与北郭先生之事：

> 楚庄王使使赍金百斤聘北郭先生。妇人曰："夫子以织屦为食，食粥毚履，无怵惕之忧者何哉？与物无治也。今如结驷列骑，所安不过容膝，食方丈于前，所甘不过一肉。以容膝之安，一肉之味，而殉楚国之忧，其可乎？"于是遂不应聘，与妇去之。③

---

① 许维遹：《韩诗外传集释》，第325—326页。
② 许维遹：《韩诗外传集释》，第56—57页。
③ 许维遹：《韩诗外传集释》，第327—328页。

这两则楚人不从君之事的逻辑理论基本相似，共同说明了楚人安于自我逍遥处境，而不屈身于君的不从君态度。从这一层面观之，则反秦之事起于楚地楚军之项羽、刘邦者流，实有楚地浪漫文化的内在支撑。

（二）批评不从君

一方面，《外传》对不从君的士人选择，一般不予评议。另一方面，则直接将批评指向不从君之人。《外传》卷八第三章载楚昭王三次欲以屠羊说为臣，屠羊说三次回绝，并遭到士人君子批评之事：

> 遂辞三公之位，而反乎屠羊之肆。君子闻之曰："甚矣哉！屠羊子之为也。约己持穷而处人之国矣……在深渊之中而不援彼之危，见昭王德衰于吴，而怀宝绝迹，以病其国，欲独全己者也。是厚于己而薄于君，狷乎非救世者也。"①

前段事迹与上文楚人不从君之事基本一致，此处屠羊说则逃亡人世，入于山涧之中。所不同者，此处司马子期的劝说之辞和君子的批评立场，均以忠君从命为上，对屠羊说独全自己而不顾国家于危难之际的行为，认为是不忠不义的狂狷行为，并以周代救世申伯、仲山甫之事，间接说明了君子士人对屠羊说的不满。此事亦见于《庄子·让王》。总之，韩婴以君子士人自处，站在国家君王角度言事，批评了辞不受命的隐逸者之流，批评了隐士不以国家为重的行为。这与孔子对狂接舆的任其自流态度相比，显然向君王角度靠近了。

与屠羊说不同，申徒狄以比干、伍子胥自况，认为自己空怀一身本领而无明君赏识，世道不公，遂而抱石沉河。《外传》卷一第二十六章载：

> 申徒狄非其世，将自投于河。崔嘉闻而止之曰："吾闻圣人仁士之于天地之间也，民之父母也。今为濡足之故，不救溺人，可乎？"申徒狄曰："不然……故亡国残家，非无圣智也，不用故也。"遂抱

---

① 许维遹：《韩诗外传集释》，第272—274页。

石而沉于河。君子闻之曰："廉矣。如仁与智，则吾未之见也。"①

此处《外传》再以君子立场发声，从价值判断角度认为申徒狄虽然可称廉人，然非圣人仁士之流。此外，《外传》卷一第二十七章载鲍焦弃其蔬而立槁于洛水之事，并对其直接提出批评：

> 君子闻之曰："廉夫刚哉！夫山锐则不高，水径则不深，行磏者德不厚，志与天地拟者其为人不祥。鲍焦可谓不祥矣。"②

这里以鲍焦为"不祥"之属，表明了君子的批判态度。

总结以上所举例证则可以看出，《外传》立场即为"君子"立场，对士人遵守自己内心而不从君的行为选择在一定程度上给予默许，另一方面则对不从君之人给予严厉批判。

（三）道、学高于君

与批评部分士人不从君王的态度相对，《外传》对部分学人尊师则给予同情之理解，并有高扬儒生士人之态势。这可能与韩婴本人作为博士官的立场有所关联。此处之"道"指的是"君道"，"学"指的是学礼义忠信，学做圣人。《外传》卷三第十五章持守教学相长之旨认为：

> 虽有善道，不学不达其功。故学然后知不足，教然后知不究。不足，故自愧而勉。不究，故尽师而熟。由此观之，则教学相长也。③

此处对学习的重要性给予充分肯定，并将所学的内容直接指向"道"。道之尊，取决于师，所谓"师道尊严"是也。故而，尊师方能尚道。《外传》卷三第十六章载师严然后道尊之学术立场：

---

① 许维遹：《韩诗外传集释》，第26—37页。
② 许维遹：《韩诗外传集释》，第27—29页。
③ 许维遹：《韩诗外传集释》，第98—99页。

> 凡学之道，严师为难。师严，然后道尊。道尊，然后民知敬学。故太学之礼，虽诏于天子，无北面，尊师尚道也。故不言而信，不怒而威，师之谓也。①

这里以太学之礼不北面向君，证成了师道尊严的崇高性，有睥睨政治权力之态，部分说明了韩婴身处博士官一职的自我肯认态度。这一尊崇态度的自我标持，可能与战国以来士人自由学风的延续有所关联。

韩婴亦对贫寒士人以道义自处的态度有所优容。《外传》卷九第二十二章载有戴晋生与梁王之事，表达了君不识贤则士不往的态度：

> 戴晋生弊衣冠而往见梁王……戴晋生欣然而笑，仰而永叹曰："嗟乎！由此观之，君曾不足与游也……今臣不远千里而从君游者，岂食不足？窃慕君之道耳。臣始以君为好士，天下无双，乃今见君不好士，明矣。"辞而去，终不复往。②

戴晋生以道义为尊，认为梁王有招纳贤才之心，然梁王却以戴晋生为稻粱谋之辈，故而辞君不往。此处《外传》不以戴晋生为非，亦没有站位君子角度给以评议，显现出对士人的优容态度。

进而，君王意欲学礼学道，则必然对传道授业解惑之师持尊崇态度，否则师尊可以不行教化之事。《外传》卷三第十四章载有闵子"礼有来学无往教"之旨趣：

> 孟尝君请学于闵子，使车往迎闵子。闵子曰："礼有来学无往教。致师而学不能学，往教则不能化君也。君所谓不能学者也，臣所谓不能化者也。"③

即使君王受教于师，亦需尊崇师道，这是典型的儒家立场。反映了儒家

---

① 许维遹：《韩诗外传集释》，第 99 页。
② 许维遹：《韩诗外传集释》，第 326—327 页。
③ 许维遹：《韩诗外传集释》，第 98 页。

士人君子以道义自处、以礼制为尊、以教化为重的学术态度，亦是以其自身学术规训王权这一美好政治理想的表现。

总之，从《外传》观之，传统社会中的君子士人，是一个与王权距离各异的向心力量，而非异质性因素。其本身不具有游离态的独立特征，而是高度依附王权，以知识为仕进之途，意欲介入权力体制、分享利益的积极参与者。

行文至此，我们需对儒家以道德人格、以知识教化意欲驯服王权的政治理想做一简要分析，进而对以下两个问题做一分析论述。其一，以道德规训政治是否合适，以道德水平高低评判政治人物是否应当，道德人格与政治人格的差异在哪里？其二，在传统社会中，道德、伦理与政治三者的大致关系为何？

就内在规定性而言，道德多指向自我与自心间的关系，伦理指向亲我关系，而政治则指向一般性的人人关系。三者具体呈现为人我关系、社会关系和公共关系，其具体所指范围逐步增大。自我与自心间的关系为任何一人所无法避免，故而佛家《坛经》有"自识本心，自见本性"[①]的说法，获得一般信众信仰。伦理关系亦属天然，但在脱离一定空间时间后，即在脱离熟人社会的乡土环境后，自然消解。政治关系则属少数人在部分脱离伦理束缚后的、更为外向的公共关系：基于政治利益分配的斗争无法波及每一个人，虽则人人难以避免，但并非人人能够真正得以参与其中。只有现代政治关系才能涵摄所有具有公民资格的群体，而在传统社会则非。

将这一区分置诸传统社会之中，则修身慎独的"内圣"追求基本指向自我，属道德心性一目。推而广之，"己所不欲，勿施于人"和"己欲立而立人，己欲达而达人"的忠恕之道指向人我关系，但却没有形成相应的对等伦理秩序。传统伦理秩序仍是基于"差序格局"的礼制等级秩序，这一指向与"仁"之对等要求形成强烈比照。而政治关系的达成，则基于"家国同构"模式，由"父子""夫妇"推演至"君臣"一伦。理论层面的演绎基本如此，然政治关系涉及实然层面的利益分配，政治的实践品格并非完备理论尽可完成。因此，在实践层面往往呈现的是，

[①] 郭鹏：《坛经校释》，中华书局2012年版，第37页。

政治权力对家族伦理的破坏,礼制尊卑对仁义平等的忽视。

此外,道德层面的内圣与政治层面的外王常常发生断裂。内圣外王在理论推理方面层层推进、逐一达致,细分即为"格、致、诚、正、修、齐、治、平"这"八条目"。而在现实层面,内圣指向道德修身,内向超越到"天道"一隅,形成终极意义层面的"道统"。故而,内圣所指向的"天"为"道德之天"。外王则以武力为后盾,占据实有政治资源,表面接受道统制约、虚心纳谏,实则在占有政统后进而占有道统,实现"天人合一"。故而,外王所指向的"天"为"权力之天"。因此,道德人格与政治人格两者处实然二分状态,无法在现实层面形成先后逻辑关联,强行为之则表现为政治人格对道德人格的侵占、占有和剥夺。这两者之间的矛盾,亦是儒、法矛盾和礼、法分歧的一个侧面表征:道德理想主义和现实功利主义往往分道扬镳,抑或后者常常凌驾于前者之上。故而,儒家所谓以"道统""学统"规训"政统"的学说,往往流为虚谈。

进一步从理论角度分析,就政治的基本内涵而言,其是对社会资源的权威性分配。这一定义包含政治的两个基本要素:政治秩序的达成和政治关系的优化,前者有专制政体与民主政体之分、极权主义与自由主义之别,后者则有心理认同与否及认同程度的强度差异。良善的政治格局,应当为基于高度政治认同的自由政体,兼具政治秩序的稳定性和政治认同的正当性。就中国传统社会而言,儒家意识形态高度认同君主政治,"三纲六纪"原则得以普遍认可,缺陷主要在于"自由"一项。在这一政治文化支撑下,虽则古代行政能力和行政技术相对有限,但依旧维系两千多年的君主政治。落实到具体的政治实践中,对社会资源的争夺往往会削弱政治认同,进而威胁到政治秩序的稳定。在政治秩序与政治正义二者冲突之时,牺牲的往往是政治正义。因此,政治哲学对美好政治生活的向往,假如不被政治权力认可并实然实施,其自身只能依附于政治权力,成为美化权力、粉饰太平的工具。

传统政治的欺骗性即以虚伪的历史正当性掩盖政策合理性,许民以民生、民主但却永远不能施行。即使民生民富有利于政治系统的富强,也要加以限制,以防止下层力量掌握优势,推翻现有政治利益集团的暴政。这也从侧面印证出,传统王朝统治没有公共性,只是社会性组织力量,亦无公共服务意识。① 虽则大喊"天下为公",实则"以我之大私行天下之大公"②。因之,传统政治吸纳社会表现为大营宫室、大兴土木、雕栏玉砌、玉盘珍馐之奢华贵族享受,将社会资源尽数收纳并消耗。但这却有深长之政治合理性,即减小民间对抗性力量形成之概率。从政治吸纳层面言之,科举考试之实质亦是吸纳民间社会精英、抽去民间资源之组织精华的过程,以减少民间自组织团体出现的可能性。

如此,则意欲驯化政治权力的最后一道屏障——学校,亦成为王者教化之地。王权主义的政治弥散性,贯通上至朝堂、中经家族、下到学校、波及江湖草野的各层社会空间。概言之,一个王有天下、礼法同治、忠孝互济、道学尊君的一统政治格局,显现于传统社会之中。以上诸章,乃就政治规则和政治伦理言之,大概属外显制度层面,是为社会结构的整体呈现,具有一定的稳定性。至于政治生活中的"人"及人的思维模式,则尚有一定的腾挪空间。以下两章,即转向政治中的"人"——君、臣、民政治角色和天人合一政治思维角度,察验王权主义思想的具体呈现。

---

① 葛荃:《社会性与公共性析论——兼论中国社会三层次说及其方法论意义》,《学习与探索》2013 年第 10 期。

② 黄宗羲:《明夷待访录·原君》,中华书局 2011 年版,第 8 页。

第四章

君臣一体

在中国传统书法艺术中,有所谓骨、肉、筋、血之惯常说法,加之以"体"一项,可成体、骨、肉、筋、血五者。以书法艺术理论为喻,可以更为直观地体察中国传统政治与政治思想的整体架构。具体言之,则中国传统政治的"体"指的是君主政体,它的"骨"架是礼制习俗,它的"肉"身乃忠孝伦理,此三者上述三章已有论及。它的"筋"脉指的是君君臣臣、君尊臣卑的观念及一套官僚制度,它的"血"液则指的是天人合一思维方式。而诸如和谐思想、仁义思想、君子思想及教化思想等一类,俱在这骨、肉、筋、血之中,没有超脱其外。值得注意的是,忽略礼制骨架来谈仁、义,是把一生物体的骨架抽掉,使之成为一摊肉泥:任人摆置,随意地腾挪转移,随意地为时人诠释。这是传统可以不断得以诠释的根由所在。比如,可以把仁义之肉,加以调味佐料,变成氽丸子,变成酱猪肉,红烧清蒸都可以,但它的本真原味仍是礼制等级和君尊臣卑。故而,以西方社科理论为诠释中国政治思想的色素及调味佐料,终究难掩其原有肉质之味。个种差异,只在烹饪手法之高低及菜品的观感而已,舍此无他,卑之无甚高论。至于近代港台新儒家及美、日汉学诸家,均可视为此类。然其亦自有意义所在,此处不赘。

站在当下回望中国传统政治,其中的君主政体、礼制骨架、忠孝肉质和尊卑筋脉,或许已然魂飞烟灭,但它的精血依然流淌在每个现代中国人之中。这个精血就是王权主义,具体表现可分为不同方面,可以是政治权力支配经济理性,可以是行政权力支配社会,可以是威权主义,可以是权力宰制理性,等等。此外,还可以呈现为:知识人本身的自我堕落,思想的自我阉割和思想主体的自我谄媚。思想的谄媚和自我阉割表现为，自清末以来背后的那条"思想辫子"，如同清代辫子一样，虽沉重而不舍得裁剪。清朝已然覆灭亡国，然国人辫子依存。这使得身处现代社会的中国人，仍然不能像是一整全的现代人，无法成为具有主体性的认识主体，依然拖沓着这条辫子。精血未灭，即有借尸还魂之虞，政治儒学幽灵游魂时有回光返照之势。尤为警惕之处为，只要精血还在，就会代代遗传、变异，翻新出各色式样，然其本质从未改变。总之，传统政治文化乃一带刺玫瑰，不能只顾及其美丽光鲜的外表，假若不提防其原有弊端，必将有扎人出血、致人昏厥以致死亡之忧。

回落至本文论述，则上述三章偏重对中央集权君主政体、礼制政治架构及忠孝政治伦理等偏重"制度"习俗方面的察看，以下两章则集中于有关君、臣、民政治角色与天人合一政治思维的论述，转向人及人的思维等主观层面进行深入论述。值得注意的是，政治制度与"政治人"二者之间，虽则有矛盾之处，然并非不可调和，实乃在"阴阳组合结构"下的一体两面。于是，政治人在既有政治制度之下找寻适宜自我的政治角色，谨小慎微地在各种规制墙壁间隙之间腾挪蜷缩隐忍，或间接或直接地支撑着政治体系的稳定和政治制度的运作。从君、臣、民三者政治角色言之，实则礼制尊卑、忠孝伦理等制度性要求，渗入人的思想内部，规训着人的言行举止。在这一层意义上可以说，君、臣、民政治角色是政治制度和政治规范的人格化体现，亦是对人的政治化规训。将具有多重可塑性选择的主体——人，置入政治权力规则的瓶瓶罐罐，则陶铸出模式化的政治人格。在这一形塑过程中，消磨了作为主体之人的思维自由和自由思维。

总体言之，秦汉以后的王权主义思想，注入纳谏、任贤、依靠知识选拔官僚等调节神人合一、君权神授的柔性机制，进而促成察举制度、科举制度等的形成，增加了异质性倾向因素，并在董仲舒那里总汇为系统的天人学说，政治系统的开放性、融通性使得王权主义具有强大的适应性。

从君臣关系层面言之，中国传统政治格局一般围绕君权和相权展开。君权类似于所有权，所谓"普天之下，莫非王土；率土之滨，莫非王臣"是也。相权类似于管理权，其领导整个官僚系统，总理具体行政性事务。正如萨孟武所言，我国传统政治虽非民主政治，但其政制却有近于内阁制,皇帝(天子)的继承依赖血缘(贵族),身份相对较为稳固,但天子不必皆为贤良,因之需要贤相的辅佐,贤相依靠天子的选拔而定,二者互为补充,相得益彰。①在圣君贤相治理下,定会出现河晏海清、祥瑞频现的治世景观,但政治现实之中却是君权对相权的猜忌、诘难和折服,围绕君权形成近侍私臣这一政治空间,甚或在君相之间出现外戚、宦官这一畸形政治空间。这一政治空间的存续并非出于偶然,而与中央集权制的政治格局相适应,与皇权政治的普遍主义性格相吻合。君权及分享其权力的私臣,相权及其代表的整个官僚系统,加之以地方半自治的乡官、乡绅,三者共同构筑了传统政治系统的政治权力主体,即通常所说的"官"。作为"官"的政治权力主体与作为"民"的社会政治主体间的政治空间亦是传统政治格局中难以跨越的另一政治阻隔,其与天子私臣这一政治空间一道成为阻碍正常政治流动和社会流动的空间阻隔,加之以时间、代辈的层层累积,最终形成政治格局的时空阻隔。时空阻隔的出现,则将君、臣、民三者离析为三种不同政治角色,各守其边界而难以逾越。这一时空阻隔的存续在天下太平时有拉大政治层级、稳定政治格局的作用,在王朝更迭时又会加大不同层级间的矛盾,造成自下而上式战争的持久性和残酷性。

在现代社会中,按照是否获取政治权力来划分政治主体,可以将之分为政治权力主体和社会政治主体。②前者为进入权力部门,执掌和操作政治权力的人员,在政治生活中起主导作用,其主要关注政治秩序的维护。后者为政治权力之外的人员,在政治生活中处于从属地位,其主要关注政治民主的实现。二者并无主客之分,其属性均为政治权利主体,都在法律规则下行使自我政治权利,履行自我政治义务。在传统政治社会和政治关系中,独操权力的帝王及分享权力的官僚是当然的政治主体,劳苦大众从不享受任何权利。更为荒谬的是,帝王的血缘近亲(即外戚)及其近侍宦官都有号令百官、欺压百姓的可能,继而结党营私、左右政局,是谓"一人得道,鸡犬升天"。这种以掌握权力、拥有暴力凭借为主体,进而公权私用、为己谋私的"权力观",不要说不符合当代"公权

---

① 萨孟武:《中国政治思想史》,东方出版社2008年版,第6页。
② 李景鹏:《权力政治学》,黑龙江教育出版社1995年版,第22页。

力"的政治品格,即使是在"王道"政治和"王法"面前亦不为容。长此以往,必定会造成民众对权力合法性和政治秩序的不满,加之其他条件,极易造成民众为争取政治权利、利益,为获取社会民主主体地位而进行暴力夺权和暴力革命的可能性,改朝换代亦在所不惜。这是"重民"思想的主要背景。

第一节 以君为道

从与法的关系层面看君、臣、民三者的关联,可知"夫生法者,君也。守法者,臣也。法于法者,民也。君臣上下贵贱皆从法,此谓为大治"①。从这里可以看出,君的主导地位、臣的从属地位和民的低下地位。对三种政治主体和政治角色的划分,是形塑礼制尊卑的关键所在,亦是对礼制的人格化。《外传》卷三第五章载:

> 传曰:以从俗为善,以货财为宝,以养性为己至道,是民德也,未及于士也。行法而志坚,不以私欲害其所闻,是劲士也,未及于君子也。行法而志坚,好修其所闻以矫其情,言行多当,未安谕也,知虑多当,未周密也,上则能大其所隆也,下则开道不若己者,是笃厚君子,未及圣人也。若夫修百王之法,若别白黑,应当世之变,若数一二,行礼要节,若性四支,因化立功,若推四时,天下得序,群物安居,是圣人也。②

民德、劲士、君子、圣人四者的追求和境界不同,是四者得以清晰界分的关键。在形塑政治秩序的过程中,尊卑等级的划分是提升治理水平和治理能力的必然要求。然而,如此重"分"与"节"的礼制要求,并没有对民、士、君、圣的一致性和基本层面进行论述。同理,基于君、臣、民的政治角色划分,亦无对臣民基本利益和基本权利以持续有效的保障,致使丰年则臣民均沾皇恩较多,而贫苦之年则受到权威压迫亦多,性命

---

① 黎翔凤:《管子校注·任法》,中华书局2004年版,第906页。
② 许维遹:《韩诗外传集释》,第84—86页。

不保。基本权利获取的不确定性，是传统社会动荡不安的一个重要原因。整体言之，人的角色认知不同，相应要求亦随之改变，这较之孟子所谓"劳心者"与"劳力者"的划分有所细化，是对其思想学术的进一步深入和细化。

一 政治价值的核心

中国传统政治价值结构的核心是君权至上。从君主政体角度言之，维系君主本人尊严即是维系君主政体和整个政治系统的稳定，君主与君主政体紧密相连，二者常常同时论述。因之，在君主政体遭遇批判之际，政治思想家们往往是反个别昏庸君主而不反君主政体，企图在既有君主政体下，进行政策调节和机制改革。故而，在传统政治社会中，有所谓尊君罪君模式存在，即使君主本身亦用"罪己诏"这样的政治行为来向世人争取同情，以期完成政治调节实现政策转向目标。总之，君主是传统政治价值结构的核心所在，体现在《外传》之中，则形塑为以具象的君道为道和以君为圣进而教化民瘼。以下即从这两个层面，加以论述《外传》中的君道思想。

（一）君道即道

"循道"的政治思维[①]，是传统政治社会的一个思维特点。至少在先秦秦汉思想家的认知谱系中，道是终极的、至上的认知来源。对"道术将为天下裂"[②]的担忧，是《庄子·天下》的主要立意所在。相较于术的权变特点，道不可须臾离身，《孟子·尽心上》即有"穷不失义，达不离道"[③]的说法。《礼记·中庸》载"道也者，不可须臾离也，可离非道也"[④]，证成了道的实践性特点，不可须臾离之。故而，"道"的至上性特点，与"王"与"君"的至上性特点十分相类，遂有"王道""君道"的说法。《外传》卷五第三十一章即以"道＝君道"，证成了二者的内在逻辑勾连：

[①] 葛荃：《论传统中国"道"的宰制——兼及"循道"政治思维定式》，《政治学研究》2011年第1期。

[②] （晋）郭象注，（唐）成玄英疏：《庄子注疏·天下篇第三十三》，第557页。

[③] 《孟子·尽心上》。

[④] 《礼记·中庸》。

> 道者何也？曰：君之所道也。君者何也？曰：群也，能群天下万物而除其害者，谓之君。王者何也？曰：往也。天下往之谓之王。曰：善生养人者，故人尊之。善辩治人者，故人安之。善显设人者，故人亲之。善粉饰人者，故人乐之。四统者具，而天下往之。四统无一，而天下去之。往之谓之王，去之谓之亡。故曰道存则国存、道亡则国亡。①

这里以道、君、王"三位一体"加以论述，进而得出道存则国存、道亡则国亡的结论。此外，这里对君道作出四项职能划分：善生养人、善辨治人、善显设人和善粉饰人。其中，除暴安良以保护农、商诸人，是为生养人；设职分事以辨别天子、诸侯、大夫，是为辨治人；以德为重、量能授官，是为显设人；遵循礼制皆有等差，是为粉饰人。四者皆具，则贤愚、贵贱、上下均通治无碍，天下往之则王道、君道自立。值得注意的是，此处王道不仅指出王与道的一致性，还对王提出四方面要求，只有切实做到这四个方面，才能实现"天下往之谓之王"的王道。"天下往之谓之王"的说法，与现代对"威望"一词的理解有相似之处，即有忠诚的、心悦诚服的追随者，才能形成威望，成为王者。这是韩婴等儒生士人的政治理想所系，反映出对王道乐土的心向往之之情。不难想见，这与植根于暴力掠夺的政治权力现实，颇有差距存焉。

（二）圣主教化

延续君道合一理路，《外传》对君王本人亦作出儒家道德规训的伦理要求，使之成为教化社会的主体。《外传》卷八第二十九章有曰：

> 望人者不至，恃人者不久。君欲治，从身始。人何可恃乎？②

这一对外人不可凭恃，只能借从君王自我管理的需求，实则是儒家反求诸己观点的再现。与以修身为始、经由齐家、达致平天下的《大学》宗

---

① 许维遹：《韩诗外传集释》，第197—199页。
② 许维遹：《韩诗外传集释》，第299—300页。

旨相一致，和"其身正，不令而行；其身不正，虽令不从"① 的旨趣相当。做事先做人，为官先做人，为君先做人，都属此类思想。因之，类似谦虚谨慎、不骄不躁的个人行事风格，都成为为王、为政的具体要求。

《外传》卷八第三十一章诠释了《尚书·大禹谟》中"满招损，谦受益"② 的古训：

> 故天道亏盈而益谦，地道变盈而流谦，鬼神害盈而福谦，人道恶盈而好谦。谦者，抑事而损者也。持盈之道，抑而损之，此谦德之于行也……夫易有一道焉，大足以治天下，中足以安家国，近足以守其身者，其惟谦德乎。③

天道、地道、鬼神、人道四者，莫不有益于谦德，而变损持盈之道。谦德远能治理国家天下，近能守身，说明了做人与为政的统一性。值得注意的是，"天道亏盈而益谦，地道变盈而流谦，鬼神害盈而福谦，人道恶盈而好谦"④ 四句出自《易·谦》中的象。另外，对谦德的重视，与《老子》第七十七章"天之道，其犹张弓与！高者抑之，下者举之；有余者损之，不足者补之。天之道，损有余而补不足"⑤ 的思想，亦是一脉相承。此外，《外传》卷七第十三章记载了对周公式忧患意识的强调：

> 孔子曰："明王有三惧。一曰处尊位而恐不闻其过，二曰得志而恐骄，三曰闻天下之至道而恐不能行。"⑥

这与《论语·泰伯》所载基本一致：

---

① 杨伯峻：《论语·子路》，第152页。
② 王世舜、王翠叶译注：《尚书·虞书·大禹谟》，中华书局2009年版，第365页。
③ 许维遹：《韩诗外传集释》，第301—303页。
④ 楼宇烈：《周易注校释》，中华书局2012年版，第61页。
⑤ 王弼：《老子道德经注·七十七章》，第194页。
⑥ 许维遹：《韩诗外传集释》，第254—255页。

子曰："如有周公之才之美，使骄且吝，其余不足观也已。"①

总之，在韩婴看来，为君与为政的逻辑高度一致，做人与做事亦同为一事。以此为基础，《外传》中进一步指出君主行使教化的主张。

首先，《外传》卷五第十一章认同"上之所好，下必甚焉"自上而下式的教化路线，并以敬孝为例，说明了明王圣主自我修身及推己及人的功效：

上不知顺孝，则民不知反本。君不知敬长，则民不知贵亲。禘祭不敬，山川失时，则民无畏矣。不教而诛，则民不识劝也。故君子修身及孝，则民不倍矣。②

圣王教化基于人我同类的推度之心，《外传》卷三第二十八章有曰：

圣人以己度人者也。以心度心，以情度情，以类度类，古今一也。类不悖，虽久同理。③

这里的"度"即"推度"之意，乃基于同心、同情、同类的推己及人，遵循由己出发教化、感染他人的路径。此为先秦儒家孔、孟、荀所共同认同。推己及人的教化思想不仅为儒家诸生高度认同，且信服其确有史实的证明。《外传》卷三第二十三章，以舜的史实为例证实了教化之功：

当舜之时，有苗氏不服。其不服者，衡山在南，岐山在北，左洞庭之波，右彭泽之水，由此险也。以其不服，禹请伐之，而舜不许，曰："吾喻教犹未竭也。"久喻教，而有苗氏请服。④

---

① 《论语·泰伯》。
② 许维遹：《韩诗外传集释》，第179—180页。
③ 许维遹：《韩诗外传集释》，第113—114页。
④ 许维遹：《韩诗外传集释》，第108—109页。

这里再次高扬了儒家以德服人的宗旨和德行教化之功用重于山川险峻地势的态度。

其次,《外传》从反面论证了不行教化的政治结局,并得出"不教而杀谓之贼"的结论。《外传》卷三第二十四章载:

> 季孙之治鲁也,众杀人而必当其罪,多罚人而必当其过。子贡曰:"暴哉治乎!"季孙闻之,曰:"吾杀人必当其罪,罚人必当其过,先生以为暴,何也?"子贡曰:"……赐闻之,托法而治谓之暴,不戒致期谓之虐,不教而诛谓之贼,以身胜人谓之责。"①

不难看出,这与《论语·尧问》所载"不教而杀谓之虐,不戒视成谓之暴"②的记述,两相一致。儒家主张教化育人,法家主张刑杀止乱,其结果只能是刑杀使民免而无耻,礼制教化使人有耻且格。季孙治鲁的例证,亦可看作儒、法政治思想斗争的一个缩影。

再次,韩婴认为,圣王教化有着人性论的必然支撑。《外传》卷五第十七章认为圣王教化引导,有着人性论的坚强支撑:

> 茧之性为丝,弗得女工燔以沸汤,抽其统理,则不成为丝。卵之性为雏,不得良鸡覆伏孚育,积日累久,则不成为雏。夫人性善,非得明王圣主扶携,内之以道,则不成为君子。③

值得注意的是,以人性为茧丝的譬喻,为董仲舒人性学说所延续。鉴于人性学说在整个儒家政治思想体系中的根基地位,及其在中国政治思想史领域中的重要作用,这里略微引申,具体说明人性学说的性质,并就儒家人性善、恶的争衡,作出部分诠释。

从人类文明发展史层面言之,人性学说是关于人的决定论,其消解了人的多样性可能,是权威思想压制自由思维的产物。时间越古老,对

---

① 许维遹:《韩诗外传集释》,第109—110页。
② 《论语·尧问》。
③ 许维遹:《韩诗外传集释》,第185页。

人的主观能动性和多样性的认识越少，而具有决定性的思想认知越占据主要地位。以压制、规范人的思维自由为能事，而将人的可塑性限制在一定范围之内，这就使得思想文化具备了强制性和政治性。思想文化向政治权力的靠拢，催生思想的政治化进程，进而推动政治的思想化向度。故而，手握政治权柄之人，亦将推动对人性认知的固有模式。对人性的简单认知和固有模式，提高了社会行为的可预见性，增强了政治的确定性，减少了统治成本。儒家士人以身作则的教化行为之意义，在此可见一斑。故而，在人类文明初期，会有各式各样的人性论、决定论，且得到政治权力的推动。

春秋晚期以来，古代思想家即从神灵信仰世界走向世俗社会，开启对人性的探析。对人性的探析，是人的"类"主体意识觉醒的征兆。"水火有气而无生，草木有生而无知，禽兽有知而无义，人有气、有生、有知、亦有义，故最为天下贵也。"[1] 这就将人和周边的物进行了区隔，明晰了人之所以为人的原因和价值，确立了人的独特地位。这一基于"类"属性的人性认知，一般从周边的经验观察出发，对人的行为选择进行分析，进而得出一相对有解释力的普遍结论。以荀子主张的性恶论为例，"凡性者，天之就也，不可学，不可事；礼义者，圣人之所生也，人之所学而能、所事而成者也。不可学、不可事而在人者谓之性，可学而能、可事而成之在人者谓之伪。是性、伪之分也"[2]。毋庸置疑，人性理论的出现，在繁复的生活现象中，揭示了许多习焉不察的人性特点。

但是，先秦儒、墨、道、法等诸子百家，俱以各自的人性假设为立论前提，加以逻辑演绎，达致政治理想的做法，加深了各家的意见分歧。这一排他性做法，终使得意见之争滑向意气之争。其结果是，人性争论丰富了对人性的认知能力，但门户之见带来的分歧又各自排斥了他家的思想成果，使得对人性的认知只能选择其一以之为宗主，漠视了人性的差异和人类生活的多样性。加之，先秦诸子的终极理想在于政治一域，在其与政治权力联手以后，加重了学术思想的政治性。申而论之，诸子百家争鸣的实质，多有政治权力斗争痕迹，而乏于基于学术立场的相互

---

[1] 《荀子·王制》。
[2] 《荀子·性恶》。

理解，这与西汉今古文之争、宋明程朱陆王之争、清代汉学宋学之争的分野，何其相似。攻其一点，不及其余的学术争斗，像极了你死我活的政治斗争，思想学术的政治化倾向渐趋明晰。

立足思想学术的政治化倾向，可以对荀子何以不入儒家经典的原因进行部分解析。重视国家一统的政治取向，最忌讳的就是二元对立导致的分裂，而荀子之思想主张至少在三个方面存有此一向度的隐患。

第一，基于人性恶的判断容易引发争夺。虽则，荀子明确指出"人之性恶，其善者伪也"①，并解释道"伪者，人为也"，汇总于圣王教化的儒家政治传统，十分清晰。② 然而，人性恶假说，容易引发基于利益争夺的独立人格建立，不利于政治的一统和稳定，"今人之性，生而有好利焉，顺是，故争夺生而辞让亡焉；生而有疾恶焉，顺是，故残贼生而忠信亡焉"③。详细揣度，人性好利则与商人利益十分契合，这与自春秋以降的"士、农、工、商"四民划分传统相悖逆。传统社会重农抑商，对商人阶层十分反感，一则因其流动不易管束，多有见识而不信于仁义，与教化无益。二则商人精于算计，囤积居奇以获取财富，动摇了政治势力一家独大的局势，这是在政治领域外部与政治权势形成对峙。

就政治内部而言，家臣、大夫篡夺君权的事例自战国以来，屡见不鲜，这才造成法家重"势"和"术"的理论倾向。鉴于政治权力持有的稳固性和社会管制的有效性预期，容易引发利益争夺的性恶思想，实在不宜宣扬。

此外，荀子这一主张与商鞅"民之欲富贵也，共阖棺而后止"④ 和韩非"父母之于子也，产男则相贺，产女则杀之……故父母之于子也，犹用计算之心以相待也，而况无父子之泽乎"⑤ 的观点同属一道。因荀子而回溯至韩非的法家逻辑导向，十分便利。这与汉代秦朝以后，基于对政权合法性论述需要而反秦的政治立场正好相悖，故而不会受到汉初学者待见。

---

① 《荀子·性恶》。
② 杨阳：《荀子政治思维及其对君权合理性的构建》，《政治学研究》2003年第3期。
③ 《荀子·性恶》。
④ 《商君书·赏刑》。
⑤ 《韩非子·六反》。

第二，荀、孟人性学说不同，不利于儒家思想的内部统一。同尊孔子共为儒家的荀、孟，持人性善、恶两端的逻辑前提假设，致使儒家自身理论难以解释通彻。政治权力以儒家思想为用，是为张大"一统"，进而在思想文化领域禁绝多元思维的出现：

> 今师异道，人异论，百家殊方，指意不同，是以上亡以持一统；法制数变，下不知所守……邪辟之说灭息，然后统纪可一而法度可明，民知所从矣。①

基于一统需求，其他各家都加以禁绝，在儒家内部更是不会允许二水分流状况的出现。两相比照，孟子主张人性善和重视民生的学说，更为学者所接受，被统治者所肯认。

第三，荀子隆礼重法的学术旨趣在汉初影响很大，多数学者基本接受这一主张。叔孙通"起朝仪"的做法，在政治实践中已经获得成功。在理论的深化方面，贾谊重视礼法的倾向十分明显。加之，武帝将《仪礼》增为博士，设为官学，隶属五经，荀学重礼的主张基本实现。所谓隐用其言而显弃其身，就更没有在舆论宣传上加以重视的必要了。

以此反观，近代西人霍布斯基于人性恶的理论逻辑，而推演出限制王权，进而主张签订契约以限王权的政治主张，真可谓是霄壤之别。其中逻辑理路之差距，值得近代国人深思。

综上可知，就对君主、君道的认知而言，《外传》认为无论人性天然呈现出善恶的哪一端，均需圣王引导。顺从这一逻辑，则将思想认知问题的最终解释权交由圣王来处理，进而支撑了王基于自身治理需求的思想偏好。

二 政治决策的主体

政治是在建构社会秩序的基础上，运用公权力对社会价值进行权威性分配的活动。此为政治活动的一般性特点，置诸中国具体情境，则对政治秩序和政治权威、政治分配、政治调节及对政治合法性的论证，乃

---

① 《汉书·董仲舒传》。

传统政治思想的重点所在。即以政治秩序、政治权威和政治分配言之，三者俱与君主有着直接关联，或则可以径直说，君主掌控政治权威、维系政治秩序、主导政治分配。在第一章中，有关汉初郡县制对分封制最终胜利的讨论，奠定了君主独掌政治资源的根基，在延至清末两千余年的君主政治中，基本少有变动。这是王有天下、君主分配的制度性保障，至于政治调节和政治合法性论证两个层面，则一般落在传统儒生士人和臣属官僚集团的肩上，充当着君主政治的调节稳定器功用。详而论之，王"有"天下，这里的"有"指的是所有权，即占有；君"主"分配，此处之"主"指的是掌握社会价值权威性分配的主体。此外，鉴于汉初时期黄老无为思想的强劲势头，《外传》之中关乎"君无为而臣有为"的论述，亦成为亮点。以下即从王有天下、君主分配和"君无为而臣有为"三个层面，来论述传统政治活动中关于政治分配和政治调节的相关内容。

（一）王有天下

王占有天下的理念，在《诗经·小雅·北山》即有表现，"普天之下，莫非王土；率土之滨，莫非王臣"[1]。即土地、臣民，俱为王有。不仅如此，王还占有象征权威和名号的礼器。《外传》卷七第十章载：

> 国人知杀戮之刑专在子罕也，大臣亲之，百姓畏之。居不基年，子罕遂劫宋君而夺其政。故老子曰："鱼不可脱于渊，国之利器不可以示人。"[2]

此处记载这一历史故事：宋国君主将刑罚之权委以重臣子罕，子罕手握权柄遂夺权篡政，代宋君而立。这一故事在《韩非子·外储说右下》亦有记载：

> 司城子罕谓宋君曰："庆赏赐与，民之所喜也，君自行之；杀戮诛罚，民之所恶也，臣请当之。"宋君曰："诺。"于是出威令，诛大臣，君曰"问子罕"也。于是大臣畏之，细民归之。处期年，子罕

---

[1] 程俊英：《诗经译注》，第227页。
[2] 许维遹：《韩诗外传集释》，第251—252页。

杀宋君而夺政。①

两则故事，记叙无大异，《外传》以《老子》"国之利器不可以示人"为总结，意在说明名号刑罚之重。《韩非子》则将之引向君臣不可共治，因之导向君主对"势"及"权势"的独占层面上来。两个文本异曲而同工，共同指向君主独操权柄的重要性。由此可证，儒、法、道三家俱持守君主独操政治这一主张，差别只在程度之不同：儒家有君臣共治的部分主张，而法家之君臣互为劲敌。

细而察之，韩婴《外传》之主张，与先秦儒家之站位立场基本一致。《左传》成公二年载，"唯器与名，不可以假人，君之所司也"②，这和国之利器不可以假借于人的观点，十分相似。不仅如此，《外传》卷五第三十四章直接记载孔子之事，对"取"与"假"作出正名式的细微探究，颇有"微言大义"的春秋笔法在乎其中：

> 孔子侍坐于季孙，季孙之宰通曰："君使人假马，其与之乎？"孔子曰："吾闻君取于臣谓之取，不曰假。"……故孔子正假马之名，而君臣之义定矣。论语曰："必也正名乎。"③

孔子主张，君取于臣不应称"假"，此处微言大义为：臣与臣之所有本就是君之天下的一部分，物在哪里都无法改变其为君有的本质性特征，至于臣之所有仅有"寄存"性质，而无所有权。另外，孔子"正名"思想是对政治话语权的一种强调，即言辞亦是政治权威资源的一种，不可轻易与夺，体现出君权威仪所在。孔子透过一句日常话语之微，而申明君臣之大义，亦反映出儒家教化民瘼于青萍之末的审慎倾向。

(二) 君主分配

虽则，从所有权性质上，君主占有土地、人民、政事、名号，掌控

---

① 《韩非子·外储说右下》。
② 《左传》成公二年。
③ 许维遹：《韩诗外传集释》，第200—201页。

一切社会资源。然而，君主毕竟一人一身，无法同时莅临东、西、南、北四极，故而其还需分权与人，以代行己意。从管理学角度言之，则因君主一人的管理幅度有限，迫使其分权以形成层级制管理系统。这里就触及君主以何种标准，对社会资源进行权威性分配的问题。按之《外传》，则礼、德、功三者，充当了资源分配的考核指标。

《外传》卷四第十一章有曰：

> 君人者以礼分施，均徧而不偏。臣以礼事君，忠顺而不解。父宽惠而有礼，子敬爱而致恭。兄慈爱而见友，弟敬诎而不慢。夫照临而有别，妻柔顺而听从。①

从这里看，只要遵从礼制尊卑，则均能沾染雨露天恩，成为社会资源分配的主体。从忠孝伦理和父慈子敬、兄爱弟悌角度观之，则三者都是介入政治以求得资源分配的方式和手段，亦证明了三者与君主政治的逻辑自洽之处。至少，三者没有阻碍君主政治的实然运转。礼的范畴涵摄较大，具体而言，则德、功都在其内。《外传》卷三第四章载：

> 王者之论德也，不尊无功，不官无德，不诛无罪，朝无幸位，民无幸生。②

值得注意的是，王对礼与德的重视，要甚于功绩。这里揭示出，在君主政治系统下，对尊卑体制的维系。《外传》卷三第二十七章有曰：

> 传曰：晋文公尝出亡，反国，三行赏而不及陶叔狐。陶叔狐谓咎犯曰："吾从君而亡十有一年，颜色黯黑，手足胼胝。今反国三行赏而我不与焉。君其忘我乎？……"文公曰："……高明至贤，志行全成，湛我以道，说我以仁，变化我行，昭明我名，使我为成人者，吾以为上赏。恭我以礼，防我以义，藩援我，使我不为非者，吾以

---

① 许维遹：《韩诗外传集释》，第140—142页。
② 许维遹：《韩诗外传集释》，第84页。

为次。勇猛强武，气势自御，难在前则处前，难在后则处后，免我于危难之中者，吾又以为次。然劳苦之士次之。"①

此处晋文公在论功行赏之时，以仁义为重，而以勇猛劳苦为次，显然是将谋士文职列于武将能臣之上。这样的功绩评价标准，颇值得玩味，亦再一次印证了，谁能维系君主政治价值，谁将获得较多社会资源分配，而与供给社会资源之多寡无涉。

此外，在《外传》卷六第三章，韩婴对君主分职设事的理想状态作出合理想象：

> 赏勉罚偷，则民不怠。兼听齐明，则天下归之。然后明其分职，考其事业，较其官能，莫不治理，则公道达而私门塞，公义立而私事息。如是则得厚者进，而佞谄者止，贪戾者退，而廉节者起。②

这一小节，反映出在君主分配、厘定、考核官职下，臣民百姓俱得教化，天下有序安然的政治景象。

（三）君无为而臣有为

"君无为而臣有为"思想体现的是道家清静无为的休养生息政策。其中，无为而治的一个具体政治历史背景是秦始皇揽政于己，"天下之事无小大皆决于上"③。汉初反秦反法成为思想潮流，这给了道家无为而治思想以生长的政治空间。值得注意的是，道家无为思想乃一种统治思想，与君主政治的价值取向和官僚制度没有冲突：君"无为"是"我无为而民自化"④的一种主动性政治选择，而非出于权力制约的外部必然规制；"臣有为"的思想恰恰需要官僚制度的支撑。而且，道家无为思想与儒家圣贤思想和法家重势思想高度一致：儒家孔子亦提倡舜之垂拱而治，而法家集大成者韩非则在其著述《韩非子》中专辟《解老》《喻老》诸篇

---

① 许维遹：《韩诗外传集释》，第111—113页。
② 许维遹：《韩诗外传集释》，第203—204页。
③ 《史记·秦始皇本纪》。
④ 王弼：《老子道德经注·五十七章》，第154页。

论述道法之内在关联。因之，君无为而臣有为的类似权力制约思想，在政治实践中逐渐演绎成为"君人南面之术"①，化为君主政治统治术的一种，具有纵横捭阖的阴谋术性质。这是我们不得不察验并加以警醒的。

韩婴认为，在治理国家进程中，君主没有必要事必躬亲，任用有才能之臣，方是君主之才与能。《外传》卷二第十章载：

> 故有道以御之，身虽无能也，必使能者为己用也。无道以御之，彼虽多能，犹将无益于存亡矣。诗曰："执辔如组，两骖如舞。"贵能御也。②

能驾驭群臣，即是圣主明君。此处，以车马为喻，将君主比作执辔武士，而以群臣为马，君主之能贵在"能御"。这一比喻，在《韩非子》中亦有出现。此外，君主无为而治的最高境界，即是垂拱而治。《外传》卷四第七章，以传说中的圣主舜为例，描摹出君主无为而治的理想状态，同时与"一沐三捉发，一饭三吐哺"③的周公作出对比：

> 传曰：舜弹五弦之琴，以歌南风，而天下治。周公酒肴不离于前，钟石不解于悬，以辅成王，而宇内亦治……夫以一人而兼听天下，其日有余而治不足，使人为之也。夫擅使人之权，而不能制众于下，则在位者非其人也。④

假若从君主分配社会资源角度言之，则这里要表达的是君主设职分权的必要性。如若从君主无为而治角度言之，则此处之精义，在于管理臣下、任人用人的高超技巧。这一对舜的形象描摹，与孔子对舜的主张相一致：

> 无为而治者其舜也与？夫何为哉？恭己正南面而已矣。⑤

---

① 《汉书·艺文志》。
② 许维遹：《韩诗外传集释》，第42页。
③ 《史记·鲁周公世家》。
④ 许维遹：《韩诗外传集释》，第135—136页。
⑤ 《论语·卫灵公》。

舜与周公的案例，虽则对比鲜明，然还大体承认勤奋之功用，认为二者之功效相当。

至于子贱与巫马期的故事，则从价值选择层面更为偏向无为而治，而不屑于自任其力的做法。《外传》卷二第二十四章有曰：

> 子贱治单父，弹鸣琴，身不下堂，而单父治。巫马期以星出，以星入，日夜不处，以身亲之，而单父亦治。巫马期问于子贱。子贱曰："我任人，子任力。任人者佚，任力者劳。"人谓子贱则君子矣，佚四肢，全耳目，平心气，而百官理，任其数而已。巫马期则不然。弊性事情，劳力教诏，虽治犹未至也。①

从政治思想史演进角度观之，无为而治思想乃老庄道家特色。假若追根溯源，则《庄子·天道》基本从政治角度，全尽出"无为而治"之旨趣：

> 夫帝王之德，以天地为宗，以道德为主，以无为为常。无为也，则用天下而有余；有为也，则为天下用而不足。故古之人贵夫无为也。上无为也，下亦无为也，是下与上同德，下与上同德则不臣；下有为也，上亦有为也，是上与下同道，上与下同道则不主；上必无为而用天下，下必有为为天下用，此不易之道也。②

总之，无为而治的精髓在于，君无为而臣有为。至于君臣同为或同时无为，要么无法形成君主权威，要么无法驾驭群臣，有损于帝王之德，无法形成君主政治的统治技术。此外，以君为道而以臣为术，以君为心而以臣为体，亦是无为而治思想的内在含蕴。接下来，我们就转向探讨君主无为的凭借所在：以臣为体。

---

① 许维遹：《韩诗外传集释》，第65—66页。
② （晋）郭象注、（唐）成玄英疏：《庄子注疏·天道》，第251—252页。

第二节　以臣为体

对贤臣、能臣和谏臣的重视，在《外传》中十分突出，相关的例证亦较多。总而括之，《外传》中的君、臣关系，不脱《孟子·离娄下》"君之视臣如手足，则臣视君如腹心"[①]一句。以君为腹心而以臣为手足，君臣一体，这较之韩非以臣为马的譬喻与法家思想持守君、臣相向对立的主张，缓和了君、臣对立的紧张关系，更为后世所认同。《外传》卷三第九章载：

> 夫重臣群下者，人主之心腹支体也。心腹支体无疾，则人主无疾矣。[②]

《外传》卷十第二十章有曰：

> 景公曰："寡人有四子，犹有四肢也，而得代焉，不可患焉！"晏子曰："然，人心有四肢而得代焉则善矣，令四肢无心，十有七日不死乎？"[③]

这里以重臣群下为心腹肢体而以人主为整全个体，仍是君主为体、臣属为用思想的具体体现，没有改变《孟子》中的基本要旨。不过，相较之下，《外传》中对"君臣互为一体"的论述有所偏重，凸显了臣的重要地位和作用。

《外传》认为，是否存有辅弼谏诤之臣，关乎天下兴亡。《外传》卷十第十四章认为虽则君、臣立场有所差异，但直言敢谏的谔谔争臣能使国家兴盛，而献媚进谀则终使国家覆灭：

---

① 《孟子·离娄下》。
② 许维遹：《韩诗外传集释》，第 92 页。
③ 许维遹：《韩诗外传集释》，第 358—359 页。

天子有争臣七人，虽无道，不失其天下……有谔谔争臣者其国昌，有默默谀臣者其国亡……殷商无辅弼谏诤之臣而亡天下矣。①

以谏臣之存有与否关乎天下兴亡的说法，是对臣属地位的重大提升。在君主政治体制下，君尊臣卑的等级划分得到礼制制度的维系，具有结构稳定性。然而，在既有政治制度下调节君臣关系，整合人际资源，充分高扬群臣的献策、谏议功用，对国家稳定大有裨益。尤其是在《外传》所提及的王朝鼎革之际和战国群雄争霸之时，明主贤臣更是保障国力强大的标配。顺应这一逻辑思路，《外传》卷十第一章进而指出群臣百姓和君王不得相向而行，着重强调了君王得罪于臣的亡国结局：

无使群臣百姓得罪于吾君，亦无使吾君得罪于群臣百姓……昔者桀得罪汤，纣得罪于武王，此君得罪于臣也，至今未有为谢者。②

可以说，《外传》此处所指君、臣、民三者合为一互不相伤的理想政治关系，是君主政体下所能调节达致的最好状态。这一政治关系的达成，既不违反君主政体的尊卑制度，又能保持臣民的较高地位，进而为使之发挥主观能动性以增进国力提供了保障。唯有君臣共治，方能治理天下。《外传》卷六第十三章列举春秋五霸诸事实，以证君主依靠贤臣脱离险境进而称霸之故事：

昔者秦缪公困于殽，疾据五羖大夫、蹇叔、公孙支而小霸。晋文公困于骊氏，疾据咎犯、赵衰、介子推而遂为君……齐桓公困于长勺，疾据管仲、甯戚、隰朋而匡天下……夫困而不知疾据贤人而不亡者，未尝有之也。③

总之，《外传》中所举例证，对臣、民的重要作用具有充分认识，使人极

---

① 许维遹：《韩诗外传集释》，第353—354页。
② 许维遹：《韩诗外传集释》，第334—337页。
③ 许维遹：《韩诗外传集释》，第217页。

易联想至周公在商周鼎革之际的谨慎心态。假若将这一份审慎态度置诸秦汉之际政治王朝变革的大背景下,则不难想见,韩婴亦是为汉王朝所担忧,忧惧秦二世与赵高故事的重演。这亦再次证实了,韩婴及《外传》对时事的关怀态度,确立了其为当政者献策的鲜明问题意识。

一 任贤与纳谏

由上节"以君为道"相关论述可知,在君主政治体制下,君主作为整个政治价值体系的核心而存在。因之,以臣为体的思想,亦以君王任贤与纳谏两者为基础。假若君主不能纳谏任贤,则臣作为肢体的功用难以发挥。这里需要加以说明的是,臣之功用取决于君,而不取决于自我,其本身没有主体性价值。以现代政治权力主体和社会政治主体的分类相比附传统政治,则臣之角色只能游走于二者之间,其在位时可以分享一部分政治特权,一旦离开权位则直接降格至社会政治主体的地位,与民之地位无二。

(一)"得贤则昌,失贤则亡"

君之所以重视臣,以臣为体,乃是因为臣的重要作用。《外传》高扬贤臣功用,以"得贤则昌,失贤则亡"最为典型。《外传》卷五第十九章有曰:

> 昔者禹以夏王,桀以夏亡。汤以殷王,纣以殷亡。故无常安之国,无恒治之民,得贤则昌,失贤则亡……明镜者所以照形也,往古者所以知今也。[①]

这是从王朝更迭角度阐释臣的重要所用,然而没有列举臣的具体名姓和事迹。《外传》卷七第十六章承袭这一重臣理路,详细陈述了贤臣去就对王朝盛衰的影响:

> 纣杀王子比干,箕子被髪佯狂。陈灵公杀泄冶,邓元去陈以族从。自此之后,殷并于周,陈亡于楚,以其杀比干、泄冶,而失箕

---

① 许维遹:《韩诗外传集释》,第187—188页。

子、邓元也。燕昭王得郭隗而邹衍、乐毅以齐魏至。于是兴兵而攻齐，栖闵王于莒……故无常安之国，无恒治之民，得贤者昌，失贤者亡，自古及今，未有不然者也。①

此章从正反两层面论述了纣王杀王子比干而灭国和燕昭王得郭隗、乐毅而攻齐的故事，从事实角度证明了贤臣去就对王朝兴衰的影响。值得注意的是，以上两节同时使用"故无常安之国，无恒治之民，得贤则昌，失贤则亡"一语，说明了韩婴取鉴王朝政治兴亡教训的谨慎态度。

正是在对臣之功用有充分认知的情况下，《外传》所载君主礼贤下士的诸多故事，则易于理解。《外传》卷六第二章载齐桓公"五顾茅庐"屈身就臣，进而九合诸侯、一匡天下的事迹：

齐桓公见小臣，三往不得见……五往而得见也。天下诸侯闻之，谓桓公犹下布衣之士，而况国君乎？于是相率而朝，靡有不至。②

值得注意的是，《论语·宪问》亦载有孔子对管仲的礼赞，"管仲相桓公，霸诸侯，一匡天下，民到于今受其赐"③，可证《外传》所载亦非凭空而起，齐桓公确实在礼贤下士方面有所成就。《外传》卷七第三章亦记述了曹相国迎接贤士东郭先生的故事：

于是曹相国因匿生束帛安车迎东郭先生梁石君，厚客之。④

进而，君要重视贤臣，以贤者为自我之辅弼，《外传》卷八第三十五章有曰：

圣人求贤者以自辅，夫吞舟之鱼大矣，荡而失水，则为蝼蚁所

---

① 许维遹：《韩诗外传集释》，第257—259页。
② 许维遹：《韩诗外传集释》，第202—203页。
③ 《论语·宪问》。
④ 许维遹：《韩诗外传集释》，第239—240页。

制，失其辅也。①

这里以贤者为辅弼，以臣为权"势"之基础，失去臣的帮衬，则君亦成为孤家寡人，难以为继。进而，君王天子以贤臣为耳目，是以臣为体的进一步说明，《外传》卷五第十五章载：

> 传曰：天子居广厦之下，帷帐之内……莽然而知天下者，以有贤左右也。故独视不若与众视之明也，独听不若与众听之聪也，独虑不若与众虑之工也。故明王使贤臣，辐辏并进，所以通中正而致隐居之士。②

这一类乎兼听则明，依赖贤臣左右治理天下的理路，大有君臣共治的意蕴在其中。臣属欺上瞒下则离灭国不远，《外传》卷四第十五章提倡君臣共治：

> 明主有私人以百金名珠玉，而无私人以官职事业者，何也？……主暗于上，臣诈于下，灭亡无日矣。③

这里以官职为重，认为其乃国之公器，不可任由君王私相授予不能之臣，亦是对臣属重要作用的肯认。

（二）明君识用贤臣

既然臣的功用十分重要，则必然导出要识用贤臣的结果。《外传》以贤臣为宝、君王真诚对待贤臣、争夺贤臣、以谔谔之臣为重的例证，无不说明在君主政治的前提下，君王自身认识到以臣为政治调节手段和政策决议辅助的功用。这一认识十分耐人寻味，充满政治理性和工具理性。上节讲道，君王是政治价值的核心所在，而在一定程度上，臣下可以自下而上地谏议君王过错，纠正政策决议谬误，维系政治系统安定。以君

---

① 许维遹：《韩诗外传集释》，第305页。
② 许维遹：《韩诗外传集释》，第182—183页。
③ 许维遹：《韩诗外传集释》，第145—146页。

主政治为本，而认为君主本人执政水平参差不齐，进而以贤臣谏之的做法，增加了君主政治的灵活性和可调节性。这是君主政治得以维系两千余年的一个重要原因。就是在这一背景下，臣属及其官僚系统主张的政治改革，得以在君主本人首肯的情况下发动起来。当然，君主政治系统内部的政治改革、政治调节以及变法运动等，往往最终强化了君主权威，在一定程度上与改革初衷相悖逆。然而，"易穷则变，变则通，通则久"[1]这一重调节、重权变的思想，常常在政治危机之时提及，亦部分缓和了危机。总之，重政治调节的权变思想，成为君主政治中的一个特色，亦是传统社会重实践理性的一个表现。其中，重贤臣乃至对整个官僚制度的重视，都可视为政治调节的一种。

重用贤臣，首先要为臣属谋定稳定职位，以便获取君主授权，为君主分忧。《外传》卷八第十九章认为君王分权设职、臣属各司其职是君臣一体互为奥援的制度性保障：

> 三公者何？曰司马，司空，司徒也。司马主天，司空主土，司徒主人……故三公典其职，忧其分，举其辩，明其德，此三公之任也。[2]

以三公为司马、司空、司徒分管天、地、人的做法，是对臣属的进一步职能划分，明晰其职权所在，以备考核稽查所用。值得注意的是，三公职能划分的做法，在汉代官僚制度中，逐渐演绎为现实。除了职位划定以外，君主在用人态度上，要坚持广纳海川，运用各个层类人才。《外传》卷三第十八章载：

> 夫士之所以不至者，君，天下之贤君也，四方之士皆自以为不及君，故不至也。夫九九，薄能耳，而君犹礼之，况贤于九九者乎？夫太山不让砾石，江海不辞小流，所以成其大也。[3]

---

[1] 楼宇烈：《周易注校释》，中华书局2012年版，第247页。
[2] 许维遹：《韩诗外传集释》，第290—291页。
[3] 许维遹：《韩诗外传集释》，第101页。

齐桓公意欲招贤纳士，然而整年无人来见，臣下认为桓公应放低自身姿态，招纳才能平平的九九，效仿水能善下方成海之势，如此才能"太山不让砾石，江海不辞小流"，以成霸业之大。尽可能多地假人之力，才能有所成就，《外传》卷五第二十六章认为：

> 夫鸟兽鱼犹知相假，而况万乘之主乎？而独不知假此天下英雄俊士，与之为伍，则岂不病哉。①

这与水之柔弱处下而成汪洋之势的说法是一致的。

君主在选取人臣贤才之时，还需以德为先，不能误选小人之类。《外传》卷四第四章有曰：

> 哀公问取人。孔子曰："无取健，无取佞，无取口谗。"②

口谗佞幸之人，言不及义，常常文过饰非、表里不一，德行无可取之处，故而不能选拔如列。在取人之时，还应分别贤愚、赏罚分明，积极录用进取之士。众所周知，秦汉之际正处贵族封建制向官僚郡县制的变动之中，因之顺应大势，打破贵族垄断，任用德行良好、熟悉礼仪的贫贱庶民，成为增强国势的重要手段。《外传》卷五第三章即有反映这一倾向的论述：

> 王者之政，贤能不待次而举，不肖不待须而废，元恶不待教而诛，中庸不待政而化。分未定也，则有昭穆。虽公卿大夫之子孙也，行绝礼义，则归之庶人。虽庶民之子孙也，积文学，正身行，能礼义，则归之士大夫。③

---

① 许维遹：《韩诗外传集释》，第 193 页。
② 许维遹：《韩诗外传集释》，第 132 页。
③ 许维遹：《韩诗外传集释》，第 165—167 页。

从政治流动角度言之，这一选官纳臣做法，增强了政治系统对人才的吸纳能力，提高了行政效率和治理能力，对提升工具理性水准大有裨益。

惩恶方能扬善，驱除小人以保障君臣沟通渠道的通达，才能更好地重用贤臣。《外传》卷七第九章以"社鼠"比喻朝廷小人，说明了其危害，亦反向说明使用贤臣的来之不易：

> 传曰：齐景公问晏子："为国何患？"晏子对曰："患夫社鼠。"……士欲白万乘之主，用事者迎而啮之，亦国之恶狗也。左右者为社鼠，用事者为恶狗，此为国之大患也。①

另外，君王还需以直言敢谏之臣为重，《外传》卷七第八章记载了赵简子失却谔谔之臣周舍后的悲痛状态：

> 简子曰："大夫皆无罪。昔者吾友周舍有言，曰：'千羊之皮不若一狐之腋，众人之唯唯不若直士之谔谔。昔者商纣默默而亡，武王谔谔而昌。'今自周舍之死，吾未尝闻吾过也。吾亡无日矣。是以寡人泣也。"②

这与唐太宗李世民"以人为鉴，可明得失"的态度，颇有相类之处。不仅如此，韩婴对待臣之立场，尤有更甚之处。《外传》卷七第十四章载楚庄王绝缨以得臣下，终使自身躲过一劫的故事：

> 楚庄王赐其群臣酒……对曰："臣先殿上绝缨者也。当时宜以肝胆涂地。负日久矣，未有所效。今幸得用于臣之义，尚可为王破吴而强楚。"③

说明了君王应大度对臣、诚恳待臣，则臣下死力救主的道理。

---

① 许维遹：《韩诗外传集释》，第249—251页。
② 许维遹：《韩诗外传集释》，第247—249页。
③ 许维遹：《韩诗外传集释》，第256—257页。

至于明君以贤臣为宝、争夺贤臣的例子,在《外传》亦有体现。《外传》卷十第六章载:

> 齐宣王与魏惠王会田于郊。魏王曰:"亦有宝乎?"齐王曰:"寡人之所以为宝与王异。吾臣有檀子者,使之守南城,则楚人不敢北乡为寇,泗水上有十二诸侯皆来朝。"①

齐王以贤臣为宝,使得魏王嚣张气焰有所收敛。《外传》卷九第二十四章载臣下"朝秦暮楚",君王利用美色迷惑他国昏聩之君,以争邻国贤才之事:

> 乃使王廖以女乐二列遗戎王,为由余请期。戎王大悦,许之。于是张酒听乐,日夜不休……由余归,数谏不听,去之秦。秦缪公迎而拜之上卿。遂并国十二,辟地千里。②

这一故事颇有美人计的意蕴所在。因应君王对贤臣的高度重视,遂有贤臣高才不侍庸主的可能,反衬了战国之际臣所拥有的相对独立性,《外传》卷九第二十二章载:

> 戴晋生弊衣冠而往见梁王。梁王曰:"前日寡人以上大夫之禄要先生,先生不留,今过寡人邪?""……今臣不远千里而从君游者,岂食不足?窃慕君之道耳。臣始以君为好士,天下无双,乃今见君不好士,明矣。"辞而去,终不复往。③

戴晋生这一承对及不奉君王的主张,已然溢出君主政治系统外部,将臣的自由意志和自由人格推升至一定高度,成为绝响。值得说明的是,这一态度,在后世臣属的政治选择中极为罕见。

---

① 许维遹:《韩诗外传集释》,第341—342页。
② 许维遹:《韩诗外传集释》,第328—329页。
③ 许维遹:《韩诗外传集释》,第327页。

二　政治体系的参与者和执行者

就臣的政治角色而言，其自身为获取利益，参与到政治中来，与君王相协调，形成礼制秩序。传统社会中的士大夫、士人，乃一距离王权各异的向心力量而非异质性因素，所谓"居庙堂之高，则忧其民；处江湖之远，则忧其君。是近亦忧，退亦忧"[1] 是也。总之，臣本身不具有游离态特征，而是高度依附王权，依靠介入政治权力、分享利益的食客。臣处君、民之间，起到上传下达的中枢作用：对上反映下层民意，对下代表王权行使职权。除此之外，作为政治权力主体一员的臣，还需承担向君王推荐贤人和谏议君王的责任。

（一）"荐贤贤于贤"

贤臣固然重要，其能保国平安、致国强盛，上文言之甚详，此处不赘。然而，推荐贤人之人，比贤人更为难得。《外传》卷七第二十四章即载子贡与孔子关于荐贤贤于贤之事：

> 子贡问大臣。子曰："齐有鲍叔，郑有子皮。"子贡曰："否。齐有管仲，郑有东里子产。"孔子曰："然。吾闻鲍叔之荐管仲也，子皮之荐子产也，未闻管仲子产有所荐也。"子贡曰："然则荐贤贤于贤？"曰："知贤，智也。推贤，仁也。引贤，义也。有此三者，又何加焉？"[2]

子贡持常人观点，认为齐桓公因管仲而成就霸业，郑国有子产而兴盛；孔子则认为推荐二者的鲍叔牙和子皮有知贤之智、推贤之仁和引贤之义，殊为难得。因此，荐举贤臣方是大臣之意。《史记·管晏列传》亦载："鲍叔既进管仲，以身下之。子孙世禄于齐，有封邑者十余世，常为名大夫。天下不多管仲之贤而多鲍叔能知人也。"[3] 二者所取价值，俱为以知贤、荐贤为大，体现出知人用人强于人才本身的思想，体现出仁德高于

---

[1] 欧阳修：《岳阳楼记》，见《古文观止》，中华书局2010年版，第183页。
[2] 许维遹：《韩诗外传集释》，第267页。
[3] 《史记·管晏列传》。

才能的价值。这是传统社会政治理性的一种体现。

从君主层面言之，实则知贤、荐贤更多地体现出：臣下不以自身专美以谋求个人私利，进而打压他人的倾向，是一种"公"的体现。《外传》卷二第四章即以君王爱妾樊姬之口，道出其以王政为大而压制自我私心的事理：

> 妾得侍于王……十有一年矣。然妾未尝不遣人之梁郑之间，求美人而进之于王也……妾岂不欲擅王之爱，专王之宠哉？不敢以私愿蔽众美也，欲王之多见，则知人能也。今沈令尹相楚数年矣，未尝见进贤而退不肖也，又焉得为忠贤乎？①

说到底，此处之"公"即表现为为君分忧，以整个政治系统为"公"。后宫姬妾尚知如此，由此可见，荐贤思想的深入人心。毋庸讳言，这一个人私德值得当下社会所取鉴，其本身具有长久价值，体现了高尚个人情操。

紧接着，《外传》卷三第六章认为，魏成子所荐之贤皆为天子师友，而翟黄所荐举之人皆为君之臣子，并以此来评判魏成子之贤：

> 魏成子食禄千锺，什一在内，九在外，以聘约天下之士。是以东得卜子夏、田子方、段干木。此三人君皆师友之。子之所进皆臣之，子焉得与魏成子比乎？②

"魏成子食禄千锺，什一在内，九在外，以聘约天下之士"，这本身体现了魏成子本人不以个人私利为大的操守，是以天下为尊、以国家为重的表现。值得注意的是，这一段话乃是翟黄所荐贤臣李克对恩公翟黄所言，因此，李克本人亦不以私恩为大，而直接荐举更为贤明之魏成子。

（二）忠君巧谏

荐贤思想本身已然十分难能可贵，体现了臣属的应尽职责。然而，臣之功用尚不至于此处。历史典籍所著名臣，均不以触"逆鳞"之事为

---

① 许维遹：《韩诗外传集释》，第35—36页。
② 许维遹：《韩诗外传集释》，第86—88页。

险,甚至不以性命之虞为重,冒死进谏。《外传》卷七第二十一章载有卫大夫史鱼"尸谏"之事:

> 昔者卫大夫史鱼病且死,谓其子曰:"我数言蘧伯玉之贤而不能进,弥子瑕不肖而不能退。为人臣生不能进贤而退不肖,死不当治丧正堂,殡我于室足矣。"卫君问其故。其子以父言闻。君造然召蘧伯玉而贵之,而退弥子瑕,徙殡于正堂,成礼而后去。生以身谏,死以尸谏,可谓直矣。①

史鱼将死,尤且不忘谏议君主之事,故而不在正堂而于内室行殡仪之礼,此显然为"名不正"之事。史鱼故意为此,以引起卫君疑问,借其子之口以行"人之将死,其言也善"之谏,终使得卫君回心转意。这一"尸谏"行为,亦反映了臣之忠君思想。

谏而不能,则死君之事,即使是昏君,亦当死之。《外传》卷八第四章载齐国贤臣荆蒯芮生不能谏主,则为无道昏主庄公而死以报君恩之事:

> 齐崔杼弑庄公。荆蒯芮使晋而反……其仆曰:"君之无道也,四邻诸侯莫不闻也。以夫子而死之,不亦难乎?"荆蒯芮曰:"善哉而言也。早言我,我能谏。谏而不用,我能去。今既不谏,又不去。吾闻之,食其食,死其事。吾既食乱君之食,又安得治君而死之?"遂驱车而入死。②

既食君禄则为君死,即使君为昏君,亦当如此,此为君臣大义。上述两例所提及的谏议不行则死君之事,具有一定的典型性,值得细作分析,以此窥见忠与谏的关联。

从谏议与忠君的基本性质言之,忠君是顺从君主,谏议乃违反君主原有意志,二者呈相对而向的基本姿态。然而,上述两例均以谏议和忠君为一事,甚至以"尸谏"尽忠,以谏议不行则死君报恩。谏议、尽忠、

---

① 许维遹:《韩诗外传集释》,第264—265页。
② 许维遹:《韩诗外传集释》,第274—275页。

死君三者，呈现逐渐递进态势。可见，触君"逆鳞"的"谏"与顺从君的"忠"，在价值上是一致的，均以"君道"为尊，即使具体的君是昏君，也不得违反君道。细而论之，则忠君是价值理性，谏议是工具理性，二者不相矛盾：谏议不违反忠君宗旨，谏议是对忠君的补充。总之，谏议是在忠君价值前提下的一种灵活变动，是在君主政治下的权变和变通，实然支撑了整个君主政治系统。① 故而，谏议与忠君之关联，可以作为传统政治社会中阴阳组合结构的一个体现。

逻辑层面的推理确实如此，然其还需事实佐证，方能具有较强说服力。《外传》卷三第二十三章以儒家三代圣人舜、禹说明君臣之大体：

> 禹之所以请伐者，欲彰舜之德也。故善则称君，过则称己，臣下之义也。假使禹为君，舜为臣，亦如此而已矣。夫禹可谓达乎人臣之大体也。②

这里的君臣大体大义，即是"善则称君，过则称己"，不可彰君之恶，只能彰君之德。此处还作出舜与禹君臣角色互换的假使，依然得出不能改变臣下之义的结论，说明了君臣之义的稳固性。所谓君臣大义，即是君道与臣道：作为君的政治角色和政治操守，作为臣的政治角色和政治操守。在特殊情况下，即使违反个别君主意向，亦不能悖逆于君道。《外传》卷二第二十章有曰：

> 李离曰："法，失刑则刑，失死则死。君以臣为能听微决疑，故使臣为理。今过听杀人，臣之罪当死。"君曰："弃位委官，伏法亡国，非所望也。趣出！无忧寡人之心。"……遂伏剑而死。君子闻之曰："忠矣乎！"③

此处并不涉及谏议与忠君间的直接对冲，然而李离不听从君之曲意回护，

---

① 刘泽华：《中国传统政治思想反思》，第 155 页。
② 许维遹：《韩诗外传集释》，第 108—109 页。
③ 许维遹：《韩诗外传集释》，第 54—56 页。

定要依法治自己之罪，进而伏剑而死的做法，却得到君子之"忠"的评价。李离违抗君命不从君意视为"谏"，不违君道视为"忠"，这是一种"大忠"的表现——忠于君道。因此，谏议可以看作为以君道的正当性来规训个别君主不当决策的行为。因此，忠臣贤臣在得遇暴君昏君之时，依然不能忘却臣义，即使冒死也要进谏进忠。《外传》卷四第一章载比干谏议商纣而死的故事：

> 纣作炮烙之刑，王子比干曰："主暴不谏，非忠也。畏死不言，非勇也。见过即谏，不用即死，忠之至也。"遂谏，三日不去朝。纣囚而杀之。①

值得注意的是，比干知其不可为而为之的尽忠态度：君主暴虐却不能不谏，不谏即是非忠，怕死即是非勇，故而有"见过即谏，不用即死，忠之至也"的坚定立场。

然而，即使忠勇如比干、关龙逢以死进谏，遭到亡国昏君的杀戮，依然没有得到君子赞赏，反而因彰君之恶，而留下些许骂名。这充分证明了，无论某一君主如何昏聩无耻，天下无不是的君主。下面两节可以证明这一论断。《外传》卷六第一章载：

> 比干谏而死。箕子曰："知不用而言，愚也。杀身以彰君之恶，不忠也。二者不可，然且为之，不祥莫大焉。"遂解发伴狂而去。君子闻之曰："劳矣箕子！尽其精神，竭其忠爱。"②

与忠谏而死的比干相比，箕子认为杀身以彰君之恶，是为不忠。因此箕子的策略选择是隐遁山林而不出仕，这既保全了自己生命，尽到兄弟之爱，又没有彰君之恶，是为两全之策。然而，明知昏主谬误而不进谏，不也是不忠的表现吗？辅佐君主，成就德业，不是更大的忠诚吗？总之，在此种情境下，无论臣如何做，均不对。归根结底，臣属无论如何是改

---

① 许维遹：《韩诗外传集释》，第129页。
② 许维遹：《韩诗外传集释》，第202页。

变不了君和君道的，这是君主政治的死结所在。

《外传》卷四第三章从理论层面作出归纳，将忠分为大忠、次忠、下忠，并以伍子胥之忠为下忠，降格谏议一事的位阶。鉴于比干与关龙逢之事，与伍子胥相类，这等于是再次贬谪了忠谏的价值，是对比干等臣的直接抨击：

> 有大忠者，有次忠者，有下忠者，有国贼者。以道覆君而化之，是谓大忠也。以德调君而辅之，是谓次忠也。以谏非君而怨之，是谓下忠也。不恤乎公道达义，偷合苟同以之持禄养交者，是谓国贼也。若周公之于成王，可谓大忠也。管仲之于桓公，可谓次忠也。子胥之于夫差，可谓下忠也。曹触龙之于纣，可谓国贼也。皆人臣之所为也，吉凶贤不肖之效也。①

因此，在谏议与忠诚相抵触之时，传统社会中人的一般行为取向是以忠为上。谏议因其有忤逆之嫌，反遭唾弃。君之过失，需要以臣补之，而臣又不能享受君之权力，这本身即不遵从权、责、利一致的逻辑，是政治思维和权力意志的非理性和暴虐所在。此外，从忠这一政治伦理观之，具体的臣则是忠的人格化体现，其本身亦在忠之一伦的狭小空间内腾挪转移，完成自身的政治角色，而不以个人生死为虑。

除却忠谏、死谏之外，鉴于臣下既不能让君王失去威严，亦不能不举荐君主过错，因之，巧谏君主成为一种权变通达的做法。如此，既保全了君主颜面，又使臣下无生命之虞，乃是一种充满智慧的聪明之举。巧谏的内在含义指的是，通过诙谐语言、极端逻辑和夸张行为使君主认识到自身过错，通过君主自身改变政策决议。不过，这里有个前提假设，即君主不能过于昏聩无能，起码具有中等才干。这里即以《外传》中所举证之晏子的谏臣、忠臣事迹为例，对巧谏之臣的形象作出分析。

《外传》卷八第二十七章载晏婴巧妙谏议一事：

> 齐有得罪于景公者。景公大怒，缚置之殿下，召左右肢解之，

---

① 许维遹：《韩诗外传集释》，第130—131页。

敢谏者诛。晏子左手持头，右手磨刀，仰而问曰："古者明王圣主，其肢解人，不审从何肢始也？"景公离席曰："纵之！罪在寡人。"①

齐景公怒火中烧，意欲杀人解恨，凡敢于进谏者杀之。晏婴先是顺从主公旨意，磨刀霍霍指向贼人，却以不知古代圣明君主如何肢解人为问，意欲以古之圣主规训主公，景公缓过神来，认识到自己过错，离席认错。一条人命就此解救下来，一个错误决策，就此改正过来，由此可见，巧谏之功效。《外传》卷九第十章载，晏子以小见大，以鸟为喻而使景公悔悟之事：

> 齐景公出弋昭华之池，使颜斶聚主鸟而亡之。景公怒而欲杀之。晏子曰："夫斶聚有死罪四，请数而诛之。"景公曰："诺。"晏子曰："……使吾君以鸟之故而杀人，是罪二也……是罪三也……是罪四也。此四罪者，故当杀无赦，臣请加诛焉。"景公曰："止！此吾过矣。愿夫子为寡人敬谢焉。"②

景公之臣颜斶聚奉命饲养君主爱鸟，而鸟逃亡，惹得景公大怒而欲开杀戒。晏子历数斶聚之罪者四，促使景公认识到人为重而鸟为轻，不应因鸟废人，以添诸侯笑料，招致天子贬黜。故而，景公及时改过，没有铸成大错。《外传》卷十第二十章载景公与晏子之事，认为晏婴确为善谏之臣：

> 齐景公出田，十有七日而不反……晏子曰："然，人心有四肢而得代焉则善矣，令四肢无心，十有七日不死乎？"景公曰："善哉言！"遂援晏子之手，与骖乘而归。若晏子者，可谓善谏者矣。③

此外，《外传》卷十第二十一章载有孙叔敖以"螳螂捕蝉，黄雀在后"之

---

① 许维遹：《韩诗外传集释》，第298—299页。
② 许维遹：《韩诗外传集释》，第314—315页。
③ 许维遹：《韩诗外传集释》，第358—359页。

事巧妙谏议楚庄王之事：

> 楚庄王将兴师伐晋，告士大夫曰："有敢谏者死无赦。"孙叔敖曰："臣闻畏鞭箠之严而不敢谏其父，非孝子也。惧斧钺之诛而不敢谏其君，非忠臣也。"于是遂进谏……楚国不殆，而晋以宁，孙叔敖之力也。①

相较于晏婴、孙叔敖的巧谏，则孟子自有其迂远而阔于世情之处，显现出对个人人格和臣下独立人格的尊崇态度，因而也遭到淳于髡的批评。《外传》卷六第十四章载：

> 孟子说齐宣王而不说。淳于髡侍。孟子曰："今日说公之君，公之君不说，意者其未知善之为善乎？"淳于髡曰："夫子亦诚无善耳。昔者瓠巴鼓瑟而潜鱼出听，伯牙鼓琴而六马仰秣。鱼马犹知善之为善，而况君人者也？"②

将上述两章内容做一对比则不难得出结论：善谏是一门语言艺术，谏与忠不可分离，谏议不可彰君之恶。

尽管《外传》中对巧谏之事颇为欣赏，然其中更多的例证体现的是死谏和愚忠。以下再举两例，以证之。《外传》卷七第十一章载，弘演忠于昏君，剜空肚皮而实以昏君之肝，最终得以复国的事迹：

> 卫懿公之时，有臣曰弘演者，受命而使……狄人至，攻懿公于荥泽，杀之。尽食其肉，独舍其肝。弘演至，报使于肝。辞毕，呼天而号。哀止，曰："若臣者，独死可耳。"于是遂自刳，出腹实，内懿公之肝，乃死。③

---

① 许维遹：《韩诗外传集释》，第359—360页。
② 许维遹：《韩诗外传集释》，第217—218页。
③ 许维遹：《韩诗外传集释》，第252—253页。

尤可注意者为，忠臣死昏君，为主流政治价值所赞颂，反映了韩婴立处时代的政治大环境。

与《外传》成书时间相仿的《礼记》，在处理谏议问题时指出，"为人臣之礼，不显谏，三谏而不听，则逃之。子之事亲也，三谏而不听，则号泣而随之。"① 与《外传》之立场基本一致。此时，我们反观《孟子·梁惠王下》所载"诛一夫"之事，则儒家思想内部的流变趋势基本可断：先秦诸子百家争鸣那种思维自由的倾向已然东流，不复存在，强化王权的趋势像一个扎紧口袋的布袋，越勒越紧。

第三节　民本思想

相较于君臣关系的较多例证言之，《外传》中谈及民这一政治角色的内容偏少。这本身即说明了韩婴本人的政治倾向，以及民之地位的低下。简言之，"民"这一概念是一个群体性概念，其并不作为个体而出现。当然，"君"与"臣"之概念，俱为群体概念，然《外传》中君臣名字随处可见，而民就是民，基本不再有细分及具体名字出现。然而，民作为社会资源的生产者而存在，是作为"劳心者"的君臣得以站在政治舞台上演绎其角色的基础，不可轻视其作用。此节即就《外传》中所显现的"民本"思想作出归纳总结。

一　政治系统的从属者

就民的政治地位而言，其居于君和臣的从属地位，基本没有介入政治权力的可能性，亦不会分享任何特权和利益。民是君臣所定政策的对象，是决策的最终执行者，在君臣的引导下生存。《外传》卷二第十一章以民为马，写道：

> 故御马有法矣，御民有道矣。法得则马和而欢，道得则民安而集。②

---

① 《礼记·曲礼下》。
② 许维遹：《韩诗外传集释》，第43页。

民如同马一样，是卖力者，只须御之有法有道，则民就不会生乱。一个"御"字，道出民在政治系统中的从属地位。从"民"的出现场域言之，其基本在君臣的对谈中提及，一般少有就民直接论述的。民还一直作为君之"子女"形象出现，《外传》卷六第二十二章有曰：

> 君子为民父母何如？曰：君子者，貌恭而行肆，身俭而施博，故不肖者不能逮也……亲尊故父服斩缞三年，为君亦服斩缞三年，为民父母之谓也。①

不难看出，这一章基本以"君子"为中心进行论述，"民之父母"的表述，亦是以君而言的。

民处于从属者的地位，其行为方式亦是被动的，《外传》卷五第四章载：

> 君者，民之源也……故有社稷者，不能爱其民，而求民亲己爱己，不可得也。民不亲不爱，而求为己用、为己死，不可得也。②

这一章依旧以君为叙事中心，而兼及民之内容。以君为源而以民为流，源清则流清的结论指向君应爱民以防止民之反动，否则民不为己用，不为之守城。民的行为一直是被动的、被决定的，基本没有主动性。

总之，以民的政治地位而言，其处于从属地位，而其行为方式亦是被动的。

二 社会资源的供给者

民的出场，往往与赋税徭役相关，《外传》卷三第三十五章载：

> 王者之法，等赋正事，田野什一，关市讥而不征，山林泽梁，

---

① 许维遹：《韩诗外传集释》，第228页。
② 许维遹：《韩诗外传集释》，第167—168页。

以时入而不禁。相地而衰正，理道而致贡，万物群来，无有流滞。①

这里虽则没有"民"字出现，然等赋耕种之事，俱与民相关。因此，明主贤君对民的重视，主要来自对赋税的渴望。顺应这一逻辑，《外传》卷八第二十章载：

> 夫贤君之治也……不夺民力，役不逾时，百姓得耕，家有收聚，民无冻馁，食无腐败。②

就民的政治角色和政治功用而言，其是赋税徭役的生产者，是社会资源的供给者。因此，立足整个政治系统，君王应当重视民生、爱惜民力进而轻徭薄赋。《外传》卷一第二十八章记有周代邵伯之事：

> 邵伯暴处远野，庐于树下，百姓大说，耕桑者倍力以劝。于是岁大稔，民给家足。其后，在位者骄奢，不恤元元，税赋繁数，百姓困乏，耕桑失时。③

邵伯珍惜民力，不忍心以一人之身而劳费百姓兴建城池，故而于阡陌陇亩之间办公听事，赢取民心，得以家给人足。这是重民思想的确切含义。

《外传》卷八第十二章亦载有齐景公爱惜民力而不修九重台之事：

> 齐景公使使于楚，楚王与之上九重之台，顾使者曰："齐亦有台若此者乎？"使者曰："吾君有治位之堂，土阶三等，茅茨不翦，采椽不斫，犹以谓为之者劳，居之者泰。"④

所可惜者为，此一段乃出使使臣问对之事，与民无碍，只是间或提及。

---

① 许维遹：《韩诗外传集释》，第123页。
② 许维遹：《韩诗外传集释》，第291—292页。
③ 许维遹：《韩诗外传集释》，第30页。
④ 许维遹：《韩诗外传集释》，第284页。

《外传》之中，对民的最高指称为"以民为天"。《外传》卷四第十八章有曰：

> 齐桓公问于管仲曰："王者何贵？"曰："贵天。"桓公仰而视天。管仲曰："所谓天，非苍莽之天也。王者以百姓为天。百姓与之则安，辅之则强，非之则危，倍之则亡。"①

王者以百姓为天，道出了百姓是整个社会资源供给者的事实，揭示了君之国家与百姓间的关联。并指出，假若群民百姓皆怨恨君上，则国将灭亡，这才是君臣重民的根源所在，即担心以下叛上。而周代商的故事给予周公的强烈刺激，亦是商兵临战倒戈所致，进而引出其对民心向背的重视。《道德经》第三十九章有曰，"贵以贱为本，高以下为基"②，失却民心即有倒戈之虞，这是在总结历史史实基础上的经验之谈。《外传》卷四第十九章亦提及"善为上者不忘其下"一句，不知是否受《道德经》影响：

> 善为上者不忘其下。诚爱而利之，四海之内，阖若一家。不爱而利之，子或杀父，而况天下乎？③

《外传》卷二第十二章亦有这方面的论述：

> 兽穷则啮，鸟穷则啄，人穷则诈。自古及今，穷其下能不危者，未之有也。④

说明了对下民应当给以必要重视，以防止其危上。

此外，《外传》之中间接提到藏富于民的思想，其卷十第二十二

---

① 许维遹：《韩诗外传集释》，第148—149页。
② 王弼：《老子道德经注·三十九章》，中华书局2011年版，第109页。
③ 许维遹：《韩诗外传集释》，第149页。
④ 许维遹：《韩诗外传集释》，第45页。

章载：

> 臣闻之，王者藏于天下，诸侯藏于百姓，农夫藏于囷庾，商贾藏于箧匮。①

"王者藏于天下，诸侯藏于百姓"的说法，比较接近藏富于民的思想。然而，富民是为了御民，《外传》卷五第二十三章载：

> 夫百姓内不乏食，外不患寒，则可教御以礼义矣。②

富民、教民的终极意义，在于将其纳入礼仪序列，成为顺民。《外传》卷六第五章则称顺民为"命民"，指出了以礼仪教化民众的最终目的：

> 古者必有命民，民有能敬长怜孤，取舍好让居事力者，命于其君，命然后得乘饰车骈马……故其民虽有余财侈物，而无礼义功德，则无所用。故其民皆兴仁义而贱财利。贱财利则不争，则强不凌弱，众不暴寡，是唐虞之所以兴象刑，而民莫犯法。③

总之，防止民犯法进而止乱，以维系政治系统稳定，是君主教化的最终目的。《外传》卷三第二十章提出"养民"思想，然其最终还是以"治道"为目的，是为了"自养"：

> 能制天下，必能养其民也。能养民者，为自养也……四行在乎民，居则婉愉，怒则胜敌。故审其所以养而治道具矣。治道具而远近畜矣。④

---

① 许维遹：《韩诗外传集释》，第361页。
② 许维遹：《韩诗外传集释》，第190页。
③ 许维遹：《韩诗外传集释》，第206—208页。
④ 许维遹：《韩诗外传集释》，第103—104页。

行文至此,则有必要对"重民"思想及其在整个政治系统中的角色做一总结。众所周知,在西方社科理论进入中国以来,一直有以"重民""民本"为"民主"的思想主张。而为了证明民本思想,往往引用《孟子》"民为贵,社稷次之,君为轻"① 作为佐证。这里即将"民本"思想置诸政治系统之下,审视其在整体政治结构中的相对位置。

首先,《孟子》中这一句话,确实是重民思想的体现,亦是《孟子》整书重民思想的一个体现。孟子延续先师孔子"仁"的思想,发"仁"以为"仁政"思想,主张要关注民生、关爱民命、轻徭薄赋,等等。《孟子》中的"与民同乐"②、独乐乐不如众乐乐与"老吾老,以及人之老;幼吾幼,以及人之幼"③ 等均成为俗语,为世人熟知。但就这些脍炙人口语句的出现场域观之,其均出现于孟子与梁惠王的对话中,在君臣一道探讨治理国家策略时出现,这与《外传》中民出现的场域是一致的。在孟子看到农家许行等人后,言及"劳心者治人,劳力者治于人;治于人者食人,治人者食于人"④,没有改变其为君献策的初衷。另外,所谓施行"仁政"的主体是君王,而受体则是百姓。

其次,民贵君轻观点的提出与孟子本人的个人秉性和战国时期政治大环境有关。孟子本人相当自负,有"治天下舍我其谁"和"虽千万人吾往矣"的豪言壮语,加之列国纷纷争夺人才,使得士人的自由度有所放大,故而战国时人颇有一些藐视君上的豪言壮语。比如《外传》中出现的子思即有学统高于道统的相关言论,持守"礼有来学无往教"之旨。然而,这只是特殊时期的个别言论,以《外传》所载言之,大多是君尊臣卑、忠臣孝子之事。

最后,"民为贵,社稷次之,君为轻"后还有一句,"是故得乎丘民而为天子,得乎天子而为诸侯,得乎诸侯为大夫"⑤,二者联系起来,才能更为确切地把握孟子原意。乍一看,"得乎丘民而为天子"与"民为贵"相应,是对民的尊重体现,亦是君王权力的合法性来源。然而,这

---

① 《孟子·尽心下》。
② 《孟子·梁惠王下》。
③ 《孟子·梁惠王上》。
④ 《孟子·滕文公上》。
⑤ 《孟子·尽心下》。

经不住逻辑的推理。将"得乎丘民而为天子"与"得乎天子而为诸侯，得乎诸侯为大夫"两相比较可知：前者属政治理想的应然层面，后两者属政治制度保障的实然操作层面。天子是否得到民心都是天子，即使违逆人心，丘民亦没有任何合法手段能够将天子拉下天子之位，因此，这一说法是理想层面的应然论述。正是因其没有制度保障和可操作性，君王亦常常提及民本思想，以之为自身政权的合法性来源，实则这是一句笼络人心、骗取民意的客套话。反观"得乎天子而为诸侯，得乎诸侯为大夫"两句则不同，天子与诸侯、诸侯与大夫之间有着明确的礼制尊卑等级和赏罚升降的具体制度，具有可操作性，天子可以罢黜诸侯、大夫。甚至在天下混乱之时，诸侯、大夫、陪臣执国命，"天下有道，则礼乐征伐自天子出；天下无道，则礼乐征伐自诸侯出……自大夫出……陪臣执国命……"① 这等于是说，在天子得乎丘民的那一时刻起，天子就永远地获取了政治合法性，从此这一虚拟链条即永远隔断。而诸侯、大夫、陪臣分享来自天子的政治合法性，而无论某朝某代某一君主是否具有合法性。实际上，这是将基于利益争夺的政治斗争披上争夺民心这一合法性外衣，掩盖了政治的本质。颇为吊诡的是，天子不能不重视民生民命，而天子授权下的大夫、陪臣却可以对百姓横征暴敛无所顾忌。从《外传》角度观之，君与臣是同道中人，君臣一体共同指向御民一途。故而，"得乎丘民而为天子"及民贵君轻观点，只能是一种政治观念，实然起到迷惑百姓，充当着政治合法性理论宣传的角色。从政治实践层面来说，这一观念对民所占有的社会资源比例并无直接影响，百姓依然处乎政治系统的从属者这一角色。

因此，从方法论角度观之，对当下各种"抽取"式解读传统思想的倾向应当充满警惕。这里有人可能是盲人摸象，不知全貌；有人可能是有意为之，摘取传统某一点而不及其余，朝向一个向度尽情地推理，极尽演绎之能事，反而忽视了原有思想在整全结构中的本来地位。近代以来，关于"民本"与"民主"思想的比较讨论，可以作为其中一个案例。

---

① 《论语·季氏》。

第五章

天人合一政治思维模式

总览以上诸章大意可知，对王、礼、孝、法等诸范畴都有近乎本体论的经验性表达，反映出百家争鸣、百家余绪时期，诸子"自以为是而以人为非"① 的自由思维特点。诸子竞相在吸收他家思想精华之后，莫不进入一个互相排挤争锋的场域，百家争鸣俨然有"百家争霸"之态势。百家争鸣的最终指归总汇于王权至上，争鸣的方式亦与现实政治权力相结合，诸子莫不积极奔走以期得到君王重用。楚国庄子有所例外，然《庄子》一书亦不以政治、权力、君王、治理为非，仅从《应帝王》《王道》之篇目名称，即可明晰道家旨趣。

转向思维模式角度则不难察见，"上穷黄泉下碧落"式的天人合一经验论证，是其中一大特点。天人合一的致思逻辑，总是将终极意义层面的"道"，放置距"天"最近的"圣"与"王"的肩上，导致"天王合一"成为春秋战国时期百家争鸣的一致性经验结果。虽则王权受到礼制尊卑、忠孝伦理和臣属纳谏等各层面不同程度的限制，但在"阴阳组合结构"的站位中，这些因素不是强化了阳位的王与圣，就是处乎阴面成为对王与圣的一个调节性结构因素。比如，谏议即是对王权的支撑和补充。② 正如司马谈在《论六家要旨》中所说，"《易大传》：'天下一致而百虑，同归而殊途。'夫阴阳、儒、墨、名、法、道德，此务为治者也"③。此处"一致"与"同归"即是百家汇流于王权主义的海洋，成为

---

① 《荀子·荣辱》。
② 刘泽华：《中国传统政治思想反思》，第155页。
③ 《史记·太史公自序》。

王"务为治"的途路和工具。顺应这一理路，则我们需要对"天人合一"思维模式进行深入检视，并对其所属的比类逻辑进行深度剖析。

此外，天人关系的重提及天人合一思想的最终确立，均与秦汉大一统王朝的出现相关联。在一定意义上可以说，天人合一思想的最终确立与政治化，使之成为官方话语和官方理论，标志着诸子百家思想争鸣的结束。学术思想与政治权力联手互援，终将使得学术思想成为官方宣传的工具，必将导致学术思想被整合进既有政治结构的有机体中，消解其独立属性。

正如清代学者章学诚在《文史通义·原道》中所说：

> 官师治教合，而天下聪明范于一，故即器存道，而人心无越思。官师治教分，而聪明才智，不入于范围，则一阴一阳，入于受性之偏，而各以所见为固然，亦势也。①

官职与师教的合二为一，在"博士官"这一称谓中即可显露无遗。"天下聪明范于一"和"人心无越思"局面的出现，则必然经由"天人合一"思想的官方化解释方能达致。与韩婴同时代的董仲舒立足"天人合一"基点，应汉武帝之策问上呈"天人三策"，倡言"春秋大一统"的学术思想。最终使得儒家政治思想官方化，完成了对诸子百家思想争鸣的总结。从政治思想史演进角度观察这一演变的内在理路，亦是本章题中应有之义。

因之，本章即分为《外传》天人关系、天人合一比类逻辑剖析与天人合一的思想史演进三个层面，递进展开。

第一节 《外传》中的天人关系

天人关系是中国传统政治思维的一大关联，其本质在于寻求或祛除人与天之间的某种必然关联。这种关联一般分为两种，即天、人之间有必然关联的天人合一，与天、人之间无必然关联的天人二分。具体以《外传》言之，两种思想都有体现，而以天人合一思想出现的频次为多，

---

① 叶瑛：《文史通义校注·原道中》，中华书局2014年版，第124页。

反映出汉初思想界的演变趋势。

一 天人二分思想

《外传》因袭《荀子》思想较多，故而《荀子·天论》所提及的天人二分主张亦被承续下来。《外传》卷二第六章载：

> 星坠木鸣，国人皆恐，何也？是天地之变，阴阳之化，物之罕至者也。怪之可也，畏之非也。夫日月之薄蚀，怪星之党见，风雨之不时，是无世而不尝有也。上明政平，是虽并至无伤也。上暗政险，是虽无一无益也。夫万物之有灾，人妖最可畏也。曰何谓人妖？曰枯耕伤稼，枯耘伤岁，政险失民，田秽稼恶……礼义不脩，牛马相生，六畜作妖，臣下杀上，父子相疑，是谓人妖。妖是生于乱。①

荀子因《天论篇》所揭示的天人二分思想，被今人视为具有朴素唯物论倾向的思想家。他主张将自然界所发生的怪异星象、罕见气候如星坠、木鸣、日月薄蚀等，均看作自然而然之事。与人的意志没有必然关联，更与政治政局之良莠没有必然关联，故而，不应感到震恐畏惧。能够影响人类生活的，只有"人妖"——不事耕耘、不修礼义、尊卑倒悬，这就从因果关联基础上，将人所遭受的结果导向人的自身所为，凸显了人的主体性功用。值得注意的是，荀子认为不应将注意力过分置诸异常自然候症的变化上，这些现象终将过去，而应当注重君臣之义、父子之亲、男女之别这类不可更置的"常道"上。总之，荀子积极关注人世社会伦理，将自然世界与人文世界清晰界分。

荀子既不把天之变异看作是异常症候，亦不把天人关联看作必然性因果律。除却如同荀子一般判然分置天、人二者外，在《外传》之中，还有另一种天人关联间的解释。那就是，将"天"解释为"天时"，在天人相对二分的基础上，凸显出人文社会大环境内的因果复杂性。《外传》卷七第六章载子路与孔子之问对，指出天人之间的非必然关联，突出了时机的重要性：

---

① 许维遹：《韩诗外传集释》，第37—39页。

> 孔子困于陈蔡之间……子路进谏曰:"为善者,天报之以福。为不善者,天报之以祸。今夫子积德累仁,为善久矣。意者尚有遗行乎,奚居之隐也?"
>
> 孔子曰:"由来!汝小人也,未讲于论也……子以知者为无罪乎,则王子比干何为剖心而死?……故君博学深谋,不遇时者众矣。岂独丘哉?贤不肖者材也。遇不遇者时也。今无有时,贤安所用哉?……故君子务学,修身端行而须其时者也。"①

孔门弟子子路向来心直口快、勇猛刚强,望夫子同门困厄于陈蔡之间,不免心生疑惑。缘何习诗书礼仪、积德行善的孔子反而遭受此等不公境遇,天不报福于仁德之人,修习仁德有何用?天岂有不公之处哉?孔子遂以"天时"回答,认为机遇对君子成败亦有莫大关联,并历数前贤往圣,说明这一道理。

子路之问,值得深究,并作进一步思虑。究其质,子路提出了儒家道德哲学上的一个关键问题:研习道德、修身处世的不完备性,即个人修为与酬报之间的非对等性。假若沿着子路致思逻辑作进一步推演,则必然会得出这样的结果:生命充满偶然性,读书修德无用,人类社会的偶然性机遇远远重于自我修为的必然性,即使孔子以"天时"作答,依然不能改变修德修身的非对等性酬报。假若将这一思路,放置于"格、致、诚、正、修、齐、治、平"的"内圣外王"演绎逻辑层面观之,则不难得出以下结论:内圣不能推导出外王,八条目之间亦没有必然性的因果律关联。这就等于是要挖了儒家伦理政治的坟墓,将伦理与政治间的关联掘断,必然为大成至圣先师所不能容。即使孔子以"天时"作答,依然无法完备地解释伦理道德与政治实践间的必然因果律。这是儒家道德政治哲学的命门所在。从天人关系角度视之,则孔子以"天"为"天时"的解释,削弱了天人之间必然关联的压力。这一说法,具备一定解释力,亦有史实佐证,乃立足主体性诠释的天人关系之一种。

上述两例偏重理论层面的演绎。《外传》卷三第八章则以史证事,以

---

① 许维遹:《韩诗外传集释》,第 242—246 页。

楚庄王为例说明了对天人关系解释的主体性功用,并赞颂了庄王智慧:

> 楚庄王寝疾,卜之,曰:河为祟。大夫曰:"请用牲。"庄王曰:"止。古者圣王之制,祭不过望……"遂不祭。三日而疾有瘳。①

庄王染病,按照惯常做法,则占卜问吉凶,杀牛宰羊为牲以祭祀神灵,以求祖先神灵护佑。然而,庄王认为二者之间没有必然关联,遂不祭祀,而三天后疾病自然痊愈。虽则此处没有直接提及天人二字,然而庄王做法,显然是将自然与人文作出区隔,剪断二者间的关联,转而在人事方面积极有所作为。这与荀子所主张天人相对二分的主张以人事作为影响最终结果的价值取向是一致的。

二 天人合一思想

与天人二分思想相对,《外传》之中更多地展现出对天人合一思想的选择偏好。就天人合一出现的频次言之,则多集聚于君臣谈论"天"的警醒征兆方面。因此,《外传》中的天人合一多表现为天王合一、天圣合一。在《外传》卷三第二、三、十三章和卷五第十二章,相继记载了商汤、周文王、武王和成王时代所经历的异常自然现象,并在上天的昭示下积极修为,最终成就政绩。

《外传》卷三第二章载:

> 有殷之时,穀生汤之廷,三日而大拱……伊尹曰:"臣闻妖者祸之先,祥者福之先。见妖而为善,则祸不至,见祥而为不善,则福不臻。"汤乃齐戒静处,夙兴夜寐,吊死问疾,赦过赈穷,七日而穀亡。妖孽不见,国家其昌。诗曰:"畏天之威,于时保之。"②

商汤之时,有谷物生长三天已有合手(大拱)之粗,显然不是常规之事。商汤惊而问大臣伊尹,伊尹认为这是上天降下的灾异,见到灾异多行善

---

① 许维遹:《韩诗外传集释》,第90页。
② 许维遹:《韩诗外传集释》,第80—81页。

事则自然灾祸不会发生,商汤照此多行善政,而谷物七天而亡。这是典型的天人合一案例,此处以自然界异常现象为警示,进而通过人事努力,摆脱妖孽,成就政绩。

《外传》卷五第十二章所载成王之事与之相类:

> 成王之时,有三苗贯桑而生,同为一秀,大几满车,长几充箱,民得而上诸成王。成王问周公曰:"此何物也?"周公曰:"三苗同为一秀,意者天下殆同一也。"比几三年,果有越裳氏重九译而至,献白雉于周公。①

二者所不同者为,这里的"三苗贯桑而生"被周公解释为"三苗同为一秀,意者天下殆同一也"的吉兆,具备预测未来的功用,进而被时间和史实所证,三年后果然有越裳氏来献。这一事亦为《汉书·平帝纪》所载,是为"重译献雉"。

上述两章所载天人合一之事,基本服从一个解释,或吉或凶,君臣之间没有分歧。以下两章则就天人合一的解释发生分歧,进而说明了诠释天人合一的多重向度,显现出一定的自主性。《外传》卷三第三章载:

> 文王寝疾。五日而地动,东西南北不出国郊。有司皆曰:"臣闻地之动,为人主也……群臣皆恐,请移之。"……文王曰:"夫天之见妖,是罚有罪也。我必有罪,故天以此罚我也。今又专兴事动众以增国城,是重吾罪也。不可以移之。昌也请改行重善以移之,其可以免乎。"于是遂谨其礼袂、皮革,以交诸侯;饰其辞令币帛,以礼俊士;颁其爵列、等级、田畴,以赏群臣。行此无几何而疾止。②

这一章集中展现了文王的聪慧与政治担当,将天之灾异认为是个人之过,进而通过修明政治来止乱驱疾。面对"寝疾""地动"这样的灾异,君臣皆恐而主张再造新城以为居所,而文王则认为这是一人之责,并最终得

---

① 许维遹:《韩诗外传集释》,第180—181页。
② 许维遹:《韩诗外传集释》,第81—83页。

以"践妖"。这里已经显现出,只有明王方能合理解释"天意",只有圣主才能止乱的旨趣。"天人合一"向着"天王合一"和"天圣合一"的向度摆动。

进而,从上述三章有关商汤、成王与周文王的记载观之,所谓天人合一亦都指向君王而与臣民无涉,聚焦政治一隅而不指涉他处,这已然说明关涉"天人合一"的解释具有强烈政治性。

《外传》卷三第十三章所载武王伐纣之事,亦突出了武王"百姓有过,在予一人"的个人担当和政治担当:

> 武王伐纣,到于邢丘,轭折为三,天雨三日不休。武王心惧,召太公而问……"使各度其宅,而佃其田,无获旧新。百姓有过,在予一人。"武王曰:"于戏!天下已定矣。"乃修武勒兵于宁,更名邢丘曰怀宁,曰修武,行克纣于牧之野。①

此处武王与周公对天之灾异的理解,已然出现分歧。但就整体逻辑言之,与前三章无异。

天人合一的内涵,除了"天王合一"与"天圣合一"外,对"天"的诠释也不尽然在"自然之天",德治礼制人文规制等亦借"天"得以形而上化,具有了至上性和真理性。但就天人合一的内在意蕴言之,强调天命与人事间的关联,是其根本所在。《外传》卷三第十二章直言人事、鬼神与福祸直接相连:

> 人事伦则顺于鬼神,顺于鬼神则降福孔皆。②

《外传》卷五第二十四章亦重申这一主张:

> 天有四时,春夏秋冬,风雨霜露,无非教也。清明在躬,气志

---

① 许维遹:《韩诗外传集释》,第94—97页。
② 许维遹:《韩诗外传集释》,第94页。

如神，嗜欲将至。①

这是就自然之天对人事的教化言之，使得自然之天具有了人文层面的意志性，成为"意志之天"。另外，人事有所更张不符合道义人伦，则亦在自然天气方面有所表征，《外传》卷二第三十章载：

> 传曰：国无道则飘风厉疾，暴雨折木，阴阳错氛，夏寒冬温，春热秋荣，日月无光，星辰错行，民多疾病，国多不祥，群生不寿，而五谷不登。②

天地不和、阴阳倒置、四时错乱，是国无道之时的种种反常呈现。《外传》卷三第十九章则更进一步，申述了诸如孝慈、夫妇等人伦礼制与天地阴阳之间的天人感应：

> 上无不慈之父，下无不孝之子。父子相成，夫妇相保。天下和平，国家安宁。人事备乎下，天道应乎上。故天不变经，地不易形，日月昭明，列宿有常。天施地化，阴阳和合，动以雷电，润以风雨，节以山川，均其寒暑。万民育生，各得其所，而制国用。故国有所安，地有所主。③

人事备乎下则天道应乎上，使得人伦道义有了形上演绎的逻辑根基。沿着这一逻辑，则在王有天下、礼法尊卑、忠孝伦理和君臣关系四个方面，对之进行理论层面的论证，使之具有一定的理性因素。从政治学角度观之，天人合一思想在政治合法性层面，论证了传统政治结构中的王有天下、礼法合治、忠孝互济和君臣一体等，并与这四者形成封闭循环，相互佐证，进而使得这一政治系统更具稳固性。

值得注意的是，天人合一思想有顺应自然四时之变而为之变通的合

---

① 许维遹：《韩诗外传集释》，第191页。
② 许维遹：《韩诗外传集释》，第74页。
③ 许维遹：《韩诗外传集释》，第102页。

理性所在，尤其在传统农耕时代，天时地利风调雨顺确系对农事生产具有重大影响，靠天吃饭亦是无可奈何的实然情况。顺应对人事人文的重视，《外传》卷五第二十九章进一步强调了"德"之重要：

> 德也者，包天地之大，配日月之明，立乎四时之周，临乎阴阳之交。寒暑不能动也，四时不能化也。敛乎太阴而不湿，散乎太阳而不枯。鲜洁清明而备，严威毅疾而神。至精而妙乎天地之间者，德也。微圣人其孰能与于此矣！①

此章论述，俨然有将"德"置于天人之上的倾向，反映出"德"在韩婴那里的重要地位，亦彰显出人文德行的重要功用，这是对天人必然关联的一种反拨，突出了文明教化的功能。对德的重视，是与整个中国历史传统和政治传统相一致的。

然而，天人合一中的"人"主要指的是"君"，因此天人合一思想归根结底成为"君"治理天下的工具。《外传》卷二第三十四章载，作为为政、治道的天人关系，其主要是对君王的启示与警醒：

> 原天命，治心术，理好恶，适情性，而治道毕矣。原天命则不惑祸福，不惑祸福则动静循理矣。治心术则不妄喜怒，不妄喜怒则赏罚不阿矣。理好恶则不贪无用，不贪无用则不以物害性矣。适情性则欲不过节，欲不过节则养性知足矣。四者不求于外，不假于人，反诸己而存矣。夫人者说人者也，形而为仁义，动而为法则。诗曰："伐柯伐柯，其则不远。"②

对"治道"的终极追求，是"原天命"的初衷，而以仁义法则为本的治理之道，才是达成天人和谐的路径所在。《外传》卷七第十九章则直言不合天人之际，即是不善为政的表现：

---

① 许维遹：《韩诗外传集释》，第 196 页。
② 许维遹：《韩诗外传集释》，第 77—78 页。

传曰：善为政者，循情性之宜，顺阴阳之序，通本末之理，合天人之际。如是则天气奉养而生物丰美矣。不知为政者，使情压性，使阴乘阳，使末逆本，使人诡天，气鞠而不信，郁而不宣。如是则灾害生，怪异起，群生皆伤，而年谷不熟。是以其动伤德，其静亡救。故缓者事之，急者弗知，日反理而欲以为治。诗曰："废为残疾，莫知其尤。"①

不擅长为政则会使得"灾害生，怪异起"，因之年谷不熟，这已然是从人事层面演绎至自然领域的理路了。此处说明了天人合一的人文性质，而不仅仅是对自然之"天"和"天命"的机械遵守。

天人合一的人文性质及诠释天人合一内涵的多向度，使得天人合一具有相当大的解释空间，亦使得其具有多元的不确定性指向。正是天人合一思想明晰不足而暗示有余的特点，使得这一思想工具为君王所灵活掌控，得以根据具体情景诠释其内涵。

第二节 "天人合一"比类逻辑析论

一 天人相类与比类逻辑

天人合一思想的基点，在于天人相类的认知判断，是比类逻辑的一种呈现。所谓"比类逻辑"指的是，"一种以'类推''类比'为主要论证方式的逻辑思维"②，天人合一致思逻辑即属此类。天人合一思想，反映出"天"与"人"之间互感相通的逻辑理路，而天、人二者之所以能够互感相通，乃是源于天人同类。《外传》卷一第十一章载：

君子洁其身而同者合焉，善其音而类者应焉。马鸣而马应之，牛鸣而牛应之，非知也，其势然也。③

---

① 许维遹：《韩诗外传集释》，第262页。
② 葛荃：《比类逻辑与中国传统政治文化思维特点析论》，《华侨大学学报》（哲学社会科学版）2004年第2期。
③ 许维遹：《韩诗外传集释》，第13页。

这里以牛马鸣叫为喻,牛马基于同类缘故,故而能够相互理解、形成交流。同理,洁身自好为君子所同,同则相合而为一类。这在音乐、音律层面表现得更为突出。《外传》卷一第十六章载:

> 古者天子左五钟,右五钟。将出,则撞黄钟,而右五钟皆应之……音乐相和,物类相感,同声相应之义也。①

从现代物理学角度言之,钟鼓相应揭示了共鸣、共振现象的存在,即两个基于相同振动频率的物体在一起时,一方振动则会带动另一方振动。

古人立足同类相应的观察,认为同声相应没有稀奇之处,音乐相合是物类相感的一种具体体现。进而,《外传》认为在人事之间、自然与人事之间都有此类规律存在,《外传》卷五第十八章有曰:

> 故同明相见,同音相闻,同志相从,非贤者莫能用贤。故辅弼左右,所任使者,有存亡之机,得失之要也。②

此处非贤人莫能用贤的观点,颇有人才相遇惺惺相惜之感。总之,基于同类的内在属性,《外传》认为物物之间、人人之间、物人之间存有内在感应,这就为"天"与"人"的合一提供了坚强的认知基础。

由上节分析可知:《外传》中的天人合一思想,大多呈现为天王合一与天圣合一,天人合一思想具有政治属性,进而成为政治权力的应用工具。古人基于有意识的诠释和无意识的认知,从熟悉的事物理解天,"先验小物,推至大之,至于无垠"③,使得远处的、高高的"天"产生权威。遵循由近及远的认识路径,再由远及近地规训人,使得"天"产生政治权威性和政治正当性。此时的天人合一思维遵循以下逻辑:先以道德性的人类认知改造、规训"天"的内涵,再以这样的"天"规训人,实际是人规训人、以人治人,最终呈现为王规训人。本来天是外在于人

---

① 许维遹:《韩诗外传集释》,第 16 页。
② 许维遹:《韩诗外传集释》,第 186 页。
③ 《史记·孟子荀卿列传》。

的，天、人之间相互无涉，但是自然之天经由人的主观认识并加以诠释后，即不再是自然之天。其经由语言思维的规训，在这一诠释转化过程中，可以加入基于主观认识的任意"人文知识"性诠释，此时之天即演变为"人文之天"，成为"意志之天"。加之，传统儒生士人大都倾慕王权。因之，在作为规范知识的"人文知识"里，其属性大多为政治性的。学术知识与政治权力的关联在天人合一这一模糊状态中，联系起来。

抛却天人合一思想在政治层面的非合理性，其并非一无是处。假如把"天"诠释为"外物"，则天人合一就可以解释为"物我合一"，这种"体尽无穷，而游无朕"①的美学境界，具有一定的合理性。然而，这样一种高度个人化的宗教迷醉状态和类神秘状态，意境十分高远玄妙，甚至难以用语言形容，只能以"子非我，安知我不知鱼之乐"②加以搪塞，只能在个人与上天的默语中体悟。高度的个性化与不可共度性，使得此种"物我合一"境界可能没有第二个人能够完全理解。而政治权力的公共属性与政治生活的公共性，恰恰是其本质所在。因此，"物我合一"有益于艺术性，而乏于公共性。至于"作为政府艺术的政治"③的说法，这里的"艺术"二字偏向处理复杂性事物的技术手段和高超技巧，而非确指真正地追求艺术境界。因此，政治生活本身并不具备真正的高度个性化艺术属性。故而，诠释"天人合一"思想的"物我合一"层面，对政治性的公共生活缺乏支撑。与之相反，"物我合一"恰恰为"圣王"所掌控，支撑其随心所欲地解释政治。因为在"圣王"看来，"物我合一"就是"物王合一"，这与"天王合一"相一致。

二 天人合一政治思维消解人的主体性建构

天人合一的合理性诠释在于将"天"解释为自然环境，即人在自然环境之中生存。人处在政治社会领域的魅力，在于能够积极发挥人的创造性和主观意志，在适应自然的前提下利用自然为人类社会造福。坐以待毙地服从自然界的摆弄，完全服从自然的逻辑无法在人类社会实现。

---

① 《庄子·应帝王》。
② 《庄子·秋水》。
③ [英]安德鲁·海伍德：《政治学》，张立鹏译，中国人民大学出版社2010年版，第5页。

试想灾害也是自然,如何服从?恰恰相反,人类就是在摆脱自然的束缚后独立、在与自然斗争与依赖中长成。而天人合一思想所具有的决定论性质,导向两个基本相似的向度:服从自然的安排和服从王的安排。这就将人的自由思维限定在外在的"天"和内在的"王"之内。而对天和王的服从,俱是礼制尊卑的政治要求,符合传统政治社会的整体性规则。从这一层面言之,可以说天人合一思想倾向,在政治思维模式方面为传统政治系统站位,隶属于传统政治结构的一部分。

天人合一思想具有自然决定论性质,与水、火是世界本源的人类早期认知相一致。根据汤因比的研究,文明演化的基点在于人的内在自决能力,而非基于自然决定论那样的地理决定论。[①] 诚然,在公元 1500 年之前,自然地理确实形塑甚至部分决定了各个文明体的哲学思维,但不可过分强调这一决定论倾向。人对自然环境的非决定论行为导向才是文明演化基因之优良处,才是主观能动性之所在,才是人类文明之所在。在面临生存危机之时,雅典创新民主方式与斯巴达返向兵营共产制度之方式,即可看出人类文明演化之高下。站在当下视角反思传统社会中的"天人合一"思想,其大致潜藏四个向度的认知危机:天而不天、人而不人、天而不人、人而不天。

首先,天而不天和人而不人指的是,在传统社会中对天人合一的论述,远远多于对"天"和"人"各自的独立论述。基于比类思维的传统逻辑,将自然属性的"天"人文化,使之成为论证"王"的合法性工具。将人文属性的"人"自然化和物化,将之束缚在礼制尊卑之中,将人置诸"非礼勿视,非礼勿听,非礼勿言,非礼勿动"的行为模式之中,束缚了人的自由思维,阻碍了人的多向度发展。如此,则天人合一思想既遮蔽了探索自然之天的科学态度萌发,又遮蔽了人的独立性,把人的意义价值限定在礼制尊卑忠孝人伦之中,作为自主性的人隐而不张。总之,天人合一造成"天""人"两失。

其次,天而不人是对臣民、民生的漠视,扭曲了对政治合法性的常规论述。民作为社会资源的供给者,不但没有得到君臣政治权力主体的

---

① [英]阿诺德·约瑟夫·汤因比:《历史研究》,郭小凌译,上海人民出版社 2010 年版,第 124 页。

体谅，反而以偶然性的天时、灾异作为警醒，将偶然性的关联视作必然性的因果律。故而，从政治合法性角度言之，在传统政治社会中，虽然有重民思想，但重民与政治合法性的关联，远远不及天与王的关联来得更为直接。因之，以重民为政治合法性的逻辑，显然与传统政治认知不符。进而从20世纪西方学术进入中国的视角观之，其更多体现的是以现代政治的民主性质为政治合法性，进而将"重民"放入中国传统政治系统中的一种误植。

走出比类思维的天人互摄苑囿，从人的平等性出发，基于契约、基于责任和义务、基于委任和代表、基于授权和代表权建构社会秩序，是开启现代文明社会的基点。自西方世界观之，文艺复兴、启蒙运动的一个巨大意义，即为摆脱神学世界观，从人的角度、文明的角度理解人类社会。不管基于自然法传统的社会契约是不是理性逻辑先验的，其主要历史功绩在于对人的解放，而不再以神学思维比类人文社会：基于平等人的前提条件，经由协商过程，达成同意完成契约订立。因此，摆脱神学世界观而以人文视角重新观察、认识世界的方法论意义十分巨大，应予重视。故而，无论是强行以自然世界比类人文社会，还是以人伦道义理解自然，都是不恰切的。故而，立处当下价值立场观之，则天人相对二分是前提，天人合一的结合处相对较少。就"天人合一"这一词语来说，明明是两类事物，怎么就合成为一呢？因此，以人的角度而非以天的角度，从自下而上的角度而非自上而下的角度，重新理解政治和公共生活，是一个新的认识基点：消解上下尊卑之分，从整个系统角度出发，基于人的平等观念理解政治生活、官僚系统，从公民而非君、臣、民政治角色角度予以理解。总之，天人互摄的模糊性思维体现出中国哲学"明晰不足而暗示有余"的特点，这使得"王"得以上下其手，在自然之天与人文之天的诠释中相互转换，在应当重视人文之时悄悄转换为重视自然，而在重视自然之时却以人文说事。

最后，人而不天指的是，不以尊重自然为前提，偏向强调人定胜天的唯心意志。天人合一的解释权在"王"手里，因此，强调人中之王的独立意志，亦是"天人合一"思想的一种呈现。人而不天偏向"王"假借天的至上性并以之为王所用，而不尊重天的自然性。以对"制天命而用之"的理解为例，在曾经一段历史时段内，将之解释为"人定胜天"，夸大了人的主观意志功用。实则将之置入《荀子·天论》中即可发现,荀子本意是在天人相对二分的基础上,尊重自然并加以利用自然。故而,"制天命而用之"的现代理解应当是,了解自然变化的趋势,顺应这一趋势以为人类造福,而非以人的主观意志来改造天。

总之,天是天,人是人,天人相对二分,以道德性的人文观念诠释天和以规律性的天压制人的创造性,都是不合时宜的。天人合一思想,要么以自然之天压制人的自由思维,要么以"王"代表人的自由压制臣民。总之,天人合一思想消解了人的主体性建构。

三 基于方法论反思的天人合一思想

由上可知,无论中国还是西方均有从政治学、神学层面强调天而贬低人的倾向,反映了整合社会资源以寻求一统的需求,证明"天人合一"思维逻辑具有强大的普遍主义特性。经由西方近代以来的启蒙运动、文艺复兴和宗教改革三大运动,尤其是自现代学术分科体系构建以来,科学科技的力量在方方面面改善人类生活,推动人的认知不断发展。科学至上的价值信念一路高歌猛进,向世界各个角落渗透。"五四"新文化运动时期,科学与民主传入中国,成为近代以来两股较大的学术思潮。加之,社会达尔文主义思潮的波及,中国学人对传统文化过浓的人文属性渐渐不满进而批判、解构,将自然科学的不发达归咎于传统文化,以致出现20世纪全面反传统的社会运动。从天人合一角度观之,科学至上的价值认识,反映了"科学之天"对人文之天的反拨,是现代社会对传统社会的反拨。

从20世纪西方学术思潮观之,自实证主义和行为主义革命兴盛以来,科学领域对人文领域的侵袭越来越深,致使人文价值的合法性论证和自我完备性遭到怀疑。人文价值的正当性还需从科学实证主义的角度加以验证,否则其本身难以自圆其说。这一思潮波及中国,即显现为在新中国的现代化进程中,尤其是在工业化过程中,过度地偏向技术性领域,基本无视对基础理论和人文价值的吸纳和关怀。在1952年院系调整中,将法学、政治学、社会学等作出移除,与这一思潮密切相关。直至当下,"学好数理化,走遍天下都不怕"的顺口溜依然留存,即可显现这一思潮波及之广之深。从政治学研究视角和研究方法运用层面言之,亦可看到科学实证主义思潮的傲慢姿态。这与传统天人合一思潮中"天而不人"的倾向十分相类,只是此处之"天"应当诠释为"自然规律之天"。总之,科学至上的学术傲慢,是传统"天人合一"思想的历史再现,是从另一角度开启对人的主体性建构的解构欲望。

基于内在属性的差异,自然世界与人文领域应当在价值观念层面各守自我边界,防止一方对另一方的政治权力式压制以消解来自任何一方的"一统"欲望。立足这一基点,则传统天人合一思想,在当下社会有其矫正功用:和合当下以回返至一恰切合理的"中庸"之位,即找寻天与人的合理边界。这里不是为传统"天人合一"思想招魂呐喊,而是传统社会对人文价值的关怀,不应当连同洗澡水一样被倒掉。以自然性的天理解天,天没有神秘性,只是人类认知的天有神秘性。以现代科学认知言之,天就是大气层。自然的规律与社会人文的规律并非一致,应当分开。以人比类天,则天成为有意志的;以天比类人,则人有确定性、规律性,这两种思维模式都有一定偏颇之处。应当属天的属天,应当属人的属人,只有在天人相对二分、自然科学和社会科学各守边界、定量研究与定性研究合理区隔的前提下,我们方能保证双方互不浸染,谨守各自知识边界而不越权指挥、越俎代庖。

第三节 重建天人关系与"春秋大一统"

从学术思想史演进角度观之,天人关系的朝花夕拾与秦、汉一统王朝的实现密切相关。自荀子重天人相对二分、司马迁究天人之际、韩婴天人二分与天人合一并论,到董仲舒持守"春秋大一统"的思想演变趋势,亦可看出天人关系越来越紧密,且有逐渐靠近政治权力,进而为政治合法性站位的基本立场。基于社会思想与社会实践的相互作用,则天人关系的重新提及,是自战国礼崩乐坏、王纲解纽以来,对中央集权君主政治制度合法性的再论证。在诸家之中,取得最终胜利的显然是儒家。

自战国时期官、师角色相对二分,到官、师的再次合二为一,即可看出这种思想演变趋势。正如章学诚所言:

> 官师既分,处士横议,诸子纷纷,著书立说,而文字始有私家

之言，不尽出于典章政教也。①

这是对百家争鸣的一种描摹。一俟统一王朝建立，则基于"道寓于器"的原则，王官与师教再次合一，学者所师即从学术思想演变为国家典章：

> 古者道寓于器，官师合一，学士所肄，非国家之典章，即有司之故事。②

儒家诸贤之中，除却孔子有一段时间居官为政任鲁国司寇外，孔子、孟子、荀子三位儒家巨子均无恒定官位所系，只能以天子之师之友的角色而存在，故而有意强化德、位之间的张力，站在政治权力的相对对立面，以此证成儒家学说的正当性。延至韩婴时代，经由韩非所倡导"明主之国，无书简之文，以法为教；无先王之语，以吏为师"③ 的法、吏、师合一，学习、教化、居官再次合为一体，官师重新合一。因之，作为博士官的韩婴，既是教化主体，亦是朝廷官员，不能不对天人合一思想有所偏重。进而，从汉初儒法斗争视角观之，天人合一思想则是儒生士人积极改造儒家思想内涵，以适应政治需求，进而取代法家地位的必经之路。故而，天人合一思想为王权礼制尊卑站位的基本立场也就不难理解。

总而括之，先秦时期的天人关系基本以春秋为时间界限，春秋之前的天人关系实际是一"神人关系"，春秋之后的天人关系则逐渐从神灵世界之中抽身出来，对作为类主体的人之论述有所增加，反映了春秋时期人文思想的高涨。

一 先秦时期的天人观

春秋之前，大致以朝代为时间断限，即为夏、商、周三代时期。三代时期的天人观不尽相同，大致演变理路如下：

---

① 叶瑛：《文史通义校注·经解上》，第89页。
② 叶瑛：《文史通义校注·原道中》，第128—129页。
③ 《韩非子·五蠹》。

夏道尊命，事鬼敬神而远之，近人而忠焉，先禄而后威，先赏而后罚，亲而不尊；其民之敝，蠢而愚，乔而野，朴而不文。殷人尊神，率民以事神，先鬼而后礼，先罚而后赏，尊而不亲；其民之敝，荡而不静，胜而无耻。周人尊礼尚施，事鬼敬神而远之，近人而忠焉，其赏罚用爵列，亲而不尊；其民之敝，利而巧，文而不惭，贼而蔽。①

夏商二代，均以天命、天神等外在权威为尊，所不同者为：夏代先赏禄而后威罚，亲亲有余而尊卑不足，其人愚而蠢，忠信有余而文静不足，所谓"质胜文则野"；商人率民以事神，先刑罚而后礼仪，尊卑有序而亲亲不足，其民心无所系，仁义无守，荡而无耻，亦是"质胜文则野"。"周监于二代，郁郁乎文哉"②，不事鬼神而以人为重，有夏代忠信亲亲之感，周人知礼守法不至于无耻，所不足者在于"文胜质则史"。

从中不难看出，周人从文知礼，在夏商二代基础之上高扬人文精神，只是由于矫枉过正，而使得礼制尊卑有所放松。从儒家教化角度言之，使民知礼守法，是其宗旨所在。儒家持守礼制尊卑旨趣，以王权为尊，当然认为这是"亲而不尊"的表现。从天人关系角度言之，则可以看出以天命、天神、天鬼等为代表的外在权威之位阶有所降格，而人的地位有所上升。《左传》昭公十八年载"天道远，人道迩"③，即显现出"天道"向"人道"的思想转向。《左传》庄公三十二年有曰："国将兴，听于民；将亡，听于神。神，聪明正直而一者也，依人而行。"④ 国之兴亡在乎民人所系、神依人而行的观点，基本上以人代神，具有宗教精神的神逐渐移位于人文精神上来。

至于儒家先圣孔子所论则基本在人事一隅，其重德行、主慎独，主张通过习礼修身，培育君子至上人格。孔子以礼仪为尊、以仁心为重的指向十分明晰，至于其对天命、鬼神的态度亦十分清晰："子不语怪，

---

① 《礼记·表记》。
② 《论语·八佾》。
③ 《左传》昭公十八年。
④ 《左传》庄公三十二年。

力，乱，神"①，"子罕言利与命与仁"②。这说明孔子对"天"之向度不甚重视，而转向人伦一脉详而述之。想必当时鬼神之事，尚有一定的市场，故而有季路向孔子问"事鬼神"，孔子之回答亦甚明确"未能事人，焉能事鬼"，季路继续追问及"死"之事，而孔子继以回答"未知生，焉知死"③。孔子对天人关系的态度，于此可见一斑。当然，孔子主张"务民之义，敬鬼神而远之"④，但在祭祀礼制之内依然持尊崇态度，"祭如在，祭神如神在"⑤，但这一态度显然是内在敬畏之心所系，而与外在之天的关联不甚密切。

儒家后生孟、荀基本延续先师孔子旨趣，孟子少言天命，而荀子则提出"天人二分"观点。通览《孟子》整书，在其对"天"的诠释中，没有"主宰之天"的含义。⑥ 孟子对天与命之含义，已有自我定义，"莫之为而为者，天也；莫之致而至者，命也"⑦，命运乃一股巨大力量而没有主宰者。此外，孟子延续《左传》以人释天主张，引征《尚书·泰誓》"天视自我民视，天听自我民听"⑧ 一句，将对天的理解转移至对民的重视上来。至于孟子对待"人"的态度，则可想而知。孟子主张"养浩然之气""以德抗位"等，对政治权威不屑一顾，进而提出"民贵君轻""诛一夫"等反君权主张，以"如欲平治天下，当今之世，舍我其谁也"的豪言气概支撑其大丈夫的伟岸人格。因之，孟子的天人观，显然是"屈天而伸人"。至于荀子"天人二分"的唯物观，《外传》之中有所征引，上文有所引申，此处不赘。

二 向"春秋大一统"的过渡

行文至此则不难察见，自春秋以降，天人关系基本处于解构状态之中。诸子之中，除却墨家对"天志""明鬼"思想有所申述之外，其他各

---

① 《论语·述而》。
② 《论语·子罕》。
③ 《论语·先进》。
④ 《论语·雍也》。
⑤ 《论语·八佾》。
⑥ 杨伯峻：《孟子译注》，中华书局1960年版，第10页。
⑦ 《孟子·万章》。
⑧ 《孟子·万章上》。

家基本与儒家所论同调。迟至汉初百家余绪时代，这一思潮基本未变。此处以司马迁"究天人之际，通古今之变，成一家之言"①为例，再探汉初思想家的天人观。

司马迁"不虚美，不隐恶"的秉笔直书态度历来为世人所欣赏，加之基于"南游江、淮，上会稽，探禹穴……北涉汶泗，讲业齐鲁之都，观孔子之遗风，乡射邹峄"②等地游历考察的史学实证精神，故而其提出对"天道"的怀疑，亦是常情所在。司马迁在《伯夷列传》中，集中阐释了其对"天道"的怀疑及对天人合一的不满：

> 或曰："天道无亲，常与善人。"若伯夷、叔齐，可谓善人者非邪？积仁絜行如此而饿死！且七十子之徒，仲尼独荐颜渊为好学，然回也屡空，糟糠不厌，而卒蚤夭。天之报施善人，其何如哉？……余甚惑焉，傥所谓天道，是邪？非邪？③

这里，司马迁以伯夷、叔齐、颜回等人的善行德教为因，而以天道对之不公为果，得出"天道无亲，常与善人"确属不实的结论，消解了天人二者之间的必然关联。这一怀疑天道态度的出现，既缘于史公自身的坎坷境遇，亦是其对历代史实的经验总结。

众所周知，司马迁因偏爱项羽，认为其分封天下"位虽不终，近古以来未尝有也"④，而将之升格至"本纪"序列。然史公对项羽将自我功业之覆灭归咎于天的说辞，无情地给予批判，"身死东城，尚不觉寤而不自责，过矣。乃引'天亡我，非用兵之罪也'，岂不谬哉"⑤。这一态度亦部分影响了史公对高祖刘邦帝业得自天授，"斩白蛇而起"一事的信服，因为其对"汉初三杰"人事功用的发挥更为信服：

> 夫运筹策帷帐之中，决胜于千里之外，吾不如子房；镇国家，

---

① 司马迁：《报任安书》，见《史记》（附录），岳麓书社2011年版，第1814页。
② 《史记·太史公自序》。
③ 《史记·伯夷列传》。
④ 《史记·项羽本纪》。
⑤ 《史记·项羽本纪》。

抚百姓，给饷馈，不绝粮道，吾不如萧何；连百万之众，战必胜，攻必取，吾不如韩信。三者皆人杰，吾能用之，此吾所以取天下者也。①

故而，史公张扬人事作为、人谋功用之态度，与怀疑天道功用，二者相互一致。司马迁"究天人之际"的自我标持，亦说明了其本人的天人观在于探求天人二者之间的关联，而非径直认同天人相感这一说法。

然而，政治一统的大势，必然寻求理论一统的助益。故而，景帝时辕固与黄生争论无果而终，韩婴"尝与董仲舒论于上前，其人精悍，处事分明，仲舒不能难也"②，均反映出思想多元的情境。这是一统政局所难以容忍的。因之，武帝发诏策问，遂有董仲舒"天人三策"之承对：

《春秋》大一统者，天地之常经，古今之通谊也。今师异道、人异论，百家殊方，指意不同，是以上亡以持一统；法制数变，下不知所守。臣愚以为诸不在六艺之科孔子之术者，皆绝其道，勿使并进。邪辟之说灭息，然后统纪可一而法度可明，民知所从矣。③

仲舒策论，直指师道人论的多样化现状，意欲统纪百家旨趣，因之借由《春秋》起事，昌明大一统之论。值得注意的是，天人感应、天人合一恰恰是董仲舒的立论前提，"事各顺于名，名各顺于天，天人之际，合而为一"④。于仲舒而言，自春秋以降天人合一的解构趋势，是其难以逾越的障碍。君权神授的观点，在天人相对二分和天的神秘性有所缓解，人的类主体意识已然彰明的情境下，难以成立。然而，其再建天人关联的结果亦十分明晰：提升天和王的权威性，再以天王合一间接增强王的权威性。试想董子"三年不窥园"⑤，实有其难言之隐：天人二分是大势所趋，不能违背，天人合一又不能不加以深度阐述。凡此种种逼使董仲舒，只

---

① 《史记·高祖本纪》。
② 《汉书·儒林传》。
③ 《汉书·董仲舒传》。
④ 《春秋繁露·深察名号》。
⑤ 《汉书·董仲舒传》。

能以事实证之,以数理逻辑说之,以比类逻辑再建天人关联:

> 人有三百六十节,偶天之数也;形体骨肉,偶地之厚也。上有耳目聪明,日月之象也;体有空窍理脉,川谷之象也;心有哀乐喜怒,神气之类也。①

从数理逻辑角度出发,以人之数副天之数进而阐述天人关系,是董仲舒的一大创新。天与人的比类层面越多,越能证成此一逻辑的有效性:

> 天地之符,阴阳之副,常设于身,身犹天也……天以终岁之数,成人之身,故小节三百六十六,副日数也;大节十二,分副月数也;内有五藏,副五行数也;外有四肢,副四时数也;乍视乍瞑,副昼夜也;乍刚乍柔,副冬夏也……②

值得注意的是,以人的肉身凡体之数比类天地阴阳之数,依然不脱比类逻辑的基本范围,仍是经由天人合一达致天王合一的结论:

> 古之造文者,三画而连其中,谓之王。三画者,天地与人也,而连其中者,通其道也。取天地与人之中以为贯而参通之,非王者孰能当是?③

总之,董仲舒通过天人感应和天人关系的重建,使得君王权威再次与天结合,证成了君权天授一事。这一天人体系的建构,终结了百家争鸣自由思想的多元化发展。值得注意的是,百家争鸣自由思维的结束,此时尚未受到政治权力的宰制。即,在政治权力宰制理性之前,在武帝立"五经博士"之前,依从学术思想的内在演绎理路,百家争鸣自我演进式地走向了"春秋大一统"。这是学术演进的内在理路。因之,对这一关键

---

① 《春秋繁露·人副天数》。
② 《春秋繁露·人副天数》。
③ 《春秋繁露·王道通三》。

转换节点，值得继续申述。

在一定意义上可以说，诸子政治思想没有在"政治"层面实现有机融合，没有实现"治道"层面的融通，而是共同指向"王道"一途，在政治之"术"层面实现结合。"政治层面上的有机融合"中的"政治"一词的含义有两个参照：一是古希腊那种基于论辩、协商理解而形成对某一问题的一致意见，而非自上而下的等级统治；二是站在当下以反思传统，以哈贝马斯交往行为式样的商谈理论、阿伦特公共领域为参照，说明传统政治思想没有现代性。儒、法、道各家的人性论、治理手段和政治理想国的差隔依然存在，只是儒家诸生以政治强制手段为依托作出"皆绝其道，勿使并进"的行为选择。总之，百家争鸣从政治层面妥协到"王道"，在治理技术层面实现互补，从政治智慧转向人生智慧一途。简言之，即可分为以下三点。

第一，诸子百家争鸣这一思想认知层面问题的结果终结于"王道"，将认识的正误交由王来评判。从时间层面言之，临至战国末期，诸子百家思想呈现融合趋势，这在《荀子·非十二子》《庄子·天下》《韩非子·五蠹》等著作篇章中都有所体现。但其征伐之意如同战国七雄一样，丝毫没有削减，反而出现争鸣激烈化的倾向。秦国因法家耕战思想而富强，统一六国后，在思想领域并没有改变战国争鸣的形态，其设置70博士就是明证。至于焚书坑儒之事，总体来说范围不大，因西汉反秦反法的政治正当性要求，加以历代文人渲染，才致使其心理阴影很大。经历秦崩灭后的楚汉之争后，西汉王朝建立，百家争鸣余绪尚在，黄老道家之黄生与儒家之辕固间的争论即是一例。可见，在秦汉之际的100年间，即公元前250年至公元前140年司马迁写作《史记》，百家争鸣状态一直存在。就其与政治关联而言，各家王权主义政治指归莫不要求政治权力的奥援，即售与帝王家、待价而沽，这是无可争议的。

第二，处理诸子思想相互争鸣的方式是政治性手段，而非基于平等交流基础上的协商，最终只能导致儒家一家独大。儒家思想建基于"仁礼结构"，重视实践理性导向的融通特点，加以重视政策调节的权变路径和倾慕王权的政治旨归，使之得到王权接纳，得以立于官学，成为统治思想。至于墨家名家思想被排挤、法家思想被儒化、道家思想被政治边缘化，等等，都说明了诸子百家思想没有实现实质性融合。比如，儒家基于人性善假设,没有融入法家基于人性好利的合理之处,反而形塑"义利之辩",造成对"利"的轻视,进而使得富强思想处于缺位状态。道家无为思想更是与儒家更化改制思想无法共融。总之,从人性假设、治理路径、治理模式以及政治理想等层面观之,诸子都是各说各话,没有像古希腊辩论一样,形成一基于共识前提的理性思想体系。最终造成,在阴阳家天人合一思想的混沌状态中,使得政治权力得以上下其手、从中作梗、以行其便,随意地诠释"天人合一"。

另外,学术思想领域中的王权主义先于秦之统一而存在,在汉武帝独尊儒术之前就已有苗头。这里即以荀子为例加以说明,阐明"道"的王权主义指向和学术思想的自我政治化倾向。荀子后学在比较荀子和孔子时认为:

> 孙卿怀将圣之心……足以为天下法式表仪……观其善行,孔子弗过,世不详察,云非圣人,奈何!天下不治,孙卿不遇时也。德若尧、禹,世少知之。方术不用,为人所疑。其知至明,循道正行,足以为纪纲。呜呼,贤哉!宜为帝王。①

将荀子抬升至孔子圣人一级,与尧、禹等儒家先王齐位,可以为天下法式表仪,甚至可为帝王,这无疑反映出荀学后人对师之荀子的尊崇。同时可以看到,此时荀子在儒家谱系中的地位颇高,至少在孟子之上且不亚于孔子。联想至荀子间或对孔子的隐言批评,足可证明儒家学派内部的争胜亦十分复杂,远非汉武帝崇儒后的情境可比。秦汉之际,以为荀子言善德行"孔子弗过",甚至"德若尧、禹",实际上承认了荀子为儒者宗的学术地位。这与唐代韩愈所谓"大醇而小疵"及宋代道学家因荀子主张性恶而目之为法家申韩者流的主张,真真不可以道里计。值得注意的是,在这一描述过程中,儒家学人多用"圣人""天下法式""纪纲""帝王"等在秦汉之际只能赋予真正帝王的称号来称赞思想家。这说明,在儒家思想尚未独尊之前的学术争鸣中,学术思想界的政治化运动已然开启。此即,在权力宰制理性之前,思想文化主动向政治权力靠拢,

---

① 《荀子·尧问》。

这是学人思想的主动性选择，而非迫于政治时势的压迫。即"思想文化的政治化""思想界中的'王权主义'先于政治界中的'王权主义'"而存在。汉武帝独尊儒术政策的施行，则是"思想界中的'王权主义'"与"政治界中的'王权主义'"二者相互靠拢的实然展现。

简言之，儒家思想在汉武帝独尊儒术之前，从来不是政治运作过程中的政治思想，而儒家王权主义思想已然形成。此时尚且没有受到权力宰制，而是政治思想的自我政治化。这是政治思想的自我阉割，是独立思维的自我阉割，是主体性思维的缺失。以此观之，现代新儒家对政治权力宰制理性，儒家道统独立性的过重强调，事实上是难以成立的。儒家思想本身即如孔子之说，"待价而沽"，"三月不见君，则皇皇如也"，其指向政治，依托政治权力的指向十分明显，毋庸讳言。

第三，诸子思想中的儒法道三家政治思想因时空差隔而成为人生智慧，逐渐演绎为法家治国、儒家治家、道家治身的空间格局。诸子百家争鸣没有实现真正融合，秦汉后归于王官之中，终止于春秋大一统。结果是各说各话，就人性论、政治理想没有达成一致。从空间结构层面观之，先秦诸子思想没有有机融合，而是形成严格类型化界分，这体现在"论六家要旨"、《汉书·艺文志》等所做的门派分立和九流十家中。虽则有所谓杂家者流，但是除了阴阳家《月令》篇内容多为杂家、诸子所认同，且在董仲舒那里成为天人合一的"天谴论"外，其他各家都因时空分割、互不交流而分立。并且，董仲舒天人合一观是对天人相对二分思想的部分倒退，荀子、司马迁均不主张"天人合一"，而是"究天人之际"，"际"是关系，与"合"不同。发展到后期，逐渐演绎成为"儒家治世、道家治身、释家治心"的人生智慧，三者应用根本不在同一时空序位之中，无法进行政治层面的协同交流以至有机融合，只能相互倾轧，划分三六九等，有在朝在野之分。

当下的争鸣应当将化外的庄子、自苦兼爱的墨子、强调富强的法家请回儒家平台，共同商议，妥协出一个政治底线，在同一时空格局中解决，而非儒家治家、法家治国、道家治身。三者应当放到同一时空下，不是人生不同阶段的不同情境，亦不存在化内化外之别，没有五伦、三界之分。如同诸子百家争鸣思想一样，西方各种思想纷纷进入中国也有100多年了，那么应该如何处理这种思想争鸣呢？只能走共同融合的道路，基于共同立论前提和公共性终极价值追求，基于协商一致的交流，在交往行为和话语协商的过程中，商谈出一个各家都能基本同意的结果。

结　语

在政治调节中强化秩序

　　吸取秦朝二世而亡教训，以维系汉家长治久安，是汉初儒生士人反思这一段历史的共同问题意识。陆贾"马上不可治天下"与贾谊"攻守不同道"的理性认识，得到汉初士人认同。这一认识在承认秦之"攻道"的基础上，提出汉之"守道"的转变策略。以秦法为"攻道"，是汉初士人在塑造秦这一政治形象中对秦的唯一正面肯认，这就使得"汉承秦制"和"反秦苛法"二者在对立中得以统一，使秦政成为策略选择的参照依据，即在维护统一向度可以效法秦制，比如以郡县代分封、建都关中这样的建国举措和叔孙通"起朝仪"、贾谊强调礼制尊卑等对秦制的因袭。同时，"改正朔、易服色"的更化改制和以儒家仁义王道治守天下等对秦的更张措施，也有了政治合法性。与先秦诸子争鸣"多得一察焉以自好"的时代相较，单靠儒、法一家即可平治天下的思想策略，让位于儒、法攻守互补的实然选择。像孟子"地方百里而可以王"的迂远遐想，在汉初士人的语辞中已然鲜少提及。因之，以改朝换代的更迭时刻为界，称制之前倚赖重典刑罚的法家进取之术，称制以后依赖仁义礼制的儒家守成之道，这一权变战略，有为汉以后的王朝立"法"的典范意义，循为常道。故而，儒、法两家互补，以代法家独大，是为秦汉之际的第一个"变"。从政治学视角言之，这是国家层面的战略思想和战略方针的抉择转向。

　　延续儒、法互补的国家策略转向，以礼代法、以礼实法、礼法同治，是儒、法互补从国家层面向社会层面的纵深转向，这是秦汉之际的第二个"变"。通过这一转变策略，促使政治权力统治基础下移，得以伸向社会底层。礼的礼制、礼仪、礼节等涵括国家、社会、人心等各个层面的丰富内涵，改变了秦法单一刻板的刻薄形象。这一进程的推进，最终是通过君子这一人格得以改造的。以礼制明尊卑，防止地方势力坐大以威胁中央，确立明确的中央地方关系。以礼仪化风俗，将尊卑等级观念深入社会，通过"衣服、宫室"的不同外显表现，完成政治社会化进程。同时在心理层面确立以礼节文的内部规范，沿袭了孔子讲礼内化于仁的内在向度。总之，礼制主义是传统中国社会治理层面的主要手段，其与国家层面的"法制"一道，共同形塑了传统国家治理的基本框架，建构了"国家—社会"基本格局。

与法家对家族伦理的忽视不同，儒家向来重视家族伦理，进而通过移孝作忠以之为社会统治基础。政治权力深入到"家"，将家族伦理改造为政治伦理，对社会组织的控制加强。同时通过移孝作忠，防止家族的宗族化倾向。因之，将国家层面的政治矛盾，化解为家族内部的伦理矛盾，政治伦理化，而非伦理政治化。总之，政治斗争的场域由上层国家层面，转向社会家族层面。对利益的即时性要求化解为亲情化的孝慈，处理利益的方式由利益争夺变为情感维系下的礼让，有效防止了国家社会难以交流带来的猜忌。基于利益争夺的政治利益分配，转化为家族伦理，政治伦理化了。从礼法同治角度言之，则移孝作忠亦可看作礼制对法制的改造和变通，是国家层面对社会层面的政治吸纳。

刑不上大夫是君臣共治的基础，使得君尊臣卑的君臣一体成为可能。君主政治扩大治理基础，臣属成为缓和君民矛盾的中间层。臣子士人在国家政治和社会民生之间，既需承担来自前者的专制压制，又需在社会层面完成人生价值。位处国家与社会之间、权势与道义之间，颇为踌躇。但就是在这一动态拉锯中，化解了自上而下的政治压力，防止秦自上而下严酷吏治带来的激变。值得注意的是，君臣共治是对礼法同治政治制度和移孝作忠政治伦理的逻辑演绎，君臣民各政治主体，需在既有基本政治制度的框架内腾挪转移，找寻适宜自我的政治角色。

顺应王有天下的政治资源占有、礼法同治的政治制度、移孝作忠的政治伦理和君臣一体的政治角色这一逻辑，则在思想领域自然逼出天人合一政治思维。从政治学角度观之，天人合一思想在政治合法性层面，论证了传统政治结构中的王有天下、礼法合治、忠孝互济和君臣一体等，并与这四者形成封闭循环，相互佐证，进而使得这一政治系统更具稳定性。

至此,一个围绕王权政治的政治系统形成,这一系统涵摄价值、制度、伦理、角色、思维五个层面,构成一副传统政治的有机图景。天人合一思维模式,则将崇圣观念借用"比类思维"得以建构,将"天王合一"最终理论化。最终,经由董仲舒对"春秋大一统"的申述,结束了诸子百家争鸣的先秦时代。通过以礼实法、移孝作忠、以臣实君和天人合一四方面的申述,汉代对秦朝的强化型调节完成,儒法互补的政治格局形塑。王权主义借助"阴阳组合结构"的力量,使得自身具有更为强劲的适宜性。

在政治调节中强化秩序这一结论的达成,在肯认王权主义政治底色的前提下,确立了政治调节的工具理性功用。传统王朝有兴衰、治乱、起落之别,有的王朝能够延续几百年,秦朝二世而亡,为何会有如此之大的差异呢?就是因为政治调节的水平不一,治理水平有高下之分。虽则都是在王权主义价值的政治框架下行政,均讲求王有天下、礼法同治、忠孝互济、君臣一体及天人合一的理念设计,但是,具体的行政水平决定了是治世还是乱世。正如杜牧所言,"丸之走盘,横斜圆直,计于临时,不可尽知,其必可知者,是知丸之不能出于盘也"①,以此为喻,则君主政治体制是其盘,而其中的横斜圆直则是王朝的兴衰起落之势。

站在当下看传统,则在政治调节中弱化政治权威之事,即为丸出乎盘外之时,那时我们方才可说,中国已然从传统走向现代。立足这一视角,再次审视辕固和黄生的争论方能彰显其真正意义。"'冠虽敝必加于首,履虽新必贯于足。'何者?上下之分也。今桀纣虽失道,然君上也;汤武虽圣,臣下也。夫主有失行,臣不正言匡过以尊天子,反因过而诛之,代立南面,非杀而何。"② 黄生所论显然是为礼制尊卑张目,然而这一主张乏于通变知权,因此当辕固以"高帝代秦即天子之位,非邪"一事发问,显然黄生无语。从这一层面言之,则儒法之争及其儒家的最终胜利,显然是因为其讲求权变中庸的思维模式,而政治变革、政治变通恰恰是儒家政治思想精华所在。因之,儒家讲求权变中庸策略,积极促

---

① 《樊川文集》(卷十),上海古籍出版社1978年版,第152页。
② 《汉书·儒林外传》。

成对秦朝的更化改制，挽救了汉王朝，这是董仲舒天人三策的意义所在。而这可能方是汉武帝策问之目的所在，亦是董仲舒可以能够承问对的深层原意所在。

在政治调节中强化秩序这一结论的达成，可以从三个层面加以申述。

首先，自传统社会政治系统言之：政治调节是手段，属工具理性——"术"的性质；强化王权秩序是目的，属价值理性——"道"的性质。在传统社会中，经权结合、体用一脉，道、术高度一致，基本能够维系王朝的礼制秩序和相对稳定。然而一旦王朝内部矛盾激化，固有政治系统面临崩灭之际，政治调节手段亦跳出维系某一王朝之范围，从维系王权价值和君主政治层面再造另一新王朝。此时，政治调节手段则会滑向支持王朝更迭，促使旧王朝的覆灭和新王朝的重启，这是政治调节的一种极端形式。因之，在传统政治社会中，无法保全政治秩序的长期相对稳定，以实现社会资源的有效累积，结果总是落入治乱兴衰的窠臼之中。这是传统政治社会的死门所在，强化王权价值最终只能导致王朝循环，别无他果。至少在中国政治历史传统中，始终如此。维系以王权为核心的政治价值体系，是这一问题生发的深层缘由，即使再高明的治理之术都难以持久维系王权。从价值理性角度言之，则以王权为终极政治价值乃非经济理性的价值选择。从传统王权转向现代民权，是中国政治走出传统的不二路径。

其次，站在当下建设现代社会角度，回望传统政治社会，即从古今之别观之，则在政治调节中不以王权价值为核心，是中国走向现代的必由之路。只要不以王权价值为核心，则传统治理之术，亦可以从传承优良传统角度加以肯认。此时，"在政治调节中强化秩序"则会成为一个现代政治改革的参照系存在：只要当下政治改革不以现代性价值为核心，而偏向威权主义等类似传统政治社会的向度，就有回返传统窠臼的危险。这是我们的警惕之处，亦是持守批判王权主义学者的恰切学术站位。此时，我们应当严防古今之辨，防止政治倒退。这是从消极意义看待这一结论。转向积极意义层面，则我们还需转向现代性生发的西方视角，打通中西之分，借鉴域外文明之优长。

最后，从中西比较视角观之，现代社会确实生发于欧美诸国，自由、平等、民主等现代价值确由其揭橥。然对现代价值的接纳，并非意味现代价值的呈现形式俱以"欧美模式"为准、以"西方现代性"为优。尤其在欧美模式遭遇现代危机，多元现代性立场逐渐确立的当下，我们更应当积极保持主体性立场，从当下中国政治实践出发建设现代社会。现代性价值无分中西，现代性价值的结构呈现则会显现中国特色。因此，从"在政治调节中强化秩序"到"在政治调节中强化现代价值"，成为我们走出传统、走向现代、走向世界的不二路径。而在中国全面转向现代社会的终点之前，将贡献建设现代社会的中国方案。

值得注意的是，在传统政治社会中，由于过分强调权变调节一途，致使对一般性规则的遵守意识不足。这与现代法治规则意识不相匹配，我们不可不察。

此外，还需对传统思想文化的当代价值作出说明。简言之，在以"五常"代"三纲"后，儒家思想将实现政治权力的祛魅，进而步入社会领域发挥功用，这是儒家文化的当代社会价值所在。在独尊儒术之前，诸子百家均是竞争性政治文化资源，有待于历史情境和政治实践的拣选和考验。儒家政治思想孜孜以求将人伦秩序层层推及社会秩序乃至政治秩序，意欲谋求三者的统一，而其真正价值关怀在社会教化一隅，重视君子日播迁善的教化功用。就其在历史上的实然功用而言，尤其是儒家思想在政治层面的表现而言，其本身并没有驯服权力，甚至没有驯服权力的本真愿望，而是希望介入体制，从中分得一杯羹。故而，过分强调道统与政统的划分，是不切近于历史事实的。尊重史实方能看清历史，以求在应用层面更好地以之为当下可资利用的资源。

转至当下，则儒家思想的功用与在传统社会中一样，亦必在社会领域产生有可能的作用。就当下中国而言，应用先进科技手段以增强国家治理能力的提升，是一个事实，也是趋势。相形之下，对政治正义的需求，不会像技术进步那样，在短期内可以有效满足。两相对勘，即不难发现，政治文化的罅隙带来的价值诉求空白，只能造成社会不稳定。立处古今悬隔的中国，该如何发挥传统文化优势，以弥补当下政治需求，是一个值得深思的课题。

儒家思想文化在传统社会中的政治功用，主要表现为对王权主义价值的合法性证明，并以儒家君子作为教化主体，在社会层面发挥居中调节功用。就对王权秩序的支撑而言，"君为臣纲，父为子纲，夫为妇纲"

的伦理政治思想深入乡间村野，在宗法社会的现实层面发挥作用，弥补了因传统统治技术落后而导致的治理能力不足。就教化功用言之，日夜诵读研习仁、义、礼、智、信诸条目的君子士人，在待人接物迎来送往的人情交际中，默默地风化习气。总之，"三纲五常"的价值追求，通过君子人格这一形象，流布于整个社会，将王权的统治范围扩充至社会领域的每一毛细血管之中。

对勘当下于社会价值的渴求形势，君子士人在将自由、法治的现代公民精神替换崇圣的臣民观念后，依然可以在社会层面以"仁、义、礼、智、信"的道德条目要求自我，起到优化社会环境的作用。如此，祛除"三纲"的政治权力魅惑，将"五常"置于平等人格的社会关系之中，并以之为道德价值的引领，不失为一个有益的选择策略。这一将传统儒家政治思想进行权力祛魅，转向进入社会领域以发挥功用的做法，有两个意义。一是儒生士人君子在传统社会的道德修习中，常常感到来自政治权力的侵袭，而不得自由要旨。在权力与学术之间，在政治理想与个体价值之间，常因二者的相互渗透而感到抉择困难，以至归隐山林，最终造成个体价值的泯灭不闻。二是儒家王道思想在传统政治社会中，也从来没有实现其价值理想，转向拥护自由、法治之现代公民的策略选择，可以在社会层面形成组织力量。在权力压制自由的情势中，转而与政治权力形成对峙之势，维系个体的应有权益。故而，以"五常"代"三纲"的价值选择，在实现个体社会价值和反抗权力压制以维系公民自由两个方面，同时达致而相得益彰。更为重要的是，这一策略选择同时弥补了因与传统社会断裂，而引发的当代社会价值中空。

值得进一步向往的是，传统君子士人因在社会层面支撑王权，而得以进入体制、分享利益、获取特权，但却始终居于从属地位。在社会层面满足价值需求的现代道德人格形象，同时也使得社会治理水平提升，缩小政治权力作用范围，满足了其欲达而不至的治理诉求。这一基于主体性建构的做法，也必将因节省行政成本而得到国家层面的支持和拥护。博得政治权力同意的社会建构，将和政治权力一道，共同维系国家和社会的长久稳定。

参考文献

一 古籍类

班固：《汉书》，中华书局2012年版。
陈桐生译：《国语》，中华书局2014年版。
程俊英：《诗经译注》，上海古籍出版社2012年版。
杜牧：《樊川文集》，上海古籍出版社1978年版。
段玉裁：《说文解字注》，中华书局2013年版。
傅亚庶：《孔丛子校释》，中华书局2011年版。
郭鹏：《坛经校释》，中华书局2012年版。
郭象注、成玄英疏：《庄子注疏》，中华书局2011年版。
何宁：《淮南子集释》，中华书局1998年版。
洪迈：《容斋随笔》，中华书局2015年版。
黄宗羲：《明夷待访录》，中华书局2011年版。
纪昀总纂：《四库全书总目提要》，河北人民出版社2000年版。
金兆梓：《尚书诠释》，中华书局2010年版。
黎翔凤：《管子校注》，中华书局2004年版。
刘向：《战国策》，上海古籍出版社2015年版。
楼宇烈：《周易注校释》，中华书局2012年版。
欧阳修：《欧阳修全集》，中国书店1986年版。
欧阳修、宋祁：《新唐书》，中华书局1999年版。
彭林译注：《仪礼》，中华书局2017年版。
皮日休：《皮子文薮》，上海古籍出版社1981年版。
皮锡瑞：《孝经郑注疏》，中华书局2016年版。

屈守元：《韩诗外传笺疏》，巴蜀书社 2012 年版。

［日］宇野直人、李寅生编著：《中日历代名诗选》，上海古籍出版社 2016 年版。

沈德潜选评，［日］赖山阳增评：《增评唐宋八家文读本》，崇文书局 2010 年版。

石磊译注：《商君书》，中华书局 2011 年版。

司马光等：《资治通鉴》，中华书局 2007 年版。

司马迁：《史记》，岳麓书社 2011 年版。

苏舆：《春秋繁露义证》，中华书局 1992 年版。

王弼：《老子道德经注》，中华书局 2011 年版。

王利器：《新语校注》，中华书局 1986 年版。

王世舜、王翠叶译注：《尚书》，中华书局 2009 年版。

王树民：《廿二史劄记校证·汉初布衣将相之局》，中华书局 2013 年版。

王文锦：《礼记译解》，中华书局 2016 年版。

王先谦：《荀子集解》，中华书局 2012 年版。

王先慎：《韩非子集解》，中华书局 2013 年版。

魏徵等：《隋书》，中华书局 1991 年版。

吴楚材、吴调侯：《古文观止》，中华书局 2010 年版。

谢宝成：《贞观政要集校》，中华书局 2003 年版。

许维遹：《韩诗外传集释》，中华书局 1980 年版。

许维遹：《吕氏春秋集释》，中华书局 2016 年版。

阎振益、钟夏：《新书校注》，中华书局 2000 年版。

杨伯峻：《春秋左传注》，中华书局 2009 年版。

杨伯峻：《论语译注》，中华书局 2006 年版。

杨伯峻：《孟子译注》，中华书局 1960 年版。

杨家骆主编：《大戴礼记解诂　夏小正经传集解》，世界书局 1974 年影印版。

叶瑛：《文史通义校注》，中华书局 2014 年版。

周桂钿译注：《春秋繁露》，中华书局 2011 年版。

周振甫：《诗经译注》，中华书局 2013 年版。

朱杰人等主编：《朱子全书》，上海古籍出版社、安徽教育出版社 2010

年版。

《诸子集成》,世界书局1935年版。

二 著作类

艾春明:《论〈韩诗外传〉的经学价值》,硕士学位论文,东北师范大学,2002年。

陈苏镇:《〈春秋〉与"汉道":两汉政治与政治文化研究》,中华书局2011年版。

丛日云:《西方政治文化传统》(修订版),黑龙江人民出版社2002年版。

费孝通:《乡土中国》,人民出版社2008年版。

冯友兰:《中国哲学简史》,北京大学出版社2013年版。

冯友兰:《中国哲学史》(上、下),重庆出版社2009年版。

葛剑雄:《统一与分裂:中国历史的启示》,商务印书馆2013年版。

葛荃:《立命与忠诚——士人政治精神的典型分析》,浙江人民出版社2000年版。

葛荃:《权力宰制理性:士人、传统政治文化与中国社会》,南开大学出版社2003年版。

葛荃:《中国政治文化教程》,高等教育出版社2006年版。

葛荃主编:《认识与沉思的积淀——中国政治思想史研究历程》,河南人民出版社2007年版。

葛荃主编:《中国古代行政管理思想史》,南开人民出版社2016年版。

葛荃:《走出王权主义藩篱:中国传统政治文化研究》,天津人民出版社2017年版。

龚鹏程:《汉代思潮》,商务印书馆2005年版。

季乃礼:《三纲六纪与社会整合——由〈白虎通〉看汉代的社会人伦关系》,中国人民大学出版社2004年版。

金春峰:《汉代思想史》,中国社会科学出版社1997年版。

金观涛、刘青峰:《开放中的变迁:再论中国社会超稳定结构》,法律出版社2010年版。

金耀基:《中国文明的现代转型》,广东人民出版社2016年版。

金耀基:《中国政治与文化》,牛津大学出版社1997年版。

雷戈：《秦汉之际的政治思想与皇权主义》，上海古籍出版社 2006 年版。

雷海宗：《中国文化与中国的兵》，商务印书馆 2014 年版。

李景鹏：《权力政治学》，黑龙江教育出版社 1995 年版。

李强：《自由主义》，东方出版社 2015 年版。

梁启超：《先秦政治思想史》，商务印书馆 2014 年版。

梁漱溟：《中国文化要义》，上海人民出版社 2011 年版。

林聪舜：《儒学与汉帝国意识形态》，上海人民出版社 2017 年版。

刘泽华、葛荃主编：《中国古代政治思想史》（修订本），南开大学出版社 2001 年版。

刘泽华：《中国传统政治思想反思》，生活·读书·新知三联书店 1987 年版。

刘泽华：《中国政治思想史集》，人民出版社 2007 年版。

刘泽华主编：《中国政治思想史》（三卷本），浙江人民出版社 1996 年版。

刘泽华主编：《中国政治思想通史》，中国人民大学出版社 2014 年版。

吕思勉：《中国政治思想史》，中华书局 2014 年版。

茅海建：《天朝的崩溃：鸦片战争再研究》（修订版），生活·读书·新知三联书店 2014 年版。

钱穆：《秦汉史》，九州出版社 2015 年版。

钱穆：《中国历代政治得失》，生活·读书·新知三联书店 2001 年版。

萨孟武：《中国政治思想史》，东方出版社 2008 年版。

孙阳阳：《第三代新儒家政治哲学研究——兼及传统儒学与现代性解读》，博士学位论文，山东大学，2017 年。

汤用彤：《隋唐佛教史稿》，中华书局 1982 年版。

田余庆：《东晋门阀政治》，北京大学出版社 2012 年版。

田余庆：《秦汉魏晋史探微》（重订本），中华书局 1993 年版。

王成等：《中国政治制度史》，山东大学出版社 2014 年版。

王成：《先秦诸子领导思想的现代解析》，中国大百科全书出版社 2006 年版。

王成、谢新清：《中国地方政府发展史》，山东大学出版社 2011 年版。

王成：《中国古代忠文化研究》，天马出版有限公司 2004 年版。

王汎森：《近代中国的史家与史学》，生活·读书·新知三联书店 2008

年版。

王汎森：《权力的毛细管作用：清代的思想、学术与心态》，北京大学出版社 2015 年版。

王楷：《天然与修为：荀子道德哲学的精神》，北京大学出版社 2011 年版。

魏达纯：《韩诗外传译注》，东北师范大学出版社 1993 年版。

夏曾佑：《中国古代史》，中华书局 2015 年版。

萧公权：《中国政治思想史》，商务印书馆 2011 年版。

徐大同等编著：《中国古代政治思想史》，吉林人民出版社 1981 年版。

徐大同：《中国传统政治文化讲录》，江苏人民出版社 2015 年版。

徐复观：《两汉思想史》，九州出版社 2013 年版。

徐复观：《中国人性论史·先秦篇》，九州出版社 2013 年版。

阎步克：《士大夫政治演生史稿》（第三版），北京大学出版社 2015 年版。

杨阳：《王权的图腾化——政教合一与中国社会》，浙江人民出版社 2000 年版。

于淑娟：《韩诗外传研究》，上海古籍出版社 2011 年版。

余英时：《余英时文集》，广西师范大学出版社 2014 年版。

张师伟：《民本的极限——黄宗羲政治思想新论》，中国人民大学出版社 2004 年版。

张师伟：《中国传统政治哲学的逻辑演绎》，天津人民出版社 2016 年版。

朱日耀等：《论中国传统政治文化》，吉林大学出版社 1987 年版。

三　译著

［比利时］普里戈津：《从存在到演化》，曾庆宏译，北京大学出版社 2007 年版。

［德］马克斯·韦伯：《经济与社会》（第二卷），阎克文译，上海人民出版社 2010 年版。

［德］马克斯·韦伯：《学术与政治》，冯克利译，生活·读书·新知三联书店 1998 年版。

［德］马克斯·韦伯：《中国的宗教：儒教与道教》，康乐、简惠美译，广西师范大学出版社 2010 年版。

［法］托克维尔：《论美国的民主》，董果良译，商务印书馆 1989 年版。

［芬］冯·赖特：《解释与理解》，张留华译，浙江大学出版社 2016 年版。

［美］戴维·伊斯顿：《政治体系》，马清槐译，商务印书馆 1993 年版。

［美］汉娜·阿伦特：《极权主义的起源》，林骧华译，生活·读书·新知三联书店 2008 年版。

［美］汉娜·阿伦特：《人的境况》，王寅丽译，上海人民出版社 2017 年版。

［美］亨廷顿：《变化社会中的政治秩序》，王冠华等译，上海人民出版社 2008 年版。

［美］加布里埃尔·A. 阿尔蒙德等：《比较政治学：体系、过程和政策》，曹沛霖等译，上海译文出版社 1978 年版。

［美］本杰明·史华慈：《古代中国的思想世界》，程刚译，江苏人民出版社 2008 年版。

［美］本杰明·史华慈：《寻求富强：严复与西方》，叶凤美译，中信出版社 2016 年版。

［美］托马斯·库恩：《科学革命的结构》（第四版），金吾伦、胡新和译，北京大学出版社 2003 年版。

［日］尾形勇：《中国古代的"家"与国家》，张鹤泉译，中华书局 2010 年版。

［英］安东尼·吉登斯：《资本主义与现代社会理论》，郭忠华、潘华凌译，上海译文出版社 2013 年版。

［英］崔瑞德、鲁惟一编：《剑桥中国秦汉史——公元前 221 年至公元 220 年》，杨品泉等译，中国社会科学出版社 1992 年版。

［英］安德鲁·海伍德：《政治学》，张立鹏译，中国人民大学出版社 2010 年版。

［英］艾伦·麦克法兰：《现代世界的诞生》，管可稼译，上海人民出版社 2013 年版。

四　论文类

宝成关、颜德如：《古代中国民本思想长期存在的原因、价值及其揭示的问题》，《云南行政学院学报》2009 年第 3 期。

宝成关、颜德如：《主题·内容·线索：关于中国政治思想史体系建设的几点思考》，《社会科学战线》2012年第12期。

边家珍：《论〈韩诗外传〉的〈诗〉学性质及特点》，《河南大学学报》（社会科学版）2012年第4期。

丛日云：《谈先秦诸子追求"一"的政治心态——兼与古希腊政治思想比较》，《天津师范大学学报》1992年第2期。

邓骏捷：《"诸子出于王官"说与汉家学术话语》，《中国社会科学》2017年第9期。

段江丽：《从家庭伦理到政治伦理——〈孝经〉在儒家孝道思想史上的意义》，《中华文化研究》2010年秋之卷。

樊东：《从"传"体特征看〈韩诗外传〉的性质》，《中国古籍与文化》2015年第1期。

房瑞丽：《〈韩诗外传〉传〈诗〉论》，《文学遗产》2008年第3期。

葛荃：《比类逻辑与中国传统政治文化思维特点析论》，《华侨大学学报》（哲学社会科学版）2004年第2期。

葛荃：《传统中国的政治合法性思维析论——兼及恩宠政治文化性格》，《文史哲》2006年第6期。

葛荃、逯鹰：《论传统儒学的现代宿命——兼及新保守主义批判》，《清华大学学报》2006年第4期。

葛荃：《社会性与公共性析论——兼论中国社会三层次说及其方法论意义》，《学习与探索》2013年第10期。

葛荃：《忠孝之道：传统政治伦理的价值结构与传统义务观》，《天津社会科学》1992年第5期。

韩星：《〈韩诗外传〉的治理之道》，《广西大学学报》（哲学社会科学版）2016年第1期。

黄震云：《〈韩诗外传〉和汉代文化》，《徐州师范大学学报》（社会科学版）1998年第2期。

季乃礼：《论汉初的"孝治"》，《学术月刊》2000年第9期。

季乃礼：《论中国传统社会关系的拟宗法化——"宗统"与"君统"的分与合》，《天津社会科学》2000年第2期。

季乃礼：《政治制度、政治思想与政治制度思想——一种理论构建的努力》,《武汉大学学报》(哲学社会科学版) 2016 年第 4 期。

姜义华:《中国传统家国共同体及其现代嬗变(上)》,《河北学刊》2011 年第 3 期。

金景芳:《谈"礼"》,《历史研究》1996 年第 6 期。

李华:《论孟子士人精神在汉代的影响》,《沈阳大学学报》2011 年第 1 期。

李峻岫:《韩婴孟学思想探析——再论〈韩诗外传〉与孟荀的关系问题》,《云梦学刊》2010 年第 1 期。

李振宏:《论"先秦学术体系"的汉代生成》,《河南大学学报》(社会科学版) 2008 年第 2 期。

李知恕:《论〈韩诗外传〉的黄老思想》,《社会科学研究》2002 年第 2 期。

梁治平:《"礼法"探原》,《清华法学》2015 年第 1 期。

刘文瑞:《征服与反抗——略论秦王朝的区域文化冲突》,《文博》1999 年第 5 期。

刘泽华:《王权主义概论》,《锦州师范学院学报》2001 年第 3 期。

罗立军:《〈韩诗外传〉的礼治思想》,《理论月刊》2007 年第 5 期。

罗立军:《〈韩诗外传〉无关诗义辨正》,《华南师范大学学报》(社会科学版) 2005 年第 3 期。

马鸿雁:《〈韩诗外传〉研究综述》,《古籍整理研究学刊》2004 年第 4 期。

孟祥才:《论秦文化对东方六国文化的两次整合》,《烟台大学学报》(哲学社会科学版) 2005 年第 4 期。

庞朴:《"中庸"平议》,《中国社会科学》1980 年第 1 期。

强中华:《〈韩诗外传〉对荀子的批评》,《现代哲学》2012 年第 3 期。

任剑涛:《单一现代观抑或多元现代观:对峙与调和》,《武汉大学学报》(哲学社会科学版) 2018 年第 1 期。

任剑涛:《公共与公共性:一个概念辨析》,《马克思主义与现实》2011 年第 6 期。

任剑涛:《内在超越与外在超越:宗教信仰、道德信念与秩序问题》,《中国社会科学》2012 年第 7 期。

任剑涛：《现代儒学的浮现：从独享政治权威到竞争文化资源》，《政治学研究》2016年第1期。

沈毅：《"家""国"关联的历史社会学分析——兼论"差序格局"的宏观建构》，《社会学研究》2008年第6期。

师纶：《漫谈〈韩诗外传〉中的举贤思想》，《甘肃社会科学》1983年第6期。

孙家洲：《先秦儒家与法家"忠孝"伦理思想述评》，《贵州社会科学》1987年第4期。

孙晓春：《儒家天人观的政治哲学反省》，《史学集刊》2007年第4期。

孙晓春：《先秦儒家王道理想述论》，《政治学研究》2007年第4期。

谈火生：《中西政治思想中的家国观比较——以亚里士多德和先秦儒家为中心的考察》2017年第6期。

汤一介：《论儒家的"礼法合治"》，《北京大学学报》（哲学社会科学版）2012年第3期。

唐士其：《正义原则的功能及其在中国传统思想中的实现——一个比较研究的案例》，《政治思想史》2017年第1期。

汪祚民：《〈韩诗外传〉编排体例考》，《陕西师范大学学报》（哲学社会科学版）2005年第3期。

王成、丁凌：《"忠"自"中"出——兼及〈易传〉"忠"思想起源性著作定位的质疑》，《学习与探索》2017年第7期。

王成、吴增礼：《从忠文化的经营探寻汉代构建国家软实力的历史轨迹》，《湖南大学学报》（社会科学版）2011年第5期。

王成、吴增礼：《明清政治思想的流变及其特点》，《学习与探索》2007年第10期。

王成：《先秦民本思想与当代民主精神之会通》，《山东社会科学》2008年第9期。

王成、张旭东：《韩非"忠"思想研究》，《山东大学学报》（哲学社会科学版）2005年第4期。

王成：《中华孝文化的源起、演进及其现代传承》，《学习与实践》2012年第9期。

王培友：《〈韩诗外传〉的文本特征及其认识价值》，《孔子研究》2008年第 4 期。

王硕民：《〈韩诗外传〉新论》，《安徽大学学报》（社会科学版）2003 年第 2 期。

王硕民、刘海：《〈韩诗外传〉用诗与诗论》，《第五届诗经国际学术研讨会论文集》，中国诗经学会，2001 年。

徐大同：《从政治学角度研究中国古代政治思想史——中国古代政治思想史的线索与特色》，《政治思想史》2010 年第 1 期。

杨华：《春秋战国时期"宗统"与"君统"的斗争——兼论我国古代忠孝关系的三个阶段》，《学术月刊》1997 年第 5 期。

杨柳：《〈韩诗外传〉哲学思想刍议》，《贵州大学学报》（社会科学版）2004 年第 5 期。

杨柳：《儒道并举：〈韩诗外传〉的治国修身思想》，《广东广播电视大学学报》2007 年第 5 期。

杨阳：《荀子政治思维及其对君权合理性的构建》，《政治学研究》2003 年第 3 期。

于雪棠：《〈韩诗外传〉解经方式及其文学教育意义》，《学术交流》2011 年第 1 期。

袁长江：《说〈韩诗外传〉》，《中国韵文学刊》1996 年第 1 期。

张分田：《论中国古代政治调节理论——民本思想在中国古代政治学说中的核心地位》，《天津社会科学》2007 年第 2 期。

张分田、张鸿：《中国古代"民本思想"内涵与外延刍议》，《西北大学学报》（哲学社会科学版）2005 年第 1 期。

张红珍：《〈韩诗外传〉中的孝忠矛盾》，《东岳论丛》2005 年第 3 期。

张仁玺：《〈韩诗外传〉中的孝道观述论》，《广西社会科学》2014 年第 2 期。

张师伟：《中国传统政治哲学的基本问题及其命题归类》，《政治思想史》2011 年第 1 期。

张师伟：《中国传统政治哲学的内部逻辑》，《政治学研究》2009 年第 4 期。

张星久：《论帝制时期中国政治正当性的基本层次》，《政治学研究》2006 年第 4 期。

后 记

本书以我的博士学位论文《在政治调节中强化秩序：〈韩诗外传〉政治思想研究》（山东大学，2019年）为基础，略作修改而成。后以"中国传统政治话语的体系建构——以《韩诗外传》为例"为题，申获2023年度国际关系学院"中央高校基本科研业务费"培育项目（3262023T10），方才得以出版。

之所以选择《韩诗外传》这一西汉初年的经学文本进行个案研究，主要与我的求学经历与研究志向相关。在攻读博士学位之前，我基本是管理学的学科背景，虽则硕士期间所发表论文与毕业论文都是关涉儒家、道家、法家等传统政治思想中的国家治理方面，但那充其量也只是寻章摘句式的"古为今用"，心中自忖这算不得是"真学问"。经由这一遭，反而渐感"政治思想"蕴含的学问艰深，意欲究其本源，考索其内在理路。随后，即以之为方向准备读博事宜，不期竟拜到中国政治思想史权威学者葛荃先生门下，遂而不知深浅地走上政治思想史研究的学术道路。

与管理学这一类应用学科不同，政治思想史研究有着较为厚重的门槛，需要长久积淀的知识储备，而我当时并不具备这一研究基础。与业师多次请教后，以作《韩诗外传》为宜：一则关涉文献较少，研究者也相对较少，容易完成论文顺利毕业；二则《韩诗外传》位处先秦两汉学术过渡时段，还有进一步拓展的空间，向前则直追诸子百家学术渊薮，向后则直达两汉经学源流，可以此打下拓展学术研究纵深空间的根基。然而，当时未能透彻理解先生原意，心心念念想搞个大题目，以《荀子》为题作论文。因此，选定题目后，很是郁闷了一段时间：选择这样一个偏僻文本进行研究到底有啥意义。现在回想起来则不免哑然，当时之所以不能理解，恰恰证明自己是思想史研究领域的门外汉：业师本意就是通过研究这一文本，使我进入规范的政治思想研究领域，至于研究哪一主题则显得没有那么重要，所谓"授人以渔"是也。由于难以摆脱原有惯性思维，所以，在作论文时，脑子里想的都是诸如"先秦儒家思想为何以及如何进入汉初政治""经典作家经典文本中的政治思想有何一致性""经典政治思想议题应该如何放置到现实政治实践中去"等问题，这就导致偏离了规范政治思想史研究的基本理路。而像"三家诗对《诗经》的解读有何异同""古今文之争的学术分歧源流"与"经学思维与政治权力之关联"等这样关涉大本大源的根本问题，反而研究不深或基本未曾涉及，只能留待后续进一步钻研。如此，则与业师保持一致的问题仅剩以下三点：以《韩诗外传》为例，采用解剖麻雀方法，分析其内在思想结构与逻辑理路；分析王权主义思想在西汉初年的演进；探究这一文本的思想史意义，即在先秦两汉思想史中的过渡地位。读者朋友如果细致浏览，行文之中不难看出师徒学术水准间的巨大缺漏。或许，这可能是初入政治思想史研究者的通病。至于作文学术水准如何，还请读者诸君评定。

　　求学之路漫漫，于寒门学子而言，尤其增加一分艰难、一分历练。我已将至不惑之年，虽则左右支绌、踽踽独行，回望来时路，竟也留下些许足迹。行进途中，若非诸位经师人师的鼓励、提携、点播及鼎力相助，仅凭一己之力实难达到目下境地。自读书识字以来，受到诸位先生点化，即使陋顽愚钝如我，竟也能如期完成博士、博后学业，挤入教师行列。感谢齐言国老师的文学启蒙与单艳军老师的不鄙不弃。硕士期间在汪德荣老师、许欢科老师、蒋永甫老师的悉心指导下，得以顺利完成学业，继续攻读博士学位。读博阶段受到葛荃、王成二位先生与方雷老师的点拨，才晓得何谓真学问、何为真学者。博后段追随杨阳老师学习，方知学者良心操守，得以顺利留京进入国际关系学院工作。自进入中国政治思想史领域学习后，耳濡目染徐大同先生、宝成关老师、孙晓春老师、张星久老师、高建老师、颜德如老师、张师伟老师、张春林老师的学者风采。在此并向南宁师范大学、山东大学、中国政法大学与国际关系学院的各位启我蒙昧的老师们致以诚挚谢忱。感谢学友林意章、孙阳阳、王帅、郭颖、张现荣、张彦君、宋磊、杨宏亮诸君的砥砺陪伴。日久方能知何为真朋友而见其本心，这里要特别感谢我的高中同学、我的好兄弟贾庆涛。

  我要感谢我的家人。二十四载求学生涯，不过是妄图一份"虚名"和荣誉，不过是为了让父母骄傲，不过是为了完成妈妈的未竟之梦，不过是给她的坎坷命运一点点慰藉。命运真真爱捉弄人，我不但继承了父母的骨血，也继承了父母的遗憾。在我折戟黄沙的那段岁月里，不知儿女的苦痛，在妈妈身上要加倍多少。所幸的是，儿女所得的快乐，在父母那里也会加倍。感谢我的哥哥、姐姐，我不在家的岁月里，是你们给我撑起了得以前行的空间。感谢自己所做的一点点坚持和努力，并愿和此后的自己分享那一份无知者无畏。所谓贞（争）下起元（员），不过是开启新一轮的元亨利贞。锲而不舍，终身以之；虽不能至，心向往之。吾当继续操练前行。

  感谢国际关系学院诸位领导、师友的帮助，促我得以前行，助我进步。

  由于学力不逮，水平有限，思考尚有不足之处，唯望诸位师友教我。诚请学界同仁朋友批评指正。

宋清员
2023 年 8 月 5 日于京西四季青